文献中的国粹鉴赏

张 莉 著

中国书籍出版社
China Book Press

图书在版编目（CIP）数据

文献中的国粹鉴赏 / 张莉著. -- 北京：中国书籍出版社，2023.9

ISBN 978-7-5068-9588-0

Ⅰ.①文… Ⅱ.①张… Ⅲ.①中华文化—研究 Ⅳ.①K203

中国国家版本馆 CIP 数据核字（2023）第 182214 号

文献中的国粹鉴赏

张　莉　著

责任编辑	李国永
装帧设计	守正文化
责任印制	孙马飞　马　芝
出版发行	中国书籍出版社
地　　址	北京市丰台区三路居路 97 号（邮编：100073）
电　　话	（010）52257143（总编室）　（010）52257140（发行部）
电子邮箱	eo@chinabp.com.cn
经　　销	全国新华书店
印　　刷	天津和萱印刷有限公司
开　　本	710 毫米 ×1000 毫米　1/16
字　　数	250 千字
印　　张	13.75
版　　次	2024 年 1 月第 1 版
印　　次	2024 年 1 月第 1 次印刷
书　　号	ISBN 978-7-5068-9588-0
定　　价	88.00 元

版权所有　翻印必究

前 言

  中华民族有着五千年源远流长的文明史，无论翻开哪一页，光辉灿烂的优秀文化无不让中华儿女感到骄傲和自豪。中国传统文化在世界上赢得了广泛认同。其门类繁多、思想深邃、寓意宽广，是浓缩了千年文明和圣贤智慧的标志符号和特色元素，是国人日用而不觉、常用常新、长盛不衰的民族文化，绵延不断的民族文明，有着神秘的感召力与融合力。只要身处其中就会慢慢接受其文化熏陶，融入其中，成为传承五千年历史文明的一分子。或许今天阅读的一本书，看完就忘却了，但未来的一段文字正好击中内心，当泪流满面时，油然而生的美好与幸福，都与文献有关。

  阅读典籍文献可以更深入地了解历史文化、提高文学修养、寻觅人生哲理；了解文献里的国粹，折服于其文化底蕴，能够拓展自己的审美空间。文化符号是一种共同的文化记忆，犹如空气，滋养着人们的生命，丰富着人们的生活。历史是循环不断的，每一个热爱中华文化的国人都对那些优秀的传统文化和国之精髓心向往之，这是因为国粹承载着中华民族的精神与灵魂。

  为了更好地展示中华文明的悠久历史与辉煌，为了方便读者进行更系统、更全面、更便捷的阅读检索，作者在历时三年查阅大量文献的基础上，把在各个历史时期广为流传的国之精华，按照不同门类划分了九个板块，不同章节逐一阐述和赏析，希望能沿着一个脉络去欣赏文献中的思想与艺术。在内容表现形式上，精选、精编的图片，融知识与趣味一体，以期获得审美享受和精神熏陶。且在各章节中有推荐文献栏目，尽可能丰富知识点，以加深对内容的理解与感悟。

  文献作为人类进程的记录载体，具有多元性、复杂性、时代性，而最能表达文献之精神和风格者也是文献，本着既短平快又强信息量的便捷速读时代特征，作者在浩如烟海的文献中深耕整理出的这一国粹鉴赏，将五千年的优秀文化立体、全息地呈现读者面前，希望让读者在图文并茂、简洁轻松的阅读氛围中了解中华优秀文化，从而产生兴趣，进而体悟中华精神、汲取民族思想，感受历史、思考未来，能对人生有所助益，就是作者莫大的欣喜。

在撰写本书的过程中，作者参考了大量的学术文献，得到了许多专家学者的帮助，在此表示真诚感谢。本书内容系统全面，论述条理清晰、深入浅出，但由于作者水平有限，书中难免有疏漏之处，希望广大读者及时指正。

张 莉

2023年8月

目 录

第一章　从字到书的文章之美 ……………………………………… 1
第一节　甲骨文 ……………………………………………… 1
第二节　钟鼎文 ……………………………………………… 3
第三节　竹简 ………………………………………………… 4
第四节　汉赋 ………………………………………………… 5
第五节　中国印 ……………………………………………… 7
第六节　唐诗 ………………………………………………… 8
第七节　宋词 ………………………………………………… 10
第八节　元曲 ………………………………………………… 12
第九节　小说 ………………………………………………… 13

第二章　自由文明的和谐之美 ……………………………………… 15
第一节　指南针 ……………………………………………… 15
第二节　造纸术 ……………………………………………… 17
第三节　火药 ………………………………………………… 18
第四节　印刷术 ……………………………………………… 19
第五节　礼花、鞭炮 ………………………………………… 21
第六节　地震仪 ……………………………………………… 23
第七节　冷兵器 ……………………………………………… 25

| 第八节 | 中国功夫 | 26 |
| 第九节 | 天人合一 | 30 |

第三章 中国元素的祥瑞之美 32

第一节	凤冠霞帔	32
第二节	汉服	34
第三节	大唐华服	37
第四节	旗袍	39
第五节	中国丝绸	42
第六节	吉祥符号	45
第七节	长命锁	49
第八节	虎头鞋	50
第九节	龙凤图腾	51

第四章 品鉴中华的饮食之美 53

第一节	茶文化	53
第二节	酒文化	55
第三节	中秋月饼	57
第四节	北京烤鸭	59
第五节	火锅	60
第六节	佛跳墙	62
第七节	水饺	63
第八节	元宵	65
第九节	中国菜系	66

第五章 园林建筑的匠心之美 71

第一节	故宫	71
第二节	长城	73
第三节	都江堰	74

第四节　宅 ………………………………………………………… 77
 第五节　榫卯结构 ………………………………………………… 85
 第六节　亭台楼阁 ………………………………………………… 87
 第七节　园林、盆景 ……………………………………………… 91
 第八节　石狮子 …………………………………………………… 97
 第九节　出土建筑 ………………………………………………… 100

第六章　古韵流香的岁月之美 …………………………………… 104
 第一节　书法 ……………………………………………………… 104
 第二节　国画 ……………………………………………………… 106
 第三节　琴 ………………………………………………………… 107
 第四节　围棋 ……………………………………………………… 108
 第五节　香文化 …………………………………………………… 110
 第六节　筷子 ……………………………………………………… 113
 第七节　中国象棋 ………………………………………………… 115
 第八节　盘扣 ……………………………………………………… 118
 第九节　文房四宝 ………………………………………………… 119

第七章　民族符号的工艺之美 …………………………………… 122
 第一节　红灯笼 …………………………………………………… 122
 第二节　景泰蓝 …………………………………………………… 124
 第三节　蜡染 ……………………………………………………… 127
 第四节　螺钿漆器 ………………………………………………… 129
 第五节　瓷器 ……………………………………………………… 132
 第六节　青铜器 …………………………………………………… 136
 第七节　风筝 ……………………………………………………… 139
 第八节　刺绣 ……………………………………………………… 144
 第九节　玉雕 ……………………………………………………… 146

第八章 非遗国风的时光之美 ································ 149
第一节 戏曲 ································ 149
第二节 中华舞狮 ································ 158
第三节 扇 ································ 161
第四节 二十四节气 ································ 164
第五节 十二属相 ································ 168
第六节 春节 ································ 171
第七节 中医 ································ 172
第八节 中药 ································ 181
第九节 线装书 ································ 183

第九章 经典文献的思想之美 ································ 186
第一节 《永乐大典》 ································ 186
第二节 《四库全书》 ································ 187
第三节 敦煌学 ································ 190
第四节 《天工开物》 ································ 193
第五节 重荐经典 ································ 195

参考文献 ································ 201

后 记 ································ 211

第一章 从字到书的文章之美

汉字是人类历史上唯一延绵不绝的文字，藏着中国人的文化和气质。龟甲兽骨、钟鼎铭文、石鼓瓦当、奇碑玺珍、简牍帛书，篆隶草真，品汉字之法，这一笔一画的方块字，组成意美、音美和形美三功能统一的立体文字，记录了从古至今先贤思想的变迁，是无数国人精神内涵和智慧的结晶。自此汉字矗立中华，以字育德、以字启智、以字修身、以字促美。汉字之美，美在影响久远。汉字传播的鉴赏，不仅是一种文化，更是一种文明。在古代文明传播中，其汉赋唐诗的流传、宋词元曲的传诵，聚思想之火花，凝先哲之精神，着实影响着周边一些国家的生活习俗、民族风俗、社会礼俗，汉字成为文化自信的象征。汉字之美，美在活力无限。中国文字之美，在乎于音，在乎于形；中国文字之伟，在乎于意，在乎于承。

第一节 甲骨文

甲骨文是迄今为止我国发现的年代最早的系统化文字，是汉字的源头和汉文化的根脉，是我们探究中华文化的源头和发展的依据。商朝统治者产生将祭祀活动记录下来的想法，于是就将使用的卜辞刻写在龟甲和兽骨上，记录历史事件和祭祀内容，这就是甲骨文最初的起源（图 1-1-1）。

《说文解字》提出甲骨文是中国古代商代晚期至西周时期（公元前 14 世纪至公元前 8 世纪）使用的一种文字，主要刻写在龟甲和兽骨上。郭沫若《甲骨文合集》说它是我国发现最早的文字，也是世界上发现最早的汉字。《商代社会政治制度研究》指出甲骨文被广泛应用于政治、文化、经济等方面。

文献中的国粹鉴赏

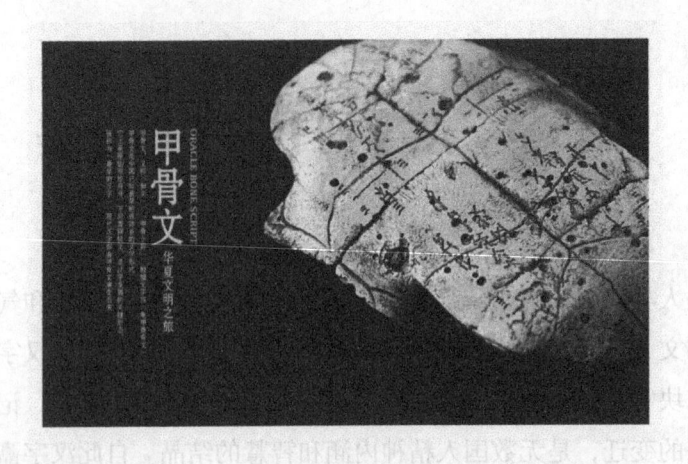

图 1-1-1 甲骨文

《甲骨学简编》记载随着时间的推移和历史的推进，这些象形而富有美感的线条文字逐渐演化为一套完整的文字系统。考古学、语言学、历史学等领域的考古学者对甲骨文中的器物、动物、图案等进行解读和比较，发现龟甲和兽骨的表面不平整，使得甲骨文在书写过程中显得又多又密，字形变化多端。与现代汉字相比，甲骨文的构造更加简单，笔画少，结构紧凑。虽是精练至极的文字表述，却也能对当时的社会制度、宗教信仰等方面进行描述，让后人对当时的社会有进一步的了解。《殷商史》亦详细介绍了甲骨文的历史背景、文化内涵和研究方法等方面的知识，在此不一一赘述；《甲骨文字典》通过对甲骨文中的文字形态、笔画结构、符号意义、字符上下的关系等方面进行分析和比较，详细介绍了其含义和背后所蕴含的文化信息。

《中国史导论》记载目前全国各地博物馆、档案馆、图书馆等机构收藏有大量的甲骨文，其中以河南省安阳市殷墟博物馆所藏的约 10 万片甲骨最为著名。对这些刻在古老龟壳上的神奇符号的研究在文化艺术、博物馆、书法等领域广泛开展，《汉字例话》也提出甲骨文是中华文明中的文字起源，它不仅是中国传统文化中的珍贵遗产，还对世界文字和文化的发展产生了影响。近现代甲骨文的展示、制作和销售也成为一项重要的文化产业，这些具有极高历史价值和文化意义的甲骨文，对于我们了解当时的社会制度、宗教信仰、文化遗产等方面有着举足轻重的意义。

甲骨文是我国古代文化的重要组成部分，它不仅记录了商周时期政治、经济、文化等方面的信息，还反映了当时社会生活的面貌和演变。这些刻在兽骨、龟甲上的古代文字体现着现代汉字的演变根源，作为中华文明的原始形态，仍然受到全球的高度关注。认识了解甲骨文，把甲骨文承载的中华绵延不绝的古老文明继承好，让吉祥神秘的文字熏陶一代代新人，让古文化不断地传承和创新，以文化人。

第二节　钟鼎文

钟鼎文一般指金文，是随着殷墟甲骨文逐渐消逝，在商周时期兴起的一种刻在青铜礼器上的铭文（图1-2-1）。钟鼎文是我国古代铭文艺术的代表之一，被誉为"青铜文化的瑰宝"。周明伦的《青铜器选录》认为钟鼎文读写一般由上至下、从右往左，每行由数个文字组成。这些文字形态古朴简洁，笔画流畅有力，具有浓厚的时代气息和艺术感染力。钟鼎文是记载当时社会政治、经济、文化等方面的刻本文献，主要记录当时的祀典、赐命、盟约、征战，反映了当时社会生活的面貌和演变。商朝的钟鼎文代表作主要为后母戊鼎，周朝的钟鼎文代表作有大盂鼎、毛公鼎、虢季子白盘、散氏盘。特别是周宣王时期的毛公鼎，是出土的青铜器铭文最长者。其铭文的字体结构严整，瘦劲流畅，布局不驰不急，行止得当，是钟鼎文作品中的佼佼者。而今青铜器虽然已经退出了实际使用领域，但钟鼎文作为青铜文化的重要代表之一，仍然受到现代人的高度关注，景舜逸的《景舜逸书钟鼎文》为研究铭文助益良多。在文化艺术、博物馆、书法、篆刻等领域，钟鼎文常被用来进行展示和研究，以探寻汉文字的根源和发展轨迹。东汉许慎撰写《说文解字》一书，利用了大量铜器及铭文资料。历朝历代的古籍和学术论文也对钟鼎文进行过详细的介绍和研究。《中国青铜器大系》第四卷《商周钟鼎类器》一书详细地介绍了钟鼎文的历史、制作工艺以及文化内涵等方面的内容；《中国文物大系》第二十卷记载，现存的钟鼎有数百件，其中较为著名的包括商代的后母戊鼎、太公望鼎、禹庙鼎等，以及西周的荡子甲鼎、四羊方尊、虎子方盘等。

图 1-2-1 青铜器上记载的钟鼎文

钟鼎文的制作、销售和辨伪也成为一项文化产业,且在不同时期推动了中华文化的传承和创新。两宋迄元明清,以至民国,商周青铜器与铭文不断出土,但在这一相当长的历史时空中,伪器、伪铭也不断出现,不断有人以赝充真来牟取暴利。《韩非子·说林》:"齐伐鲁,索谗鼎,鲁以其雁往,齐人曰:'雁也。'鲁人曰:'真也。'"后请鲁国乐正子春评判,先生直言该鼎为赝品。这个历史记载的事件说明早在东周时代就有人用赝品来冒充真器了。《汉书·郊祀志》记载汉武帝时发现一件鼎,李少君鉴定称"此器齐桓公十年陈于柏寝,已而案其刻,果齐桓公器"。应当说明的是,宋代以后有关铜器与铭文的辨伪著作陆续出现,如宋代赵希鹄《洞天清禄集》、明代曹昭《格古要论》等书中都有涉及。

钟鼎文作为中国古代铭文艺术的代表之一,与甲骨文一同体现了中华文明中的文字起源和发展,是五千年传统文化中的珍贵遗产。钟鼎文作为最早出现的汉文字之一,体现了汉字象形和会意的二维特性,对世界铭文影响深远。

第三节 竹简

竹简是我国古代的一种书写材料(图 1-3-1),起源于商周,一直延用到西晋,是最早的书籍典藏。它由竹片或者木片制成,用墨在上面书写文字或图案,再用皮革编缀成册。因其穿片成书，至汉代竹简已被广泛使用。西汉竹书对后来的纸质书籍有很大的影响。《北京大学藏西汉竹书》是继马王堆汉墓帛书和银雀山汉简之后的又一汉学典籍，其主要记录历史、哲学、文学、法律等方面的内容。这些竹简文本和刻本记录了当时社会生活的方方面面，反映了人们的思想观念和文化传承。汉代竹简上的文字形态与现代汉字大致相同，但个别字形有所差异。同时，汉代竹简也体现了中华文明中的文字起源和发展，至今仍然受到现代人的高度关注。其中，最重要的当数"汉简"，汉代竹简常被用来进行展示和研究，在文化艺术、博物馆等领域备受关注，帮助探究中华文明的根源和发展轨迹。其不仅是中国传统文化中的珍贵遗产，还对世界书法和文化的发展产生了影响。

图 1-3-1　竹简

根据《中国竹简》所述，目前已经发现的汉代竹简有数千件。现代书写材料已经发生了很大的变化，在纸质书籍和电子阅读器等并存的今天，《汉字书写历史演变与汉字书写规则》提出汉代竹简作为中国古代的书写材料之一，依然具有重要的历史研究价值和文化传承意义。

第四节　汉赋

汉赋是在汉朝盛行的一种文学体裁，是汉代最具代表性、最能彰显其时代精神的一种文学样式（图1-4-1）。它是在远承《诗经》赋颂传统，近接《楚辞》，兼收战国纵横之文铺张恣意之风和先秦诸子作品相关因素的基础上，最后综合而成的一种新文体。它与汉代的诗文一起，成就了汉代文学的灿烂与辉煌，为历朝文人墨客所喜爱，是颇有散文特色的、富有韵律的一种文体。1993年在江苏省东海县尹湾村发现的《神乌赋》全赋20支竹简600余字，成书于西汉晚期（公元前206年—公元9年），是迄今为止发现的最早的一篇俗赋。

图1-4-1　汉赋竹简

《史记》和《汉书》称屈原等人的作品为赋。后人因推尊《史》《汉》，所以便也把屈原等人的作品称为赋。将"赋"字用为文体的第一人应推司马迁，后人有"文章西汉两司马"之称，实则有"汉赋四大家"：司马相如、扬雄、班固、张衡四人。

司马相如的代表作《子虚赋》《上林赋》《大人赋》《哀二世赋》《美人赋》在历史的长河中原集已佚。扬雄著有《法言》《太玄》等，其文学著说在构筑宇宙生成图式、探索事物发展规律方面颇有研究，是汉朝道家思想的继承和发展者。班固是东汉大臣、史学家、文学家，与司马迁并称"班马"。编撰《白虎通德论》，修撰《汉书》，其所作《两都赋》入《文选》第一篇，开创了当时京都赋的范例。张衡的散体大赋以《西京赋》《东京赋》《南都赋》最为有名；还有贾谊的《吊屈原赋》和《鵩鸟赋》、枚乘的《七发》、董仲舒的《士不遇赋》、赵壹的《刺世疾邪赋》、王粲的《登楼赋》、曹植的《洛神赋》等都是流传千古的名赋。

第五节 中国印

中国印是一种先篆书再覆转雕刻的书刻结合的艺术形式，是具中国精神、中国气质、中国神韵的汉字文化符号（图1-5-1）。沙孟海的《印学史》认为印章上溯于殷周时期，在秦朝以前无论官私印都被称为玺，秦统一六国后，规定独皇帝、太后之印为玺，臣民之印称为印；汉代称篆刻为印，汉代的将军武官之印称为章；到唐代武则天改为宝。印章还具有法律价值，其源于古代的印信，《春秋运斗枢》说："黄帝时，黄龙负图，中有玺者，文曰'天王符玺'。"这是归于神灵赐予，以及石器时代的陶土制品——陶玺。《春秋合诚图》描绘的更是绘声绘色："尧坐舟中与太尉舜临观，凤凰负图授尧，图以赤玉为匣，长三尺八寸，厚三寸，黄玉检，白玉绳，封两端，其章曰'天赤帝符玺'。"印章广泛用于法律文书、商业合约等。当其在书法、绘画、诗词等艺术作品中成为文人雅士的名章签印时，其文化属性凸显出来，在后来很长一段时间被称为金石。

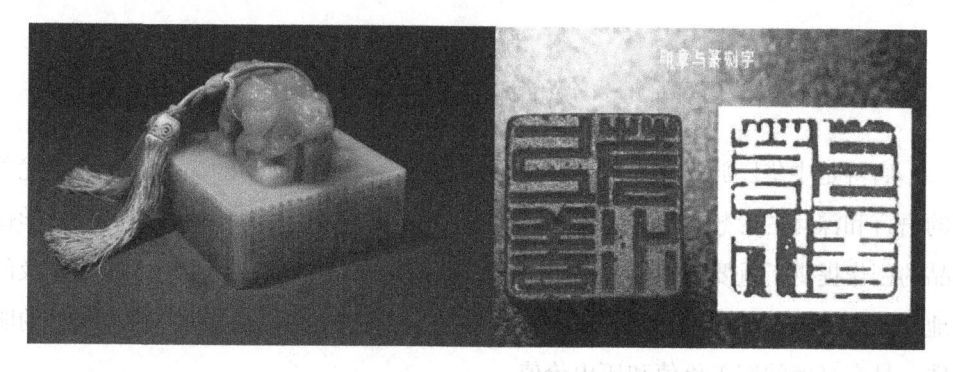

图1-5-1 中国印

随着民族文化在世界范围的大融合与交流，这种用刻刀在印章上刻写文字或图案的艺术形式被称为中国印。中国印是篆刻印章的表现形式，其不仅具有实用价值，也是一种重要的艺术形式，具有极高的审美价值。中国印章有着悠久的历史和独特的技法，被誉为"东方雕塑"。它以独特的苍茫、古拙、圆浑、劲健和洒脱为调和技法，表达了传统印章文化的精义：善书者，治印有笔有墨；善章法者，治印有神有意；善刀者，治印裁顿合度。篆刻印章具有独特的审美魅力，其浓郁的文化底蕴和精湛的技艺吸引着无数爱好者。通过收藏和欣赏篆刻印章，人们能够更加深入地了解中国传统文化，并从中汲取灵感，提高自己的审美水平。中国印具有多重艺术特色，如字体简洁、线条粗细有力、布局紧密严谨等。同时，篆刻印章还强调其功能性和实用性，需要能够准确传递信息，并且易于储存和保护。《中国篆刻大典》所述，由于篆刻印章的使用范围广泛，因此还需要根据不同的需求或者场合加以区分，如公章、私章、名章、号章等。在现代社会里，篆刻印章依然被广泛使用，如政府机关、企事业单位、文化机构、个人等都需要用到印章来证明身份和授权。《当代中国印学发展趋势研究》所述，随着印章刻制技术和材料的进步，篆刻印章的种类和样式也得到了极大的丰富和发展，如电脑雕刻印章、人像肖像印章、金属胶印章等等。

随着社会的发展和科技的进步，中国印已经不再局限于传统的官印、玺印、私章等方面，而是被广泛地应用于现代印刷、广告、装饰、礼品等领域，成了文化创意产业中不可或缺的一部分。越来越多的人关注和喜爱篆刻印章，体验、传承、创新其艺术魅力。

第六节　唐诗

唐诗是中华民族文字著述的最高成就之一，是古代文学的集大成者。其优美的语言和深刻的思想内涵，承载着社会、历史、文化等人类智慧，为后世文学作品的创作提供了重要的参考和启示（图1-6-1）。许多诗歌达到了后人难以企及的地位，是中国文学史上的最高峰之一，亦是世界文化宝库当中一颗璀璨夺目的明珠，具有高度的审美价值和历史价值。

图1-6-1　唐代诗文集

唐诗的创作活动涵盖了社会生活的各个领域，包括政治、经济、军事、文化和艺术等方面。唐诗格律工整规范，用最简洁的诗句表达最饱满的情感，包括五言、七言、绝句、律诗等多种形式，其中最为常见的是五言和七言绝句。这些形式具有明确的韵律和结构要求，使得诗歌更加工整和流畅。唐诗的用典非常丰富，并以引经据典的方式来表达作者的思想和情感。典故有些来源于《史记》《左传》等正史资料，有些则来自于民间传说等文学作品。唐诗所表现出来的意境非常深远，其思想含义不局限于文字表面，还蕴含着深刻的思考和感悟。唐诗中许多作品都涉及人生哲学、社会状况、自然景观等方面，是对人生和社会的深刻思考和反省。

唐代涌出许多名家大师，如杜甫、李白、王之涣等人，还有很多不知名的才子佳人，他们用自己优美的语言表达自己对生活的感受和思考。《唐诗鉴赏辞典》认为唐诗具有多种特点：首先，唐诗语言华丽精致，擅长运用各种修辞手法，如比喻、夸张、对仗等；其次，唐代诗人作诗风格多样，既有豪放派的李白、白居易等，也有婉约派的王之涣、杜牧等；再次，唐诗既表现了深刻的思想和人文关怀，又具有很高的音乐性，朗朗上口，流传千古。如李白《将进酒》中的"人生得意须尽欢，莫使金樽空对月"等句子成为经典。虽说文无第一，武无第二，但公认的五言绝句《江雪》、五言律诗《春望》，叙事诗《长恨歌》可列榜首。闻一多在《宫体诗的自赎》称《春江花月夜》为"孤篇压全唐"，是"诗中的诗，顶峰中的顶峰"；在《沧浪诗话》中，严羽曾评道："唐人七言律诗，当以崔颢《黄鹤楼》为第一。"

唐代诗文的部分代表作品：《钱塘江春行》——白居易；《登鹳雀楼》——王之涣；《终南别业》——王维；《春晓》——孟浩然；《静夜思》——李白；《醉饮二首》——白居易；《咏鹅》——骆宾王；《出塞》——王昌龄；《江南逢李龟年》——杜甫；《梦游天姥吟留别》——李白。

唐诗作为中国文学史最辉煌时期的代表，具有广泛的历史、文化和艺术价值。唐诗反映了唐代社会和文化的面貌。通过唐诗的创作和流传，我们可以更好地了解唐代的政治、经济、文化、艺术等方面的情况，认识中华文明的发展历程。唐诗是中华民族的优秀文化和精神遗产之一。在唐诗中，我们不仅看到了千姿百态的人物形象和情感世界，还可以欣赏到优美的语言和精湛的技艺。《中国诗词大会》栏目中对古典诗文的诵读和传唱,用竞技的形式把诗词教育熏陶变得生动活泼起来。诗文虽不一定能改变命运,但却可以丰盈自己的精神空间,改变我们对命运的看法。

第七节　宋词

宋朝是中国文学史上一个辉煌的时代,也是中华历史文化发展的重要阶段。在这个历史背景下,《宋词史话》将宋词分豪放派与婉约派,这一时期词坛大家辈出,名作纷呈,宋词得到了空前的发展和繁荣。宋词的创作活动涵盖了社会生活的各个领域,包括爱情、自然、人生哲理等方面(图1-7-1)。宋词的创作者不仅有许多名家大师,如苏轼、李清照、辛弃疾等,还有很多并未在历史上留下名字的人。

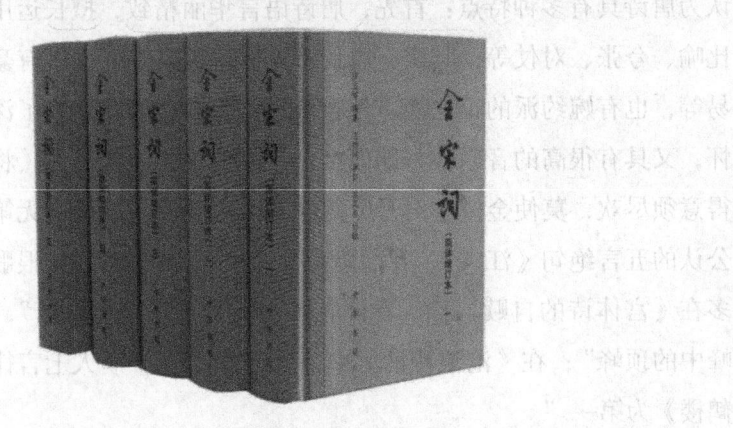

图 1-7-1　宋代词文集

宋词具有多种特点。首先,宋词语言清新脱俗,擅长运用典故、比喻、象征等修辞手法,如苏轼《水调歌头》中的"把酒问青天"等句子常被引用。其次,宋词表现出了深刻的情感和思想,反映了民生、时代背景等多个方面的内容,如辛弃疾的《青玉案·元夕》表达了人们对爱情与生命的追求。再次,宋词注重音乐性,讲究平仄押韵,很多词作都被赋予了美妙的旋律。

宋词作为中国文学史上的重要代表之一,具有广泛的历史、文化和艺术价值。宋词反映了宋代社会和文化的面貌。通过宋词的创作和流传,我们可以更好地了解宋代的政治、经济、文化、艺术等方面的情况,认识中华文明的发展历程。宋词是中华民族的优秀文化和精神遗产。在宋词中，我们不仅看到了千姿百态的人物形象和情感世界，还可以欣赏到优美的语言和精湛的技艺，这些都体现了中华文化的独特魅力和深厚底蕴。宋词的影响不局限于中国本土，还向周边国家和地区传播，如日本、韩国、越南等地的文学作品中均有明显的宋词痕迹，这些作品在亚洲文学史上占据着重要的地位。唐圭璋《全宋词》中收录了至今都传诵的千古绝唱。

宋代词文的部分代表作：《念奴娇·赤壁怀古》——苏轼；《青玉案·元夕》——辛弃疾；《满江红·写怀》——岳飞；《雨霖铃·寒蝉凄切》——柳永；《如梦令·昨夜雨疏风骤》——李清照；《钗头凤·红酥手》——陆游；《西江月·夜行黄沙道中》——辛弃疾；《水调歌头·明月几时有》——苏轼；《南乡子·登京口北固亭有怀》——辛弃疾。

钟婷在《宋词的修辞艺术》指出，宋词在内容、技巧和风格等方面都非常精湛，因此备受文人墨客的推崇和追捧。许多文人通过创作和传承唐诗、宋词来表达自己的思想和情感，同时也促进了文人墨客文化的发展和传承。宋词作为中国古代文化的重要组成部分，在后世得到广泛传承，成为中国文化传统中不可或缺的一部分，延续中国古代文化传统。这些作品不仅体现着中国文化的深厚底蕴和精神价值，也向世界展示了中国诗歌和文化的瑰宝。

宋词优美的语言、深刻的思想和精湛的艺术价值，体现了中国古代文学的独特魅力，同时也代表着中国宋代诗词之美。宋词中经常描绘自然风光，如山水、花鸟、四季变化等，以细腻、柔和的笔触表达对自然风光的赞美和向往。宋词中所表现出来的人文之美，则涵盖了人生哲学、社会状况、人际关系等方面，以深入浅出的方式表达作者对于人性的认识和感悟。宋词的语言具有极高的艺术价值，其运用音韵、格律、修辞和意象等手法，使得文字更加工整、流畅、富有韵律感和节奏感，让人们读起来非常舒服。宋词中常表现出来的品德之美，则包括诚信、勇气、坚韧、爱国等方面，这些品德通过唐诗、宋词的表达和传承，影响着中国文化和民族精神。

宋词作为中国古代文学中最为优秀的文学形式之一，体现了中国古代文化的独特魅力和人类智慧，同时也代表了中国文字之美。这些作品不仅成为后世文学作品的重要参考和启示，也让人们更好地了解和欣赏中国古代文学的魅力，从而进一步领略中国古典词文之美。

第八节 元曲

元曲是中国古代文学中的重要组成部分，其抒情自然、意境清新和音韵和谐等特点，为后世文学作品创作提供了重要的参考和启示（图1-8-1）。

元曲所表现出来的感情非常自然、真实，往往以细腻、柔和的语言表达作者的心情和思想，使人感到亲切，引发人的共鸣。其所表现出来的意境通常都非常清新，往往以自然景色为背景，表达出人们对于自然美好事物的热爱和向往。元曲音韵和谐，注重音乐性，追求音韵和谐，往往采用通俗易懂的语言，让读者在欣赏聆听时感到更加愉悦和舒服。我国戏曲艺术经历了一个漫长的孕育过程，到宋金时期渐趋成熟，元代杂剧兴盛，成为我国戏曲史上的黄金时代，涌现出来了"元曲四大家"：关汉卿、白朴、郑光祖、马致远四位元代杂剧作家。

图1-8-1 元曲三百首

黄昉、黄秉泽《中华国粹经典文库：元曲三百首》里介绍了元代曲文部分作品：《天净沙·秋思》——马致远；《山坡羊·潼关怀古》——张养浩；《折桂令·春情》——徐再思；《端正好·碧云天》——王实甫；《寄生草·饮》——白朴；《山坡羊·西湖杂咏》——薛昂夫；《四块玉》——关汉卿；《窦娥冤》——关汉卿。

这些元曲作品不仅在形式、语言和艺术价值等方面都具备极高的水平，也代表着元曲的独特风格和文化内涵。这些作品不仅成为后世文学作品的重要参考，也让人们更好地了解和欣赏中国古代文学的魅力。其优美的语言、深刻的思想和精湛的艺术价值，不仅影响了后世文学作品的创作和发展，而且也对现代汉语的形成和演变产生了重要的影响。

第九节 小说

五千年的悠久文化，在各个朝代涌现出来众多充满时代色彩的文学作品，历经千百年依旧脍炙人口，是世界文学史的一颗璀璨明珠。这些作品不仅有前面所述的诗、词、戏曲，还有小说、散文、学术杂书以及历史传记等多种文学形式。《庄子·外物》载："饰小说以干县令，其于大达亦远矣，是以未尝闻任氏之风俗，其不可与经于世亦远矣。"最早提及"小说"一词用通俗的描述方式。小说这种文学体裁以刻画人物形象为中心，通过完整的故事情节和环境描写来反映社会生活。小说有三要素：生动的人物形象、完整的故事情节和人物活动的具体环境。小说中的情节一般是虚构的，但具有史料价值、文学价值和思想价值。小说的类型主要包括公案小说、神怪小说、演义小说、侠义小说、野史小说、世情小说、讽刺小说、言情小说、玄幻小说等等。好的小说需要有优美的语言、严谨的结构、生动的人物形象、有趣的情节，能够给读者带来美的享受和思考（图1-9-1）。

明清之前的小说主要有:《列女传》——（西汉）刘向;《搜神记》——（晋）干宝;《太平广记》——（宋）李昉等;《世说新语》——（南北朝）刘义庆;《莺莺传》——（唐）元稹等等。

图1-9-1 小说

到了明清时期，以《红楼梦》为代表的小说大放异彩，许多思想深刻、富精髓人性思考又集众多知识、思想、哲学于一体的文学巨著，随着印刷技术的提高，使其从口耳相传变为读者案头桌几的阅读乐趣。城市的繁荣和通俗文化的发展，壮大了新兴市民读者的人文需求，进步的思想亦助推小说社会地位的提高。

兴盛期明清小说主要有：《红楼梦》——曹雪芹；《西游记》——吴承恩；《三国演义》——罗贯中；《水浒全传》——施耐庵；《金瓶梅》——兰陵笑笑生；《醒世恒言》《警世通言》《喻世明言》《东周列国志》——冯梦龙；《初刻拍案惊奇》《二刻拍案惊奇》——凌濛初；《禅真逸史》——方汝浩；《封神演义》——许仲琳；《镜花缘》——李汝珍；《聊斋志异》——蒲松龄等等。

清末及民国小说主要有：《孽海花》——金松岑、曾朴；《老残游记》——刘鹗；《儒林外史》——吴敬梓；《官场现形记》——李伯元；《二十年目睹之怪现状》——吴趼人；《啼笑因缘》《金粉世家》——张恨水；《前汉通俗演义》——蔡东藩等等。还包括《后汉通俗演义》《两晋通俗演义》《南北史通俗演义》《唐史通俗演义》《五代史通俗演义》《宋史通俗演义》《元史通俗演义》《明史通俗演义》《清史通俗演义》《民国通俗演义》等通俗演义小说。

第二章 自由文明的和谐之美

人类向往自由幸福的和谐生活，从四大发明到龙泉剑、武术、礼花、爆竹等，每一种元素都展现出了中国人民追求和平、繁荣、自由和幸福的奋斗历程和文化智慧。火药作为中华民族四大发明之一，虽然推动了人类战争进程和科技发展，彰显了中国文化在世界上的影响，但其发明者却没有用之开疆扩土，而是将其作为极致美丽绚烂的中国礼花和表达喜悦欢庆的爆竹。我们的武术多为强身健体，使生活更加美好；我们的阴阳之道是为人与自然和谐共存；指南针是为了我们的路走得更长一些；造纸术是让我们文脉贯通，斯文在兹；印刷术是让我们的思想更好地碰撞，这正是人类文明发展的终极追求。

第一节　指南针

指南针是我国古代四大发明之一，是黄帝发明的，后经过宋代科学家沈括整理、总结并命名。《古今注》载：黄帝与蚩尤战于涿鹿之野。蚩尤作大雾，兵士皆迷。黄帝作指南车以示四方，遂擒蚩尤而继帝位。因此指南针传统上被认定为是黄帝发明的。《古矿录》记载最早的指南针出现于战国时期的河北磁山一带，[①] 其前身是司南，一种利用地球磁场指示方向的仪器，被广泛用于航海、探险和军事等领域。它由磁铁制成，通常是一个带有刻度盘的小型圆形或长方形器具。大约在公元前2世纪，指南针随着丝绸之路传播到了西方国家，逐渐得到改进和完善。在中世纪以后，指南针的应用范围扩大，成为欧洲航海和地理探险的基本工具之一（图2-1-1）。

---

① 顾晓华.中国地质图书馆珍藏文献图录[M].北京：地质出版社，2014.

文献中的国粹鉴赏

图 2-1-1 指南针

指南针在汉朝时期已经普遍应用。当时指南针的制法是将磁性物质悬挂于木屑上，使其自然对齐于南北方向，成为最早的指示方向器具。随着时代的发展，中国人改进了指南针的制作方法。唐宋时期，制作指南针的原材料从木头改进为磁铁，制作技术也得到了提高。《梦溪笔谈》记载了几种指南针的构造。明清时期，中国的指南针制作技术达到了顶峰，制造出了许多精美的指南针。

指南针在中国出现后不久就被带到了西方，最先被阿拉伯人引入欧洲。随着时间的推移，指南针在欧洲得到了广泛应用，欧洲人在此基础上进行改进和完善。13世纪，意大利的探险家们发明了一种小型指南针（汉斯·沃尔夫指南针），它可以放在手心里使用。在随后的几个世纪中，欧洲科学家和工程师们不断改进指南针的精度和稳定性，并将其应用于海上航行和地理探险等领域。其中最有名的就是英国皇家天文学家哈罗德·爱德华兹（Harold C. Edwards）于19世纪末发明的湿式指南针，它通过悬挂在液体中的磁铁来减少误差，显著提高了指南针的精确度。

目前，指南针主要的类型有干式指南针和湿式指南针两种。干式指南针是最早出现的指南针，它由一个磁针、一个刻度盘和一个支架组成。磁针可以自由转动，指向北方。干式指南针对周围环境较为敏感，会受到电器、钢筋、高压线等的影响，因此需要注意正确使用方法。湿式指南针则是英国皇家天文学家哈罗德·爱德华兹发明的。他将磁铁悬挂在液体中，减少了误差，提高了指南针的精确度。湿式指南针受周围环境的干扰较小，因此通常用于海上航行等精密导航场合。指南针经历了漫长的发展历程，在中国和西方都得到了广泛应用和改进，成为世界上不可或缺的导航工具之一。

指南针作为一种传统导航工具，不仅集结着中国古代人民的智慧，也具有广泛的应用价值和现实意义。指南针可以被应用于军事、民用、科研、探险等多个领域，帮助人们进行精准导航。

第二节　造纸术

造纸术是中国古代四大发明之一，由汉朝蔡伦发明。《后汉书蔡伦传》记载："汉伦有才学，善麻钱，为郎中，佐治水土，乃得以知其法。伦乃造意，用树皮、麻、破布、鱼网造纸。"在公元202年到公元220年间，蔡伦学习制作纸张。经过长期的实践和改进，蔡伦终于成功地研制出了一种新型的纸张——蔡侯纸，被人们称为"薄如蝉翼，白如雪霜"（图2-2-1）。

图2-2-1　蔡伦发明造纸术

当时的纸张由植物纤维或布屑制成，经过多次压制、饮水、晾干等复杂工序制成。至唐朝时期，造纸工艺达到了顶峰，出现了宣纸、雪花纸等高质量的纸张，纸张产量也得到了大幅提高。宋代时期，纸张的制作技术进一步提高，出现了滑白、鹤顶纸和马汀纸等高质量的纸张品种。到了元代，造纸手法由人工改为打浆机，使纸张的生产量急剧增加。中国成为当时世界上最重要的纸张生产国。明清时期，出现了宣纸、宜兴紫砂手卷等名品。近代以来，随着科技的发展和环保意识的增强，现代造纸技术逐渐取代传统制浆工艺。目前，化学法生产速度较快，但污染严重；机械法则可以减少环境污染，但成本较高。

阿拉伯人在公元8世纪将造纸术引入欧洲，它使得书写、出版、传播等方面的文化活动更加便捷和高效，促进了欧洲中世纪印刷、出版、教育等行业的兴起，推动了人类文化的发展。造纸术的发明使文字的传播和保存变得更加容易，从而促进了知识和文化的交流和发展。随着造纸术的发展，更多书籍和文献得以大量保存下来，方便人们更好地记录和保存文化遗产和历史记忆。造纸术的出现和发展，改变了人们生活的方式和节奏，为人们带来了更多的便利和舒适。人们可以运用纸张制作各种实用和装饰性的物品，如灯笼、扇子、书文等，为生活增添一份美感和情趣。

第三节 火药

火药是我国古代四大发明之一，以硝石、硫黄和木炭为主原料。它被广泛应用于军事、民用和工业等领域（图 2-3-1）。

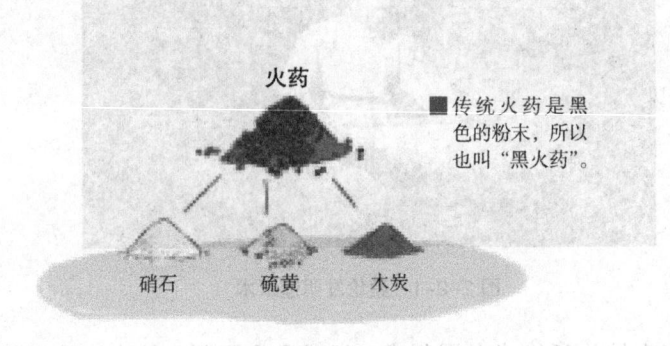

图 2-3-1 火药

火药的起源追溯到中国隋唐时期毋庸置疑，但不同文献有不同观点。有说法称，大约在 9 世纪的唐朝，由道士李圣浑发明了火药，他借鉴了爆竹制造技术，将硫黄、木炭和硝石混合在一起，形成了一种具有燃烧和爆炸性质的混合物；还有观点认为是中国古代道士李冰在唐朝时期为了研制长生不老丹，将硫黄、木炭和硝石混合起来放在炉中加热，结果发现这种物质能够燃烧并且有爆炸性。

火药发明之后被用来制作火箭、炮弹等武器，逐渐被广泛应用于战争、礼炮、民间庆祝活动和工业生产等领域，并且随着时间的推移得到不断演化和改进。火药传入欧洲最早可以追溯到13世纪,通过阿拉伯商人与我国的贸易往来传入欧洲。最初的火药遵循着我国发明的初衷,主要用于制作礼炮和烟花等庆祝活动的用品,但在14世纪后期开始应用于军事领域,到16世纪达到高峰,出现了一些新型火药,例如闪光火药、烟幕火药、液体火药等,至此我国发明的火药在欧洲军事领域得到极大发展,在其奉行的"丛林法则"下,成为对外扩展的助力。

火药是一种能够迅速燃烧并释放出大量热能和气体的化学物质。在军事领域中,火药起到了至关重要的作用。历史上,火药曾经是战争的制胜法宝之一。在宋金战争中,火药弹对于攻城拔寨起到了关键性的作用。同时,火药也被广泛应用于现代军事技术中,如火箭、导弹、炮弹等,极大地提高了军事作战的效率和杀伤力。除了军事领域,火药还被广泛应用于民用和科技领域。例如,在焰火表演、庆典等场合中,火药常常被用来制造华丽壮观的视觉效果;在矿业、建筑、采石等领域中,火药也被用于爆破;在能源、化工、材料等领域中,火药也有着广泛的研究和应用。随着现代科技的发展,人们对火药的认识和使用方式也在不断地发展和创新。通过改变火药的配方、结构和加工工艺,可以实现火药的性能调控和优化。未来,我们需要更加积极地推动火药技术的创新和发展,同时也需要注意火药的安全生产和环保问题。

火药作为中国古代四大发明之一,不仅体现了中华民族对科学技术的追求和创新精神,同时也反映了中国古代工农业生产水平的高度。火药是中国古代军事武器的重要组成部分,反映了中华民族保家卫国、维护国家安全的智慧和勇气。此外,火药被广泛应用于烟花、焰火等庆祝活动,也反映了中国人民乐观向上、喜庆团结的文化传统。

第四节　印刷术

印刷术的发明是人类文明史上的一次技术革命,它大大提高了书籍制作和信息传递的效率,使知识的广泛普及成为可能。各种文献都有关于中国、欧洲等地印刷术出现和发展的记载,在世界范围内都有着重要的影响。其中,以我国为最早(图2-4-1)。

图 2-4-1 印刷术

在印刷术出现之前，人们主要采用手写、雕刻、刻画、绘画等方式进行图像和文字的传递。这些方法不仅费时费力，而且效率低下，难以满足人们对于大量阅读和信息传递的需求。在中国，最早的印刷术形式是木板雕刻。这种技术首先在《金刚经》的印刷中被广泛采用。具体来说，工匠们在木板上装饰绘制文字和图像，然后通过刻刀等工具将其雕刻成凸起部分，再涂上墨汁，通过压纸的方式，将文字和图像留在纸张上。在中国，唐朝已经开始使用木板印刷书籍。公元 7 世纪初期，唐朝僧人玄奘前往印度取经，带回了大量佛经。为了更好地传播佛教文化，玄奘特意请来工匠，用雕版印刷的方式印刷出《金刚经》，这是世界上第一部使用印刷技术制作的书籍。

据《梦溪笔谈》记载，10 世纪北宋毕昇发明了活字印刷技术，采用铜质或木质的单个活字，通过拼合组成文字和图像，再将其涂上墨汁，印刷在纸张上。这为活字印刷的兴起奠定了基础，大幅提高了印刷品的质量和数量，也为印刷工业的崛起打下了坚实的基础。在宋朝，工匠们开始采用铜版雕刻技术，进一步提高了印刷品的质量和效率。明清时期，木板印刷逐渐被淘汰，取而代之的是活字印刷技术。

印刷术也促进了书法、绘画和雕刻艺术的融合和发展。大量精美的书法、绘画和雕刻作品，不仅具有高超的技巧和极大的艺术价值，还是承载了中国传统文化的瑰宝。在中国之美的辉映下，印刷术也成为中国文化遗产中不可或缺的一部分。

随着印刷术在中国和欧洲的发展，这种技术很快传播到了韩国、日本、印度、东南亚和中东等地。它不仅改变了当地人们的阅读习惯，而且促进了文化和知识的交流。印刷术的出现和发展降低了书籍的价格，也促进了科技、医学、宗教改革和科学革命的发展，为现代西方文明的崛起奠定了基础。

第五节 礼花、鞭炮

一、礼花

礼花的历史可以追溯到公元 9 世纪唐朝时期的火药发明。据记载，最早的烟火是用干草、木柴、竹子和火药制成的简单爆炸物，称为鞭炮，用于消灭害虫、民间庆祝和祭祀等活动。到了唐朝时期，人们开始使用密集的火箭来扰乱敌方阵营。到了宋朝时期，火药技术得到了进一步改进和创新，人们开始使用火药制作投石机、弓弩等先进武器。经过经济高度发展的汉唐盛世，到了宋代，人们更加关注安居乐业的幸福生活，火药的应用也逐渐扩展到民间庆祝活动中。人们在节日和庆典上点燃烟火，以此表达欢乐和祝福。明清时期，火药技术得到了进一步改进和发展。精湛的烟花制作工艺也逐步形成，工匠们选取质量优良的原料，使用不同比例和配方、不同的加工和装配，控制爆炸时间和形态，呈现出各种绚丽多彩的效果。20 世纪初，烟花的制作技术得到了革命性的创新，化学合成技术的运用使得烟花制造更加精确化和可控化。同时，随着音响和灯光技术的进步，烟花表演也融入了更多现代科技元素，从而实现了视觉和听觉的双重感官刺激（图 2-5-1）。

图 2-5-1 礼花

礼花在庆祝活动中应用广泛，如新年、婚礼、节日等。人们通过燃放礼花等方式来表达自己的欢乐和祝福，从而达到增加气氛和推动参与者情绪的目的。随着科技的进步和创新，礼花有了更多的花形、色彩、音效和燃放方式，多种颜色混合在一起，产生五彩缤纷的视觉冲击力，更加能打动人的心灵。现代烟花表演融入了舞台艺术、虚拟现实技术等元素，通过音响、灯光、影像等科技手段，配合着节奏明快或者悠扬动听的音乐，各种花形、色彩和音效相互照应，让观众感受音乐与视觉的完美融合，体验双重享受，产生共鸣和情感体验。人们在欣赏礼花的同时，也要注意礼花的安全、环境问题，注意遵守相关规定，选择适当的时间和地点，确保使用的烟花符合国家标准，并做好防火、防爆措施。有关部门也在引导人们转变庆祝方式和文化习惯，并改进礼花的结构和材料，加强监管和管理，不断提高礼花的环保性能。无人机表演也是礼花文化的一种发展趋势，它能更好地符合人们的观看需求和审美趋势。

二、鞭炮

鞭炮是与礼花相伴共用的传统节庆文化中的重要表达元素之一。据《晋书》记载，东汉明帝为庆祝新年，下诏禁止百姓点灯，改用爆竹取而代之。关于鞭炮的起源和演变过程，有两种常见说法：第一种说法是，鞭炮起源于民间的焰火玩具。在春节等重要节日时，人们使用干草、纸张等易燃材料制成的焰火玩具来表达他们对新年的欢庆和祝福，这就是鞭炮最早的形态。第二种说法是，鞭炮的起源与神话故事中的"年兽"有关。据《山海经》记载，年兽是一种凶猛的怪兽，每年春节会出现来伤害百姓。百姓为了保护自己，开始使用制作简单的鞭炮进行驱赶和恐吓，这就是鞭炮最早的用途。后来，这一习俗逐渐发展成为燃放鞭炮的传统。无论哪种说法，都反映了鞭炮在中国文化中的重要地位。在中国传统节日，如春节、元宵等，鞭炮都是不可缺少的元素。通过燃放鞭炮，人们祈求新年平安幸福、祥瑞吉祥。至今，仍有许多地方保留着制作和燃放鞭炮的传统，以此表达对于新年的热情与庆祝（图2-5-2）。

图 2-5-2　鞭炮

诸多文献采用大量笔墨来描绘鞭炮燃放时的场面。从汉代开始，鞭炮就被广泛使用，并在后来的唐、宋等朝代得到了更加广泛的应用和发展。此外，鞭炮还承载了一些民俗信仰和文化象征意义，如能够祛邪驱鬼、迎接好运、辟邪驱瘟等。在中国传统农历新年期间，人们会在各种节庆活动中燃放鞭炮，如拜年、放烟火、祭祖等。一串串的鞭炮声和一道道焰火，带给人们视觉和听觉上的双重愉悦感受。

第六节　地震仪

地震仪的历史可以追溯到公元 132 年，汉朝的天文学家、数学家、地理学、文学家和发明家张衡发明了全球第一台地震仪——地动仪。这个神奇的发明体现了我们祖先的聪明才智。据记载，地震仪以精铜铸造而成，直径八尺，"合盖隆起，形似酒尊，饰以篆文山龟鸟兽之形。中有都柱，傍行八道，施关发机。外有八龙，首衔铜丸，下有蟾蜍，张口承之。其牙机巧制，皆隐在尊中，覆盖周密无际。如有地动，尊则振龙，机发吐丸，而蟾蜍衔之。"当地震波传入地动仪时，龙口所含小球便会掉落进下面蟾蜍的口中，从而预测地震发生的方向和位置。地动仪的上缘装饰有龙，口衔铜丸；下缘装饰有蟾蜍，准备承接因感应地动而从龙口中落下的铜丸。龙是飞天之形态，蟾蜍有吞噬灾害、镇宅辟邪之力（图 2-6-1）。

文献中的国粹鉴赏

图 2-6-1 地动仪

19世纪末期，意大利物理学家马克尼发明的垂直型地震仪，终于实现了对地震波进行准确记录和测量的目的。20世纪初，美国地震学家查尔斯·里克特（Charles F. Richter）发明了用于描述地震强度的"里氏震级"，从此地震仪的应用和研究进入了一个新阶段。但直至今天，地震仍无法精准预测，期待后人继续研究，提前预防灾难。

在20世纪后半叶，随着计算机技术的不断发展，地震仪逐渐实现了自动化处理和数字化记录，大大提高了地震波测量的准确度和效率。如今，地震仪已成为地震学研究中不可或缺的工具之一，在科学研究、地震预报、灾害救援等方面都发挥着重要作用。地震仪是专门用于测量地震波及其他震动的仪器，主要由感应器和记录器共同组成，能够测量地震波的震级、震源深度、震源位置等信息，为地震的研究、预报、救援提供重要数据支持。它能够实时监测地球表面的震动情况，实现对地震的快速响应和准确预测，从而降低地震带来的危害程度。同时，地震仪还可以监测地壳活动的变化，为科学家们研究地震活动和地球结构提供相关数据，进一步推动地震学和地质学的发展。此外，地震仪在灾害救援中也扮演着重要角色。在发生地震后，地震仪能够实时记录地震波的传播路径和强度，为救援工作提供有力的数据支持。现代地震仪的数字化、智能化等创新技术，也在不断传承和发扬着中国科技与文化的精髓，展示了中国古代科技造诣和现代科技实力，也彰显了中国科技与文化的融合，为世界范围内的地震预报、地震研究和灾害救援提供了支持。

常见的地震仪类型包括宽频带地震仪、短周期地震仪和强运动地震仪等，这些仪器通常由传感器、信号放大器、数据处理器和记录器等组成。地震仪已经被广泛应用于地震学领域，但仍有许多挑战需要克服，例如如何提高精度和减少噪声干扰等。未来的技术创新将有助于进一步完善地震仪的性能，从而使地震仪更好地服务于人类社会。

第七节　冷兵器

世界上最强的冷兵器首推唐代的陌刀，其尖端锋利，是近身搏杀的最好武器之一。诸如布满机关的血滴子、诸葛连弩、鬼斧和56式三棱军刺（因创面难愈合、死亡率高，故已禁用），都是民族智慧的结晶。

龙泉剑的来源可追溯到春秋战国时期，其制作工艺精湛，原材料以青铜为主，添加了铁、锡、铜等，以增加剑身的硬度和弹性。经过多次熔化铜料、除杂、浇铸等步骤，铸出来的剑身既富有弹性，又锋利耐用。此外，在制作龙泉剑的剑鞘、手柄、刀纹等细节上，还采用了雕刻、镶嵌、铸造多种技法。龙泉剑以其雄浑、奇峭的风格著称，剑身上的纹饰、鞘饰、刀纹等都充满了独特的审美风格。龙泉剑通常由剑身、剑柄和剑鞘三部分组成，剑身细长、轻盈、重心稳定；剑柄则采用角形或六角形设计，握起来十分舒适；剑鞘则采用内外两层设计，以保护剑身并方便佩戴。

在中国的文化传统中，剑一直被视为高雅文化的象征。龙泉剑在唐代时期就成为文人雅士的重要标志之一，被誉为"异器之冠"。在诗歌、小说、戏曲、绘画等艺术形式中，龙泉剑的形象被广泛运用于伸张正义的侠士之手，成为民族文化的重要符号。

龙泉剑是中国古代文化艺术的瑰宝，出土于中国浙江省龙泉市，其制作历史可追溯至春秋战国时期。龙泉剑以其高超的工艺和独特的审美风格著称，被誉为中国古代铸剑艺术的巅峰之作，体现了古代冶金学、机械学等领域的发展水平。剑身采用"三世同堂、五铸成一"的精湛工艺，富有弹性，锋利耐用。同时，龙泉剑的刀纹、鞘饰、手柄等细节上的设计和装饰也充分体现了古代中国人在审美理念和艺术创作上的自由和创新。其形制、雕纹等均带有浓郁的道教、佛教、儒家元素。龙泉剑的形制独特、工艺精湛，具有雄浑、奇峭之美，它是官员、将领的武器，亦是皇室贵族身份的一种象征（图2-7-1）。

图 2-7-1 龙泉剑

吴王夫差剑是春秋时期吴国国王夫差所持有的一把宝剑。其剑身长约 53 厘米，剑柄和剑鞘皆以滚花方式雕刻，十分精美。吴王夫差剑是吴王的权势象征，体现了当时吴国铸剑艺术的繁荣和发展程度。

越王勾践剑是春秋时期越国的国王勾践所持有的一把宝剑。其剑身长约 55 厘米，剑鞘有漆画纹饰，刀纹流畅而明显。越王勾践剑是龙泉剑中最为著名的一把，是中国古代铸剑工艺的杰出代表之一。

玉郎负荆剑是唐代玄宗时期宰相魏徵的遗物，其剑身与其他龙泉剑不同，采用了锻造工艺，剑身上镌刻着诗句和图案，体现文能提笔安天下、武能马上定乾坤的气魄。

第八节　中国功夫

"南拳和北腿，少林武当功。太极八卦连环掌，中华有神功。"这首妇孺皆知、传唱不衰的歌曲，正是作为国粹的武术影响力的最好体现。"武术"一词最早见于南朝《文选》颜延年《皇太子释奠会》诗中："偃闭武术，阐扬文令。"武术是中华民族在几千年的历史进程中创造、发展起来的，随着文明互鉴和中国在世界范围内影响力的彰显，武术逐渐被称为中国功夫。传统的抱拳礼已在世界武术运动中推广开来，体现民族平等互敬的仪式感，传达武术厚重、深沉的中国气质，尤其是在世界动荡变革的年代，武术还承载着对和平的希冀（图 2-8-1）。

图 2-8-1　中国功夫招式

中国功夫在中华大地上绵延发展了数千年，深深地植根于民间。《越绝书》载："黄帝之时，以玉为兵。"说明原始武术以石制兵器的运用为主，所谓善掷者为王。《世本》："蚩尤作五兵：戈、矛、戟、酋矛、夷矛。"《述异记》："蚩尤氏耳鬓如剑戟，头有角，与轩辕斗，以角抵人，人不能向。"将蚩尤描写为既创造器械又精于徒手角斗的英雄。《淮南子·缪称训》记载："禹执干戚舞于两阶之间而三苗服。"

战国时期，各诸侯国为了保卫自己的疆土和民族，开始发明一些具有实际战斗价值的武器和战斗技巧。到了隋唐时期，武术逐渐演化为体育竞技和文化艺术两个方面。在明清时期，武术进入了一个高峰阶段，同时也开始向海外传播。随着时间的推移，这些武器和战斗方式逐渐发展成为一种既注重实用性又具有艺术性的综合性体育运动和文化艺术形式。它包括拳、剑、刀、枪、棍、鞭等多种类别，涵盖了攻防技巧、身体素质、道德修养等。

武术是国粹，讲究形体规范、动静结合，又求精神传意、内外兼修。它不仅具有独特的技术和战术，也蕴含着深刻的哲学思想和文化内涵，是以技击动作为主要内容、以套路和格斗为运动形式、注重内外兼修的中国传统体育项目。

以拳为例，包括太极拳、少林拳、螳螂拳、咏春拳、形意拳等多种流派。太极拳以柔和缓慢的动作为主，注重内功修炼；少林拳则是一种比较强劲有力的武术，其动作有力而迅速；咏春拳则是以连贯的拳脚配合点穴技术为特点，讲究技巧精湛；形意拳则是通过模仿动物的姿态和行为方式进行训练，具有独特的文化特色。练武的过程注重身体的锻炼和心理素质的培养。享誉中外的少林武术更是以其高超的技艺和深厚的文化底蕴，吸引了众多国内外爱好者。少林武僧展现了中华民族的强大、勇气和韧性。

中国功夫要求练习者具备强健的体魄、高超的技巧和坚定的意志，能够在面对困难和挑战时保持冷静和应对自如。在实际应用中，武术可以提高人们的身体素质和自我保护能力，也可以增强人们的自信心和意志力，对于培养健康积极的生活态度和社会责任感有着积极的作用。随着社会的发展和文化的多元化，武术已经不再局限于传统的体育运动领域，被广泛地应用于现代生活的各个领域中，如电影、电视、游戏等。武术不仅在视觉上给人以刺激和冲击，更是代表了中国尚武的文化符号和精神内涵。

如今在大众中广为普及的有青少年的各种快拳以及中老年人的太极拳。这里，以在全球范围内更广为流传、以柔克刚的太极拳为例展开论述。

太极拳是一种中国传统武术，归类为内家拳，由多个套路组成。《易传·系辞》载："河出图，洛出书，圣人则之。"汉族人文始祖伏羲看到河洛交汇现象，依据"河图""洛书"信息，触发灵感，从而创造出了《易经》，产生了太极文化。所以，太极拳以柔克刚、动静结合、意存形散等特点著称，具有很高的观赏性和实用性。《太极拳论》对拳架和推手有详解；《太极拳谱》对太极拳的理论和实践作出了详细介绍，"太极者，无极而生，动之则分，静之则合"，说明太极拳的运动特点是从静态到动态、由分散到集中。《陈氏太极拳养生功》则进一步说明了太极拳的功效与作用，指出：太极拳具有调节心身、增强体质、舒缓压力、锻炼意志等多方面的功效，说明太极拳不仅是一种武术，更是一种养生健身的方法（图2-8-2）。

图2-8-2 太极拳

太极拳的起源众说纷纭：梁朝的程灵洗创造了"小九天拳"，其中动作名称多与现代太极拳相似，更有"人不知我，我独知人"等要诀；唐朝的许宣平、李道子、胡镜子及后世的张三丰皆有创拳说；陈王廷根据道家哲学，采用戚继光的三十二势拳法，创造了陈家太极拳，故有创拳之说；周敦颐创立了"太极图说"；清朝王宗岳首次运用了易学概念，并阐发《周子全书》于拳理之中，写成《太极拳论》，使"太极拳"名称得以确立，其著述之文也被称为太极拳传统理论的顶峰。其编撰的《太极拳谱》是一本汇集了众多太极拳宗师著述的经典理论的书籍。虽然目前还很难断定太极拳究竟是何人何时创造的，但是可以肯定，太极拳必然有一个萌生、发展、壮大、成型的过程，是经过数代人的努力形成的，这正体现了太极拳的源远流长。

太极拳在清朝陈长兴之后，经多代传承演变为今天的陈氏太极拳，此外还有杨式、武式、孙式、吴式等多个派别；按照使用对象还可分为少林太极、民间太极、老年太极等。其中，陈氏太极拳被视为太极拳的原始流派，具有较为严谨的动作和太极拳的典型特色。其他各派别也有着独特的风格和特点。太极拳的名字来源于道家哲学概念"太极"，太极是宇宙之始，远古存在的原力，自然也是人的身体内动力。

太极拳强调身体与心灵的统一，注重修身养性，有助于提升人们的精神境界和人生态度，其基本理论是太极哲学的体现，它首先强调"以柔克刚"，即在战斗中不需要使用大力量制敌，而是运用柔韧的技巧来化解攻势，并利用对方的力量做出反击。这种理念强调柔性的优越性，带有强烈的防御和实用性。太极拳要求身体在动作之前先静下来，追求"以静制动"，通过冥想、放松来达到身心放松的状态，使意识更加集中，从而使得下一步的动作更加灵活、精准、有效。这种冥想理念通过沉淀自我，激发内在的能量，进而增强身体的协调性和灵敏度。太极拳强调在动作和操作中也要保持内心的平静。尽管在打法上存在虚实之间、快慢之间、顺逆之间的变换，但是内心必须始终保持平静，是一种动而不乱、动而不失其静的状态。这种理念强调了外部和内心之间的协调性，使得太极拳成为一门既富有美学又实用的艺术。

太极拳通过锻炼呼吸、放松肌肉、调整身体姿势等方式，可以帮助人们有效地调节心理状态和情绪波动，减轻压力和焦虑感，提升身体和心态的平衡感，还能促进血液循环。太极拳的动作缓慢柔和、流畅自然,通过舒展柔软的伸展动作和深度呼吸等方式,可以扩张血管,增加氧气供应,提高身体机能活动水平,从而增强肌肉力量,达到强身健体的目的。太极拳的动作对于提高身体协调性、灵敏性以及平衡感也有着很大的帮助,是一种非常适合广大人民群众参与的健身方式,具有低伤害、易学易练、效果显著等特点。

太极拳具有广泛的社交性和群众性,它不分年龄、性别和职业,可以带给人们友谊、团结和愉悦。太极拳还具有强烈的国际影响力,为外国人士了解中国文化和发现中国之美提供了平台和机会。太极拳作为中国传统文化中的重要组成部分,它所蕴含的内在之美、外在之美和社会之美,都体现了中华文化的历史和精神,展示了中华文明的博大和多元。

第九节 天人合一

天人合一是中国传统哲学中的一个核心概念,即天地万物、人类社会与个体之间是相互依存、相互交融、相互影响的关系(图2-9-1)。

图 2-9-1 天人合一

具体而言,天人合一主要包含以下内容:

(1)宇宙观念。天人合一强调宇宙是一个有机整体,宇宙万物之间都有内在联系和相互作用。其中,人类社会作为宇宙的一部分,应当遵循自然规律,发挥自身作用。此外,人与人之间也存在着相互依存、相互影响和相互作用的关系。

因此，在人际交往中，应该尊重他人、理解他人，建立和谐、平等、友善的人际关系。

（2）个体修养。天人合一认为每个个体都有独特的价值、意义和使命。因此，个体应该关注自己内在修养的提升，不断完善自我，同时也要贡献于社会。天人合一对我们理解世界、塑造人际关系、提高个人修养和成长具有重要的指导意义。在当代社会中，天人合一的思想也被广泛应用于企业管理、领导决策、个人成长等领域，为现代社会的可持续发展和和谐共处提供了重要的思想基础和价值指南。

天人合一的起源可以追溯到先秦时期。以下是不同学派对于天人合一的观点以及经典著作的引用和出处：

《论语·雍也》载，人类社会应该与自然界保持和谐。孔子在《论语》中也多次表达了儒家思想中天人合一的观念。道家思想认为宇宙是一个无穷无尽的整体，人类社会只是它的一个组成部分，与自然界相互依存，《道德经》中有"天地不仁，以万物为刍狗"的说法。墨家思想强调天下为公，主张社会层面的平等和共享，也就是人与人之间的和谐。《墨子》中提到："爱人者，人恒爱之；敬人者，人恒敬之。"这体现了墨家思想中天人合一的观念。

总之，天人合一是中国传统哲学中的一个重要概念，其发展历程涉及多个学派，每个学派对于天人合一的理解都不尽相同。通过阅读经典著作，人们可以更深入地了解天人合一在中国传统哲学中的渊源和内涵。

天人合一强调人与自然界和谐共处，重视自然生态环境的保护和维护，发挥自身爱护自然的内动力。天人合一思想强调人际关系的和谐、平等和友善，倡导诚实、宽容、尊重和关怀。这些品质是国人人文之美的重要组成部分，对于促进人类社会的和谐、稳定和繁荣起到了积极的作用。天人合一思想也广泛地渗透在中国文化艺术领域。在古代中国绘画中，画家常常运用天人合一的思想，将自然景观与人文情感结合在一起，表达出中国人独特的审美情趣和意境。

第三章　中国元素的祥瑞之美

从古至今，人们就把与生活息息相关并且寄托了他们对幸福美好的向往和期望的祥瑞符号和民族图腾作为精神寄托，这些祥瑞符号一直扮演着信心与希望的重要角色。这些祥瑞符号不仅是人们对美好生活的向往，同时也承载着祝愿和祈福的深刻寓意。

无论是古代还是现代，各种象征吉祥的符号都被广泛传承和使用。源于自然万物的符号有龙凤、麒麟、鲤鱼等，有的则来自人们的生活经验和文化传统，如红包、福字、年画、锦鲤等。

祥瑞符号在人们的生活中扮演着一种特殊的角色，给予我们信心和勇气，让我们充满希望和幸福感。每当我们面临挑战和困难时，这些符号就像一个个灵魂守护神，陪伴我们渡过难关，迎接美好的未来。让我们一起拥抱吉祥符号，让它们成为我们幸福生活的一部分。愿所有读者都拥有美好的未来，走向理想的生活！

第一节　凤冠霞帔

凤冠霞帔是富家女子出嫁时或官夫人接受荣封时所穿戴的显示荣华富贵的传统礼服，被认为是最高贵、最美丽的女性装束之一。凤冠霞帔最早出现在汉代，当时它是皇宫中的礼仪服饰。

图 3-1-1　凤冠　　　　图 3-1-2　霞帔

图中凤冠是明代凤冠（图 3-1-1）。后来随着社会的发展，凤冠霞帔逐渐成为了婚礼上新娘所穿戴的重要服装。在汉代，凤冠霞帔已经逐渐被贵族妇女所使用，并且增加了一些新的装饰元素，如珠宝、玉石等。在唐代，凤冠霞帔被赋予了祝福等丰富的文化含义，并成为一种流行的婚礼服饰。凤冠霞帔由两部分组成，分别是凤冠和霞帔（图 3-1-2）。"凤冠"是由笼状的金属或木头架子制成，上面插有鸟毛、花朵等装饰物；"霞帔"是由长长的衣摆和垂下来的缀珠穗子组成。整体的基本形状即为前高后低，前端上升呈三角形状，后端为长尾巴形状。凤冠霞帔的装饰图案通常都是象征性的，例如龙凤、牡丹、寿桃、佛珠等，还可见到许多民间神话故事的主题图案，如《西游记》《红楼梦》等。在制作时，装饰是通过细致的刺绣、织锦、镶玉、贴宝、钉珠等手工工艺完成的。凤冠是一顶高大的金色头冠，形状像凤凰展翅欲飞，寓意吉祥如意。霞帔则是一件长裙，由多层红色薄纱制成，绣有各种吉祥图案，如龙凤呈祥、花鸟鱼虫等。凤冠霞帔作为中国传统婚礼上的重要服饰，具有丰富的文化意义。它代表了中国古代婚姻制度和家庭观念。在古代，婚礼被视为人生中最重要的仪式之一，而凤冠霞帔作为新娘穿戴的重要标志，体现了传统婚姻的庄重和神圣。凤冠霞帔也代表了中国传统文化的精髓。凤冠和霞帔都是由吉祥的图案和色彩组成，寓意着美好的愿望和幸福的人生。这些图案和色彩都反映了中国传统文化中关于吉祥、幸福等方面的价值观念。

关于凤冠霞帔的记载可以追溯到《周礼·地官司徒》中"天子服上将军之服……王后衣绂绣，紫緅凤冠，三条大索"的描述。在《礼记·玉藻》中也有对凤冠霞帔的描述："王者之女，则凤冠霞帔，云锦衣服，佩以琼珠，黄金环耳，象笏执其中。"凤冠霞帔的起源可以追溯到战国时期。据《史记》记载，赵惠文王的妃子在出征前给他缝制了一件"霞帔"，并用鸟毛制成了一顶"凤冠"，送给了他作为护身符，从而诞生了"凤冠霞帔"。同时，在宫廷中，凤冠霞帔更是成为皇后、公主等王室女性的必备礼仪之物。《明会典》中记载，皇后大衫的霞帔为黄色，织金云霞龙纹，皇妃也可以用黄色霞帔，唐代凤冠霞帔已经成为一种象征性的文化符号，被广泛应用于文学、艺术、戏曲等领域。《唐诗三百首》中就有"凤凰台上凤凰游，凤去台空江自流"之句，其中的"凤凰台"和"凤凰"就与凤冠霞帔密切相关。而在明清时期，凤冠霞帔进一步发展，装饰元素也更加丰富多彩。同时，它也逐渐成为了妇女固定形象符号之一，被广泛应用于民间艺术、绘画等领域。到了现代，随着社会的发展和文化的变迁，凤冠霞帔的使用范围逐渐缩小。但是，在一些特殊的场合和仪式中，如传统婚礼、歌舞表演等，依然能够看到凤冠霞帔的身影。

除了《周礼》和《礼记》等经典著作，许多其他文献也有关于凤冠霞帔的描述。凤冠霞帔被视为贵族妇女的礼服，象征着尊贵地位和荣誉称号，通常穿戴在正式场合，如宴会、朝拜等，彰显了主人的身份和社会地位。此外，在中国的传统戏曲艺术中，《西厢记》《牡丹亭》等经典剧目中也出现了女性衣着凤冠霞帔的形象。凤冠霞帔不仅是体现女性美丽高贵的元素，且寓意着女性坚守自己的尊严和追求真爱的勇毅。中国现代传统婚礼中，凤冠霞帔是新娘子的必备饰品，象征着高贵和美丽。

从古至今，凤冠霞帔作为中国传统文化中的瑞祥之美，一直扮演着突出的角色，反映了女性对美的追求和对尊严的推崇。同时，凤冠霞帔也在文学、艺术等领域中体现出了其文化内涵的最高象征和审美价值。

第二节 汉服

汉服，又称为华服、古装，一般是指自汉朝以来至清朝前期所流行的服饰，汉服是传统服饰文化中的主流称谓（图 3-2-1）。

图 3-2-1 孔府明代汉服

沈从文在《中国古代服饰研究》中提到并认为汉服起源于中国春秋战国时期，经过多个朝代的演变和发展，最终在汉代形成了独具特色的风格。汉服的主要特点是色彩斑斓、图案多样、款式独特、制作精美。汉服的颜色以五色为主，即红、黄、蓝、黑、白，寓意着五行之气和吉祥如意。汉服的图案则多样而精美，包括草虫鸟兽、花果山水、文字图案等，每一个图案都有其独特的美学价值和文化含义；其款式包括长衫、褂子、袍子、裙子、对襟、马褂等不同种类，且每一种款式都有其规范的穿着方式和场合。如长衫适合正式场合，褂子则适合日常穿着。其特点在于注重材质、色彩和纹饰的细致刻画，形态优美，别具一格。《论语·为政》更是认为其服饰打扮是个人审美与思想的外在表现："见贤思齐焉，见不贤而内自省也。"[1] 这句话的背景是孔子在参观鲁国时看到了一个穿着华丽的人，就引发了他对于仪表外貌和品行修养的思考。穿戴汉服不仅需要注意外表的整洁和美观，更需要遵守相应的各种礼仪规范。

在汉代的《礼记·士冠礼》以及魏晋南北朝的《齐民要术》等许多经典文献中，都能够发现对于汉服的描述和记载。例如，《齐民要术》中就详细地介绍了汉服的各种款式、材质以及穿着方式等，这些记载为后人研究并传承汉服提供了重要参考。《礼记·士冠礼》曰："天子本车驾出，服以龙衮、冠以白玉、佩以玉带、革履白綦、上以金凤九章之裳、下以弁裾之袴、腰以虎符、手以神策扇、足以玉环匕首。"《晋书·艺文志》中有"自古制服，非在汉唐者，凡百有余年。自秦始皇焚诗书而治制服，然后二百余年，至汉武帝始定制度。故唐高宗欲中兴之法，先改衣冠"之说。《明史·礼志》认为自隋唐以来，服制日变，至宋而革旧立新，衣冠不再雍容华贵，犹未如此制度简单也。所谓汉服之制者，基本规制皆取自汉代的论调。

在汉代，汉服主要以"袄裙"为主要形式，采用的材质以丝绸为主，色彩以素雅为主，纹饰简约大方，装饰物品少，整体呈现端庄、优美、典雅的特点；在魏晋南北朝时期，汉服开始出现更多新款式，如"鱼尾裙""斜襟""马面裳"等，全身的配饰也增加了很多，如挂件、带子、束带等，整体呈现出富丽堂皇的特点；唐代是中国古代文化的高峰时期，汉服在这一时期得到进一步的发展和完善。唐代的汉服主要以裙子为主，衣袖宽松，腰部的束带较宽，色彩丰富多彩，花纹繁复绚丽，呈现出奢华、典雅的风格；在宋代，汉服逐渐变得简约而实用，整体款式更加注重舒适性和实用性，少了许多过于华丽的装饰和配饰，颜色也比较素雅，

---

[1] 徐思思.《论语》伴我行[M].吉林出版集团有限公司，2017.

呈现出清新、自然、古朴的特点。在北方地区，汉服主要以棉麻等材质为主，衣袖和裙摆的宽度较大；而在南方地区，汉服则注重缤纷的色彩和轻盈的材质，整体呈现出柔美、婉约的特点。

汉服的制作工艺也非常精湛，包括刺绣、金银丝织、顶针等多种技术。汉服色彩斑斓、图案多样、款式独特、制作精美，体现了我国古代人们对于服饰美学的追求和理解。汉服在材质和制作工艺上都有着严格的要求，而且不同的款式和穿着方式也各具特色。汉服所采用的材质以丝绸为主，也有用棉麻、布料等制成的。在制作过程中，需要通过剪裁、缝合、刺绣、描金等多种复杂的工艺进行加工和装饰，以在各种纹理、花型、颜色上达到好效果。因此，制作一件汉服需要非常精湛的手工技艺，这也是汉服制作与其他服装的显著区别之一。汉服的款式可以分为上衣、下装、外套、披风、帽子等几个部分，每个部分又有多种不同的款式。在穿着方面，男女穿着不同，通常男性穿戴直筒袍、立领长袍或者马褂等，女性则穿戴长袍、褂子和旗袍等。不同的场合、不同的身份和地位也有着不同的穿戴和配饰，如皇帝、宫女、文人等都有着自己独特的汉服。汉服具有色彩丰富、图案多样、细节精美等特点，整体呈现出高贵、典雅、华丽、实用等风格。郭德宝《汉服文化初探》认为汉服采用的色彩非常丰富多彩，不仅展现了中国古代的审美品位，更为整个服装增添了生动、活泼的气息。例如，红色代表吉祥和幸福，黄色则象征着皇家尊贵，绿色则寓意着自然和平等，不同颜色的搭配在汉服中呈现出完美的和谐。汉服在制作过程中注重细节的处理，如衣袖、镶边、图案纹饰等，都体现了制作者对于细节的极致追求。每一处的细节设计都体现了中国古代手工艺人的巧思和智慧，让人们对于中国古代文化有了更深度的理解和认识，并感受到汉服饰文化的华贵、典雅、优美、端庄。

汉服在礼仪、时尚、艺术等多个方面展示了汉服饰文化的细腻、优美、别具一格的艺术风格，其千年古国的礼仪文化引领世界潮流的时尚文化，无一不体现中国服饰文化的独特内涵和东方魅力。《中华物典——献给物质文明的赞美诗》认为，随着人们对于传统文化的关注和追求，越来越多的人开始学习和穿戴汉服，世界品牌迪奥（Dior）（1946年在巴黎成立）设计的前后开片的类似我们绣花马面裙的款式，证明民族服饰的特色元素已被世界服饰殿堂接受和学习，其设计灵感的归属之争，让汉服在全球又出现了一股"汉服热"。

第三节　大唐华服

唐代服饰在中国和周边地区的服饰文化中占据着极其重要的地位。作为唐朝时期的传统服饰，唐服充满了浓郁的历史文化气息，唐代时期的服装，也称为"大唐装束"，简称"唐装"（图3-3-1）。它不仅是一种日常穿着，且在设计、制作和装饰方面都非常精美，展现了当时高超的技艺和审美水平，更在体现社会阶层差异、表达个人身份和地位方面有着独特的艺术表现。如金钗、宝石珠链、玄纁等，成为后来汉族传统服饰的重要组成部分，并在东亚地区的服饰文化中有着广泛的影响和传承。唐代服饰注重体现女性的柔美与男性的刚毅，同时也倡导自由、浪漫、活泼的生活态度。唐代服饰以其华丽、典雅、精致的特点，体现了人性美的价值观和审美追求。

从上往下
唐代早、中、晚期服饰
复原图

图3-3-1　唐代服饰

唐代时期，随着政治稳定和社会经济繁荣，服装制作水平日益提高，形成了独特的风格。《中国古代服饰研究》讲述了唐服包括男女衣物，男装主要是袍、裤、褡裢等，而女装则以襦裙、旗袍、长裙为主，采用的面料都是优质的丝绸、金银线等。男性主要穿戴袍、衫、裤、襦裙等，而女性则以长袍、斗篷、褙子等为主，同时还佩戴盘龙冠、钗簪等饰品。唐服采用高质量的丝绸、绸缎、锦缎等面料，颜色鲜艳多彩，红、黄、蓝、绿等色调均有涉及。女性服装具有宽袖、挂裙、鸭蛋领等特点，注重体现身材曲线和体态美感；而男性服装则偏向直线、简洁、挺拔，注重体现力度感。服饰华丽、典雅、精致，其造型风格也体现了当时的社会风貌和审美趣味，体现了当时人们对生命和自由的追求。

文献《大唐官箴》认为："唐初习于礼乐，诗赋弥新，太史奏休息抄记，萧再思起居注逸闻杂记，始虚其藩篱，明其朝纲。衣冠制度，是时新异。"白居易《长恨歌》关于服饰的描写："云鬓花颜金步摇，芙蓉帐暖度春宵。春宵苦短日高起，从此君王不早朝。"描写展现了唐代女性服饰的精致和华贵，勾勒出女子曼妙的身姿和盛装华美。《唐太宗肉身登仙记》中记载："其衣服不似人间，素丝所制，簇新华有辉光。"此描述揭示了唐代皇帝的服饰风格。作为权力中心的代表，唐朝皇帝注重体现自己的尊贵地位和与众不同的特殊身份。因此，这种桑蚕丝的素丝衣服的档次十分高，简洁而不失华贵。服饰中的元素，如龙凤图案、金钗、玄纁等被广泛运用到后来的汉族传统服饰中，还对周边地区的服饰文化产生了深刻的影响，从日本的传统服饰和服到韩国服饰都包含了唐代服饰元素，如宽袖、斗篷等。唐代服饰中精美的刺绣、绸缎面料、华丽的款式等元素也在国际时尚界中得到了广泛的传承和运用。其款式、造型和文化内涵对后世服饰产生了深远的影响。唐代服饰具有华丽、典雅、精致的特点，使用高质量的丝绸、绸缎、锦缎等面料，并采用红、黄、蓝、绿等鲜艳多彩的颜色。唐装由上衣、下裳、腰带、鞋袜等部分组成。其中，上衣通常为袍子或者褙子，下裳则有长裤、短裙等不同种类，腰带则是整个唐装的点睛之笔，能够突出身材和美感。唐装的鞋袜也非常讲究，通常由红底黑鞋或花鸟图案绣制而成。

唐代服饰作为中国传统文化的重要组成部分，展现出了独特的审美风格和文化内涵，代表了中华民族的优秀品质和精神面貌。唐代服饰不仅体现了华夏文明的博大精深，也表达了当时人们对生命和自由的追求。唐代服饰的精湛制作和装饰技艺、丰富多彩的色彩和纹样以及独特的款式和造型，在国际视野下体现了中国之美。唐代服饰华丽、典雅、精致的特点，使其在国际时尚界中得到了广泛的传承和运用，许多国际设计师将唐代服饰的元素融入其设计中。唐代服饰不仅对时尚领域产生了影响，还渗透到了中国传统文化和思想中。唐代诗歌、散文和小说中常出现关于服饰的描写，这些描写反映了唐代的服饰文化和审美风格。例如，唐代服饰"云想衣裳花想容，春风拂槛露华浓"的描述，让我们领略到盛唐歌舞升平、霓裳羽衣的风采。

第四节　旗袍

文献《中国服饰史》认为，旗袍将满族骑马的袍子与西方服饰相结合，具有东西方服饰文化糅合的具象（图3-4-1）。从最初的满族传统服装到现代的时尚民族服饰，旗袍经历了一个漫长的发展过程。其款式和设计的改变，不仅反映了时代的变迁和文化传承，更凸显了中国优美、典雅和高尚的审美情趣。旗袍作为中国民族服装的代表之一，在世界时尚史上占据了重要地位。

图 3-4-1　旗袍

旗袍的起源可以追溯到清朝时期的骑马服，通过逐步改良，旗袍作为满族女性的传统服装之一出现。随着时间的推移，旗袍逐渐进入了汉族社会，并成为中国传统服饰中的代表之一。然而，最初的旗袍与现代的旗袍相比，款式和设计存在很大的差异。《民国服装史》佐证了旗袍兴起于民国时期的上海，最初是上海女性所穿的日常服饰。随着时间的推移，旗袍逐渐流行到了全国各地，并在20世纪30年代达到了顶峰。旗袍成为当时女性着装的重要代表之一，对于后来的时装设计产生了深远影响。旗袍的主要特点是款式简洁、线条流畅、剪裁合理。旗袍采用直身式剪裁，紧贴身体，展现出女性的曲线美。同时，旗袍的颈部以及袖口、下摆等都采用了精致的绣花、刺绣等工艺，更加突显了女性的美感。旗袍作为中国传统文化中的重要组成部分，具有广泛的历史、文化和艺术价值。它代表了上海的历史与文化，旗袍作为上海女性所穿的日常服饰，反映了上海城市文化和社会风貌的特点。通过旗袍的穿戴和传承，我们可以更好地认识上海的历史和文化。

最初的旗袍是一种领口高耸、袖子短小、裙摆宽阔、筒形剪裁的衣服。后来，随着时代的变迁和社会的进步，旗袍的款式逐渐多样化，包括褶皱、对襟、立领、低胸等不同的设计元素。而在颜色方面，则以红、黄、紫、绿等为主要色调，寓意着吉祥如意和幸福美满。随着民间艺人们的不断创新与改进，旗袍的样式和款式逐渐多样化，旗袍的设计中保留了中国传统文化与时尚元素，展现了中华民族的文化自信和魅力。

在20世纪初，旗袍逐渐被引入官场礼仪制度中，成为新式的礼服。随着时代的变迁，旗袍也逐渐演化为多样化的款式和设计。20世纪20年代至40年代，上海成为旗袍的重要生产地，许多民间艺人开始对旗袍进行改良和创新。他们从传统的满族服装中吸取灵感，加入了更多的中西文化元素，将旗袍逐渐转化为一种具有时尚感和文化内涵的民族服饰。旗袍在设计上的变化主要体现在领口、袖子、裙摆和长度等方面。领口逐渐变低，成为了圆领或V领，袖子也逐渐变长，裙摆则更加修身，并加入了刺绣、花边、珠片等装饰元素。此外，在颜色和图案上也出现了更多的创新，如加入各种传统吉祥图案、动物、花卉等元素，寓意着吉祥如意和幸福美满。历史上，旗袍曾经是中国女性最为人称道的服装之一，而在今天中国文化复兴的过程中，旗袍的地位也得到了重新认识和重视。由于它具有独特的文化内涵和艺术价值，旗袍在国际时尚舞台上也得到了越来越广泛的关注和认可。

旗袍的制作需要经过多道工序，包括选材、裁剪、缝制、刺绣等，每一个环节都需要手工完成，并且需要经过数十次反复打磨和完善。在面料方面，旗袍通常采用丝绸、棉花、麻等轻盈柔软的面料，以保证服装的舒适度和穿着感受。裁剪是制作旗袍的重要一步，需要根据设计图纸精确测量尺寸和切割面料。裁剪时需要注意面料的方向、质地和弹性，确保每个部分尺寸准确无误。缝制是制作旗袍中最关键的环节之一。这一步需要将已经裁剪好的面料按照设计进行拼接和缝合。在缝制时需要考虑面料的弹性和厚度，以确保服装的版型和立体感。

刺绣是旗袍上常见的装饰元素之一。刺绣可以在衣服上添加各种图案和细节，以增加服装的美观性和复古感。在刺绣时需要严谨、认真，将每一针都精确地打入面料。除制作过程外，旗袍在美学上的追求和创新也是旗袍制作中不可或缺的一部分。

旗袍在中国传统文化中有着重要的地位和意义，它代表了中国传统文化中的优美、典雅和高尚的审美情趣。作为一种民族服饰，旗袍承载着丰富的历史文化内涵和民族风情。首先，旗袍与传统文化具有紧密联系。旗袍是中国传统文化中的代表之一，在历史长河中扮演着重要的角色。旗袍作为一种传统服饰，传递了中华民族的优秀文化血脉，同时也反映了传统文化中对于女性品格和美德的追求。其次，旗袍也与民族风情有着紧密联系。旗袍经过设计和款式的变化，体现了服饰的优美、典雅和高尚的审美情趣。在颜色和图案上，旗袍常常将自然界的元素和民俗文化元素融入其中，包括花卉、动物、山水等，以展现中国传统美学和民族风情。此外，旗袍还与历史建筑有着紧密联系。旗袍的设计和制作过程需要经过多道工序，需要考虑面料的质地、色彩和纹理等。这些元素在设计时常常受到传统建筑的启发，包括宫殿、园林、佛寺等，以展现中国传统文化中建筑艺术的美。旗袍代表的女性形象也有着独特的美学观念。旗袍的设计通常体现了女性柔美、婉约、优雅和高贵的特点，同时也体现了中国传统文化中对女性内涵和美德的追求。旗袍穿在身上，不仅可以凸显女性的曼妙身姿，更能让人感受到女性的自信、端庄和婉约，从而成为中国女性形象的重要代表之一。

旗袍在中国传统文化中具有非常重要的地位和意义，《中国旗袍文化史》认为它反映了中国传统文化中对于优美、典雅和高尚的审美情趣的追求，也代表了中国女性形象的独特美学观念，是中华民族文化遗产中不可或缺的一部分。旗袍作为一种传统服饰，代表着中国文化的优美和典雅。它通过其独特的设计和制作工艺，传递着中国之美。旗袍在图案和形状上有着丰富多样的变化，包括筒形、A字形、修身款等不同选择，并加入了象征吉祥如意的纹饰、荣华富贵的图案等瑞祥元素，体现了中国文化的特点和魅力。旗袍体现了女性对美育和美德的追求。旗袍的设计通常展现女性柔美、婉约、优雅和高贵的特点，同时强调了女性内涵和美德的重要性。这些元素凸显了中国文化中对于女性的尊重和社会地位的肯定。旗袍在制作工艺上追求精益求精，传承着中国传统手工艺术的精髓。从面料的选

> 文献中的国粹鉴赏

材、裁剪、缝制、刺绣到装饰等方面，每一个细节都要求精准和完美。这种手工艺术的传承和发扬，也成为中国之美的一个重要组成部分。

旗袍作为一种传统服饰，展现了中国文化的包容性和多元性。旗袍在不同地区有着不同的款式和风格，同时也融合了许多中西文化元素，体现了中国文化的包容性和开放性，彰显了中国文化的多元性和丰富性。旗袍作为一种传统服饰，通过其独特的设计和制作工艺，传递着中国之美，展现了中国文化的优美、典雅和高尚的审美情趣，同时也反映了中国文化的包容性、多元性和历史深度。

第五节　中国丝绸

丝绸是中华文明鲜明的代表之一。在古代中国社会中，丝绸具有极高的价值，被视为珍宝和奢侈品。丝绸在贵族社会中是重要的身份象征，代表着尊贵和高贵（图3-5-1）。

图 3-5-1　丝绸衣物

从宋代赵汝适的《诸蕃志》和元代汪大渊的《岛夷志略》记载来看，在全世界的范围，各民族都会利用自然界的纤维材料制作衣物，有利用植物纤维的葛、麻与棉，有利用动物纤维的羊毛与兔毛等，但唯有中国聪明勤劳的人们竟发明出由蚕丝织成的丝绸。明代的《星槎胜览》《东西洋考》记载，丝绸自唐代以来就是重要出口商品之一，我国丝绸已通过沿海港口传到欧洲、西亚等世界各地。

从文献记载与考古发现来看，中国丝绸技术传至中亚是在公元3世纪前后，此后在波斯、东罗马、西欧各国发展起来的桑蚕丝织业都有一个共同的来源地，那就是中国。其对外贸易的重要性超过了其他任何商品。在唐宋时期，丝绸贸易已经形成了规模庞大的商业网络，对于当时中国的经济发展和国际贸易的繁荣作出重要贡献。丝绸也在中国古代的外交中扮演着重要角色。自汉朝开始，中国就通过丝绸之路将丝绸和其他商品输送到欧洲和中亚地区，同时也引入了许多外来文化和技术。丝绸是中国古代出产的一种纺织品，起源于5000年前的新石器时期。据《通鉴纲目外记》载，嫘祖曾经教人们养蚕、缫丝、织布雏形，而实际上丝绸的制作技艺是在长期的生产实践中逐渐发展完善的。最初的丝绸制作方式是野生的蚕茧自然破壳，收集后进行纺织而成，这种原始的方法存在很多不足之处。后来人们开始饲养蚕，并逐渐改进了丝绸制造方式。在春秋战国时期，丝绸制作技术得到了很大的提高，出现了"缫丝""整理""染色"等新工艺。到了汉代，丝绸已经成为中国的特产之一，并向世界各地传播。

丝绸制造技艺的发展历程也呈现出一种独特的演变过程。最早的丝绸制造技艺是人们直接从桑树上采摘蚕茧，再将其解开取得长丝进行纺织，随着技艺的提高，丝绸的生产方式也逐渐得到改良和完善。到了唐宋时期，丝绸制造技艺达到了一个新的高峰，成为当时中国经济和文化发展的重要支柱。随着丝绸贸易的繁荣，中国丝绸产业逐渐成为古代时期的一大特色和亮点。除在经济领域中发挥作用外，丝绸还在文化方面扮演了重要角色。在中国古代社会中，丝绸不仅是贵族社会的必备品，还被广泛应用于宗教、祭祀和礼仪活动，成为古代社会中重要的身份象征。《诗经·小雅·鹿鸣》："缫以为衣，裳楦以为裳。"，这是"衣裳"二字的最早出处。同时也提到用缫制成衣服，裳楦则是细长的竹条或木竿，用于挂置裙子以免弯曲变形。《周礼·天官冢宰》中记录了丝竹乐器等物品供奉于祭祀之用。这些经典著作中都有关于丝绸的记载和提及。

在文学艺术方面，丝绸也得到了广泛运用。中国的诗歌、小说、戏曲中不乏关于丝绸的描写和提及，如《红楼梦》中就有许多情节和插图涉及丝绸。丝绸是中国的传统特产之一，有着悠久的历史和文化底蕴，它不仅代表了中华民族典雅和高尚的精神面貌，更是中国文化遗产中不可或缺的一部分。早在中国古代，丝绸就已经被广泛应用于贵族社会中，成为了身份、地位的象征。诸如文献《汉书·

艺文志》："丝者，天下之贵也。吴、越之间多桑，民家皆以为业，而所得税人于王，故汉征吴、越，多取其丝。"① 这说明丝制品是上层阶层人士的专供。《汉书·艺文志》中记载了丝绸在古代贵族生活中的重要地位；唐代诗人李白的《侠客行》中运用了"银鞍照白马"等生动的比喻，描绘出丝绸的华美和高贵；《红楼梦》则从传说和神话出发，探讨了丝绸背后的奇妙之处。丝绸作为中国的传统特产之一，有着悠久的历史和文化。它不仅是一种典雅和高尚的服饰品，更是中华民族文化遗产中不可或缺的一部分，展现了服饰文化中最华丽亮眼的中国丝绸之美。

丝绸作为中国传统文化的重要元素，不仅在文化领域发挥着重要作用，而且在经济领域中也具有很大的贡献。丝绸生产需要桑树叶子作为原材料，因此种桑养蚕成为一项重要的农业活动。在中国古代社会中，农民们广泛地种植桑树和饲养蚕，以满足丝绸生产的需求，这对农业的发展和经济的增长起到了积极的推动作用。丝绸制作工艺是中国悠久的传统手工艺之一，具有较高的技术含量和复杂的流程。采桑：丝绸的原料是蚕茧，所以第一步就是采摘桑叶喂养家蚕。蚕茧喜欢温暖潮湿的环境，通常在春季到秋季进行采摘。缫丝：缫丝是把蚕茧上的丝线取出来的过程。先将采摘回来的蚕茧放进开水中煮沸，然后用木棍挑出蚕茧上的丝线并盘成团，这个过程被称为"缫丝"。煮碱：将得到的生丝浸泡在碱水中，使其变得柔软，减少断丝的情况。这个过程也可以使丝线的颜色更加美观。漂洗：经过煮碱处理的丝线需要清洗干净，去除残留的碱性物质。染色：丝线需要进行染色处理，这样才能赋予丝绸更多的颜色和图案。染料可以是天然的植物或动物制成的染料，也可以是化学合成的染料。织造：在经过以上处理步骤后，丝线即可进行织造。这个过程需要大量的手工操作和技术，织造出来的丝布质感柔软、光泽度高、手感舒适。丝绸的制作工艺需要经过多个环节才能完成，每个环节都需要高超的技艺和精湛的技巧。中国历史上有许多著名的织造大师和工匠，他们凭借着自己的聪明才智和勤奋刻苦，推动了丝绸制作技术的发展。

丝绸制品具有非常鲜艳的色彩，尤其是在古代，印染技术已经相当成熟，可以将各种颜色鲜艳地呈现出来。丝绸衣服、蚕丝被子等都非常漂亮，给人一种温馨舒适的感觉。在这个过程中，不仅需要工匠们掌握织布、印染、刺绣等多种技艺，还需要他们对颜色、图案和纹理等方面有着非常深入的了解。这项精湛的技

---

① （汉）班固著；（唐）颜师古注. 汉书艺文志 [M]. 北京：商务印书馆，1995.

艺也让丝绸制品更加珍贵和独特。丝绸制品往往能够呈现出非常精致的细节和图案，如龙凤纹、寿字纹、云霞纹、草虫纹等，这些都代表着中国古代文化中的一种审美观念。这些图案是由工匠们手工织制而成，耗费了大量的时间和精力，因此也显得尤为珍贵。

据《诗经》等古籍记载，周朝时期的贵族们就非常喜爱丝绸的颜色和手感，并将其作为礼物赠送给他们的亲朋好友。丝绸制品所呈现出的文化内涵非常丰富，如龙凤、麒麟、孔雀等图案体现了中国的神话传说和历史文化；其刺绣、手工挑花等技艺则体现了中国传统手工艺的精髓。这些华丽的丝绸元素和纺织技艺都体现了古代劳动者的智慧。

第六节　吉祥符号

在中华上下五千年绵延不断的历史发展中形成的吉祥符号众多，流传最广、应用最多的有福、囍、招财进宝、龙凤呈祥、吉祥如意、中华结、五彩祥云等等。

图 3-6-1　"囍"字

"囍"字，确实堪称造字文化的一绝，双喜相连，如男女两人携手并立，方方正正，和谐对称，让人看一眼就喜不自禁、喜笑颜开（图 3-6-1）。这个字是如此的喜庆，所以即使是在今天，仍然随处都可见它的身影，只要有人办喜事，就一定少不了它。这是北宋大文学家王安石因洞房花烛和金榜题名双喜临门而创造出来的。此外还有合体书法字"天人合一""鸾凤和鸣""招财进宝""家和万事兴""黄金万两"等等，以及唐伯虎独创的"日日见才"，后延伸为"日日见财"，

> 文献中的国粹鉴赏

韩愈的"海纳百川""有容乃大"等都是汉字书法的魅力与文人墨客儒雅的结合，有祈求吉祥和表达美好祝愿的寓意。

图 3-6-2 "福"字

"福"字的寓意为一切顺利，福气到来，平安健康。它象征着家庭幸福以及人们对未来美好生活的向往。此外，福字还有另一种解释：右侧"一"字表示平安，"口"为人口，"田"指田地，有人有田平平安安，就表示"福"，"示"又为祈祷、祷告之意，祈祷有人有田平平安安的就是"福"（图 3-6-2）。因此，福字也代表着家庭和睦、生活安康、财源广进等含义。总之，福字是中国文化中非常重要的一个符号，寓意深刻，象征着人们对美好生活的追求和祝愿。

图 3-6-3 中国结

中国结全称为"中国传统装饰结"（图 3-6-3），始于上古，兴于唐宋，盛于明清。寻找中国结的由来可以追溯到文字发明以前的结绳记事。在没有文字的时代，古人通过结绳记事。文字的最早记录《周易·系辞》中记载："上古结绳记事，后世圣人易之以书契。"《周易注》："大事大结其绳，小事小结其绳。"而在战国铜器上所见的数字符号上都还留有结绳的形状，从这些历史资料来看，绳结确实曾被用作辅助记忆的工具，也可说是文字的前身。

中国结最初出现在旧石器时代的缝衣打结，到南北朝时期（公元420年至589年），当时叫作"璎珞"或者"络子"。这些编织品主要用来装饰服饰和佩戴在身上，寓意着吉祥如意和平安顺利。经过数百年的发展，中国结逐渐成为一种流行的装饰品，并且在唐代（公元618年至907年）达到了巅峰。在唐代，中国结被广泛应用于衣服、帽子、鞋子和其他日常用品中，同时也用来表示社会地位和财富水平。明清时期，中国结得到进一步发展，成为一种广泛流行的装饰品，被应用于庆祝吉祥节日、喜庆场合和送礼等方面。

中国结是一种传统手工编织装饰品，通常用来装饰房间、家具和衣服等物品。它由多根线编织而成，可以采用不同的编织方法和颜色搭配来制作出各种图案和形状，如旗袍、长衫的盘扣等。其制作过程需要熟练的手艺和精湛的技巧。需要选取质量优良的丝线或棉线，并根据设计图纸进行切割和配色等预处理工作；需要利用编织或系结等技术将绳线拼接在一起，并形成各种各样的图案和结构。

"结"在漫长的演变过程中，被多愁善感的人们赋予了各种情感愿望。在汉语中，许多具有向心性的要事几乎都用"结"字作喻，如：结义、结社、结拜、结盟、团结等等。而男女之间的婚姻大事，也均以"结"表达，如：结亲、结发、结婚、结合等。唐代的铜镜图案中绘有口含绳结的飞鸟，寓意永结秦晋之好。而"结发夫妻"也源于古人洞房花烛之夜，男女双方各取一撮长发相结以誓爱情永恒的行为，"交丝结龙凤，镂彩结云霞，一寸同心缕，千年长命花"[①]就是生动的描写。可见在远古的华夏土地，"结"不仅有记载历史事件的作用，还被先人们赋予了"契"和"约"的法律表意功能，赋予了各种情感愿望，"结"因此备受人们的尊重。数千年斗转星移，"结"早已不是人们记事的工具，如今中国结已发展为中国结手链、手镯、耳坠、头饰、发夹等诸如此类的服饰配件，发挥其作为典雅饰品的独立价值。

梁武帝诗词中有"腰间双绮带，梦为同心结"的描述。而唐朝的教坊乐曲中尚有"同心结"这个词牌名。东晋大画家顾恺之所绘《女史箴图》真实地反映了当时的社会形貌，我们可以由画中了解当时妇女装饰璎珞，从此可窥一斑。在曹

---

① 王如，杨承清. 中华民俗全鉴[M]. 北京：中国纺织出版社，2022.

雪芹著的《红楼梦》第三十五回"白玉钏亲尝莲叶羹，黄金莺巧结梅花络"中，有一段描述宝玉与莺儿商谈编结络子（络子就是结子的应用之一）的对白，就说明了当时结子的用途，饰物与结子颜色的调配，以及结子的式样名称等的问题。

中国文化在形成阶段，曾崇拜过绳子。据文字记载："女娲引绳在泥中，举以为人。"[1] 又因绳像盘曲的蛇龙，中国人是龙的传人，龙神的形象，在史前时代，是用绳结的变化来体现的。"结"有双钱结、纽扣结、琵琶结、团锦结、十字结、吉祥结、万字结、盘长结、藻井结、双联结、蝴蝶结、锦囊结等多种结式。"结"字也是一个表示力量、和谐，充满情感的字眼，无论是结合、结交、结缘、团结、结果，还是结发夫妻、永结同心，"结"给人都是一种团圆、亲密、温馨的美感。"结"与"吉"谐音，"吉"有着丰富多彩的内容，福、禄、寿、喜、财、安、康无一不属于吉的范畴。"吉"就是人类永恒的追求主题，"绳结"这种具有生命力的民间技艺也就自然作为中国传统文化的精髓流传至今。

在远古时代，祥云一直被视为吉祥的象征。在汉代，祥云被作为皇家官服和建筑装饰的主要图案之一。到了唐代，祥云图案逐渐在丝绸制品上得到运用。据《史记·孔子世家》所载，孔子曾在山林中遇见周公，周公向孔子指出了自己"在龙、庭、社三门坐而言"的墓地，告诉孔子"吾欲与先生同之"。周公死后，其墓上出现了祥云，孔子就认为这是周公的灵气所在。此后，祥云被视为与圣人有关的吉祥物，被广泛应用于中华文化的各个领域之中。除此之外，《聊斋志异》中也有关于祥云的记载。据《聊斋志异》所载："故画中之龙虎神仙，多乘其形，云在脚下而不染，颇有神理。"[2] 可见，在古代民间文化中，祥云图案也被视为灵异的象征。它不仅是中国古代建筑、服装等的一种主要图案，也是表达吉祥如意、美好未来的象征。

祥云图案最早用在中国古代的艺术品和建筑物上，尤其是在佛教和道教的寺庙和宫殿中最为常见。祥云图案采用曲线的设计手法，其圆润流畅的线条、色彩丰富、形态多样，更能够表现出云的飘逸感和空灵感。同时，祥云的色彩也非常讲究，通常由红、黄、绿、蓝等多种颜色相间组成。祥云图案是吉祥、祥瑞、安康等美好寓意的象征。

---

[1] 康占俊. 现代英语背诵文选 [M]. 北京：国防工业出版社，2004.
[2] （清）蒲松龄. 聊斋志异 [M]. 沈阳：春风文艺出版社，2019.

第七节　长命锁

长命锁由许多小环组成,是象征着长寿和幸福寓意的金、银、玉制品(图3-7-1)。

图 3-7-1　长命锁

据《太原市志》载,唐代流行用精致的小金银环或纽扣织成长锁,佩戴在脖颈上,尤以女子为多。[1]《梦溪笔谈》记载:"长生锁则乃女人货也,以金丝编者为贵。"[2] 这表明长命锁早在唐代就已经成为女性装饰品中不可或缺的一部分。到了明清时期,社会风气更加开放,女性对于个人形象的注重程度进一步提升,因此长命锁成为女性婚前或婚后的必备物品。

早期的长命锁是中国古代一种装饰品,由金银线等贵金属编织而成。据《汉书·艺文志》记载:"粘结金银线,名为长命锁。"[3] 这就是早期长命锁的形态之一。由于金银是贵金属,因此长命锁也被视为一种奢侈品,只有富人才能够佩戴。到了唐代,长命锁的材质逐渐转向丝绸,不仅降低了成本,也增加了舒适感。同时,长命锁在唐代逐渐普及,老少皆宜,成为一种常见的装饰品。《聊斋志异》中讲述了一位女子佩戴着一枚名为"降龙锁"的长命锁,成功击败了一只凶猛的龙。明朝万历年间《内府厂监造物考》载:"宫中小婢子,从十岁至十五六岁,每逢中秋之夕,皆佩以长命锁,仍各钦赐一物以示劝勉。"此外,在明清时期,长命锁

---

[1]　太原市地方志编纂委员会. 太原市志 [M]. 太原:山西古籍出版社, 1999.
[2]　(北宋) 沈括著;包亦心译. 梦溪笔谈 [M]. 沈阳:万卷出版公司, 2019.
[3]　(汉) 班固著,(唐) 颜师古注. 汉书艺文志 [M]. 北京:商务印书馆, 1995.

的样式和材质也更加多样化，如银质、木质、各种宝石等，满足了不同人群对于长命锁的需求。《红楼梦》中林黛玉就曾佩戴过长命锁，这也反映了当时社会对于长命锁的认可和推崇。

长命锁是我国传统的吉祥物，其寓意是保平安、长命百岁。因其有锁住孩子，不让邪气上身，不被病魔缠绕，从而寄托家人祈求孩子健康成长、长命百岁之意而广为流传。民间认为小孩戴这种锁，便可以借百家的福，辟凶趋吉，平安长大，与小孩吃"百家饭"、穿"百家衣"具有同样的文化意蕴。长命锁又因其联结的形式，也常被用于祈福祭祀或应用于挂件、绣品等艺术作品中。许多人认为其有压惊辟邪、驱鬼祛灾、祈祷福寿的作用，希望得到神灵的保佑，祈求健康、长寿、吉利等好运。长期以来，在年节、婚礼、寿宴等重要场合，人们也常常会佩戴长命锁，表达吉祥如意、健康平安的愿望。

第八节　虎头鞋

虎头鞋是中国一种传统的鞋子，其特点是鞋头呈现出老虎的形状，寓意着穿戴者能够勇猛有力、飞跃千山（图3-8-1）。

虎头鞋最早出现在唐朝时期，经过历代的发展和演变，成为明清时期比较流行的一种鞋子。据《东京梦华录》记载，唐朝时期，长安城内就已经有许多人穿着虎头鞋在街上行走。此外，《红楼梦》中也描述了贾宝玉在祭拜荣府祖先时所穿的虎头鞋，可见虎头鞋在明清时期仍然流行。

图 3-8-1　虎头鞋

虎头鞋的设计精美，不仅是一种实用的鞋子，更是一种展现个性的装饰品。虎头鞋的制作需要经过烦琐的工序，包括木雕、刺绣、缝制等，耗时耗力但也更能彰显手工艺术的价值。

虎头鞋的制作工艺十分烦琐，需要经过多个环节。木板：用于虎头的雕刻和制作。布料或皮革：用于制作鞋面和鞋底。竹签、线等：用于缝合鞋面和鞋底。金属丝或者铜片：用于制作虎头上的装饰。制作虎头鞋时，先用木板制作出虎头的形状，然后进行雕刻和打磨，最后用金属丝或者铜片加以装饰。选择适合的布料或者皮革，按照虎头鞋的尺寸裁剪出鞋面的形状。将鞋面缝合在一起，并根据需要进行刺绣和装饰。同样采用布料或者皮革制作鞋底，按照鞋子大小和形状裁剪。将鞋面和鞋底缝合在一起，利用竹签、线等进行缝合。在制作完成后，需要加工一些小细节，例如穿线孔、鞋带扣等。

虎头鞋作为传统手工艺，被赋予了特殊的族群性情感，与长命锁一样具有辟邪护身的寓意，可以保护家里的儿童健康成长；又因虎头鞋鞋底工艺的针脚是四根线连在一起，寓意着四平八稳，寄托家长对孩子能够健康成长的期望；且虎须还要缝五针，意味着五行合一，还有五福临门之寓意。在新婚期间赠送新娘一双虎头鞋，希望新婚夫妻和睦相处、恩爱幸福；赠送新生儿一双虎头鞋，寓意人丁兴旺、喜庆热烈；孩子一岁会走路之时赠送一双虎头鞋，希望孩子得到保佑并健康成长，更希望孩子长大之后能像林中之王老虎一样，成为行业的领导人物。

每一双虎头鞋都是独一无二的手工艺品，彰显了手工艺者的匠心和审美水准，寄托着人们对美好生活的祝愿。虎头鞋这种延续千年的传统的民族符号，被赋予了勇气、力量、祥瑞等美好寓意。

第九节　龙凤图腾

龙凤图腾是华夏儿女的象征，是民族文化的重要符号之一，因此中华儿女也被称为龙的传人。人们对龙和凤的崇拜就与中国人思想中对天地自然的敬畏密不可分（图3-9-1）。

图 3-9-1 龙凤图腾

龙图腾是上古时代的原始信仰，源于天象崇拜，也就是苍龙七宿。古人观察到苍龙七宿这条巨龙，春季在东方抬头，夏季在南方腾升，秋季在西方退落，冬季在北方隐没。苍龙七宿的出没周期与一年周期相一致，也就是春生、夏长、秋收、冬藏的周期规律。苍龙七宿是上古时期古人观象授时的重要星象，龙图腾就源自上古农耕文明时期的这个天象崇拜，随着历史的进展，进而演化为祖先崇拜、统治阶层的皇权象征。

早在商代时期，龙凤图案已经出现在青铜器、玉器等物品上。到了汉代，龙凤图腾成为皇室文化的代表之一，被广泛应用于宫廷建筑、服饰、珠宝等方面。同时，《山海经》等古代文学作品中也有大量关于龙凤的神话传说。其中，《神异经》记载："凡龙居则水藏，凤集则木荣。"再次反映出龙和凤的象征意义及其在自然中的地位。龙凤图腾在古代文学作品中也不乏身影。《红楼梦》关于龙凤图腾的描述：两条龙和两只凤分别镶嵌在大门的额枋上，屏风上画着一对龙凤呈祥等。《四库全书总目提要》中有对龙凤图腾的记载："凤为雌，龙为雄，二者结合则神化。"可以看出，龙和凤的结合不仅代表着阴阳相合的意义，同时也寓意着国家的权威和吉祥如意。

如今，龙凤图腾的形象仍然被广泛应用于喜庆活动、文化艺术、商业装饰等领域。在中国京剧中，龙凤戏便是以龙凤图腾为基础创作而成的。此外，龙凤图腾还出现在家居装饰、电影海报、衣服设计等方面，成为中华民族图腾文化中不可忽视的元素。

第四章 品鉴中华的饮食之美

中华饮食源远流长，历经数千年的积淀和发展，已经形成了独特而多样的美食文化。无论是北方的面、南方的米，还是驰名中外的北京烤鸭、重庆火锅，以及带着浓浓中国元素的水饺、元宵、月饼，包含多种营养与口感、以食补著称的佛跳墙，都吸引着国内外的食客们前来品尝。中华饮食之所以备受推崇，不仅因为其独特的味道和口感，更在于其中蕴含的文化精神和情感价值。本章将介绍中华饮食的历史背景、文化特点，以及一些具有代表性的传统美食，带领读者一起品鉴中华的饮食之美。

第一节 茶文化

茶文化的起源地为我国，起源时间传说在神农氏时期。茶文化通俗来说就是在饮茶活动过程中形成的习俗特征，包括茶道、茶德、茶精神、茶联、茶书、茶具、茶谱、茶诗、茶画、茶学、茶故事、茶艺等与茶相关的雅事（图4-1-1）。

图 4-1-1 茶

《茶经》是中国乃至世界现存最早、最完整、最全面介绍茶的第一部专著，被誉为"茶叶百科全书"，由中国茶艺的奠基人陆羽所著。此书是一部关于茶叶生产的历史、源流、现状、生产技术以及饮茶技艺、茶道原理的综合性论著，是一部划时代的茶学专著。它不仅是一部精辟的农学著作，还是一本阐述茶文化的书。它将普通茶事升格为一种美妙的文化艺术。它是中国古代专门论述茶叶的重要著作，《茶经》的问世使"茶事大兴"，唐代茶业由此日益兴盛，奠定了茶文化基础，推动了茶文化的发展。茶叶由僧侣传至海外，茶文化开始外传。

《茶录》由蔡襄撰写，是宋代重要的茶学专著。《茶录》是蔡襄有感于陆羽的《茶经》"不第建安之品"而特地向皇帝推荐北苑贡茶之作，共计上下两篇，上篇论茶，分色、香、味、藏茶、炙茶、碾茶、罗茶、候茶、熁盏、点茶十目，主要论述茶汤品质和烹饮方法。下篇论器，分茶焙、茶笼、砧椎、茶钤、茶碾、茶罗、茶盏、茶匙、汤瓶九目，是继陆羽《茶经》之后最有影响的论茶专著。皇甫冉曾作《送陆鸿渐栖霞寺采茶》："采茶非采菉，远远上层崖。布叶春风暖，盈筐白日斜。旧知山寺路，时宿野人家。借问王孙草，何时泛碗花。"诗中充分反映了陆羽在研究茶学的实践中，亲赴深山茶区，攀悬崖登峭壁，为采制野生茶叶，获取第一手资料，不辞辛劳、风餐露宿的生动情景。

李时珍的《本草纲目》记载："茶苦而寒，阴中之阴，沉也降也，最能降火。火为百病，火降则上清矣。然火有五火，有虚实。若少壮胃健之人，心肺脾胃之火多盛，故与茶相宜。温饮则火因寒气而下降，热饮则茶借火气而升散，又兼解酒食之毒，使人神思闿爽，不昏不睡，此茶之功也。若虚寒及血弱之人，饮之既久，则脾胃恶寒，元气暗损，土不制水，精血潜虚；成痰饮，成痞胀，成痿痹，成黄瘦，成呕逆，成洞泻，成腹痛，成疝瘕，种种内伤，此茶之害也。民生日用，蹈其弊者，往往皆是，而妇妪受害更多，习俗移人，自不觉尔。况真茶既少，杂茶更多，其为患也，又可胜言哉？人有嗜茶成癖者，时时咀啜不止；久而伤营伤精，血不华色，黄瘁痿弱，抱病不悔，尤可叹惋。"同时，李时珍很可贵地提出了饮茶要与体质相宜的概念，否则会元气暗损，戕害身体。茶要温饮或热饮，方可有助药效。

最早的采茶活动可以追溯到3000多年前的西周时期。《中国茶文化史》记载，随着时间的推移，茶逐渐演变为一种饮料，并在唐代达到了高峰，成为当时社交和文化的重要载体。此后，茶文化不断发展壮大，各地形成了不同的茶文化流派和品种。其中，最著名的有绿茶、红茶、黑茶、白茶、黄茶、乌龙茶等。每种茶都有自己独特的口感和风味，例如绿茶清香爽口、红茶浓郁香甜、黄茶滋味清醇等，不同的种类和品质还需要采用不同的烹制工艺和饮用方法。

《中国礼仪文化》认为，茶文化作为雅事之一，是传统文化中的重要元素。茶不仅可以提神醒脑、解渴降火，还具有多种药用价值，如清肝明目、润肺止咳等功效，是全球最健康的三种天然饮品之一。对健康和养生的追求引起世人的竞相学习，公元805年，遣唐使日本僧人最澄把唐朝优质茶种带回日本，《白茶联》载，茶道源于中国，盛行东瀛。而今华夏儿女心中的茶文化又厚重起来，各类茶馆、礼仪学校等都在普及用茶礼仪，这不仅包括了倒水、冲泡、品评等复杂的步骤和流程，还涵盖了丰富多彩的茶道文化内涵，比如尊敬、谦虚、雅致、彬彬有礼的大国风范。《茶文化对于古代文学艺术的影响》论述了许多古代文人墨客都曾在茶香之中得到灵感，创作出许多脍炙人口的诗歌、绘画和小说等文艺作品，充分体现了茶文化的传承。

第二节　酒文化

酒作为一种历史悠久的饮品，其历史可以追溯至距今数千年前（图4-2-1）。

图 4-2-1　酒文化

《诗经》中就有"以酒浇忧，因以解愁"的诗句，表明了酒在古代社会中的地位。在中国的考古遗址中，也经常能够发现与酿造酒相关的器具和残留物品。文献中有记载的第一个酿酒的人是仪狄，《战国策·魏策二》："昔者，帝（禹）女令仪狄作酒而美，进之禹，禹饮而甘之，曰：'后必有饮酒亡国者。'遂疏仪狄，绝旨酒。"这段话描述的就是酒的魔性和造酒人。汉代许慎在《说文解字》中沿袭了这一说法："古者，仪狄作酒醪，禹尝之而美，遂疏仪狄。"照此说法，仪狄是大禹时代的人，是有文字记载的最早酿酒的人，称之为"酒祖"应该不为错。

另一位更为知名的人物是杜康，杜康能闻名天下，很大程度上是因为曹操的一句名诗："慨当以慷，忧思难忘。何以解忧？唯有杜康。"许慎在《说文解字》一书中有"古者少康初作箕帚秫酒，少康，杜康也"的说法，即认为杜康是夏朝时期的人；南北朝时梁萧统所编《文选》中有"注引《博物志》，亦云杜康作酒，王著与杜康绝交书曰：康字仲宁，或云黄帝时宰人"的说法，就是说杜康可能是黄帝时代的人，比仪狄还要早，不过《文选》的成书时间比《战国策》要晚，在最早的古文献中出现的是仪狄。西晋的张华在《博物志》一书中说杜康是汉朝的酒泉太守，善酿酒。现在大多数学者倾向于认为杜康是夏代人，就是少康，夏代的第六代国君。另据史书记载，最早由神农氏发明制酒技术，后来大禹也亲手酿制黄酒以治水。

诗人北岛在《饮酒记》中说道："酒文化因种族而异，一个中国隐士和一个法国贵族对酒的看法会完全不同。当酒融入血液，阳光、土壤、果实统统转换成文化密码。"在中国的历史上，演绎过无数的酒人酒事，翻开《史记》，其中最冲的就是杀气和酒气，杀气自不去说，二十四史上又何尝不散发着浓郁的酒气呢？梳理历史上的酒人酒事，你会发现酒融入民族的血液、融入历史的长河，转换成寓意无穷的酒文化密码。

《史记·高祖本纪》记载：汉高祖衣锦还乡，回到沛县，在沛宫里大摆酒席，招待故乡的亲友，喝得高兴，刘邦击筑，自己作诗歌唱"大风起兮云飞扬，威加海内兮归故乡，安得猛士兮守四方！"酒后作诗，充分展示了汉高祖刘邦作为一代开国君王的胸怀和豪放旷达的气质。

《三国演义》中写曹操兵临长江，马上就要攻打孙权和刘备，收复江南。这天他坐在大船上巡视，见江南美景，于是下令摆酒宴，文武百官依次而坐。酒过三巡，曹操诗兴大发，于是作诗："对酒当歌，人生几何？譬如朝露，去日苦多。慨当以慷，忧思难忘。何以解忧，唯有杜康。"该诗表达了酒的文人属相，以及诗人慷慨激昂的文学修养和对酒当歌的洒脱气质。

《尚书·君陈》孔传："治之至者，芬芳香气，动于神明。"特别是香气浓郁的酒，祭祀者手持青铜爵把它洒在地上，散发出来的酒香更加浓烈，表达对天地鬼神的敬畏及其乐于享用酒的"芬芳条畅"之气。

周公还亲笔写了一篇诰词，名叫《酒诰》，我们今天仍然能从记录古代历史的经典著作——《尚书》里查到这篇文章。周代《礼记》，也对君子饮酒作出制度性约束：君子之饮酒也，受一爵而色洒如（肃敬之貌）也，二爵而言言（和敬之貌）斯，礼已三爵而油油（悦敬之貌）以退。用今天话说，饮过三爵，就该边儿上歇会儿。此乃"三爵之礼"，沿用至今仍然说酒过三巡。一斑窥全豹，由此可见这是周礼被推为礼之尊的原因。

　　酒在饮食文化中不仅是一种饮品，更是一种文化内涵和精神追求的体现。首先，酒是一种交际工具，是社交场合必不可少的元素。其次，酒也是表达感情和珍视友谊的一种方式。另外，酒也承载着中国传统文化的多种价值观念，如"礼尚往来""和而不同"等，让饮酒成为一种文化体验和精神享受。

　　酒作为一种源远流长的文化瑰宝，代表着饮食文化，注重礼仪，主张以礼待人，先喝为敬。酒也是人们表达情感、增进友谊、加强交往、放松心情的一种方式。同时，酒也是社交场合中必不可少的礼品之一，承载着许多礼尚往来的文化价值观念。比如，饮酒时，表达敬意和尊重；又如，饮酒是一个和谐共处的过程，追求的是"和而不同"的境界，即相互理解、包容；还有，饮酒时需要适可而止，要懂得克制，体现了中庸之道。

第三节　中秋月饼

　　中秋节是中国传统四大节日之一，是吃月饼的时刻。《唐书》载：八月十五中秋节，直至唐初中秋节才成为固定的节日。有《明史》也记载：八月十五日为中秋节……赏月时，吃桂花酒、柿子、月饼。由此可以看出，互赠月饼、分享月饼已经成为中秋节庆祝活动的重要部分（图4-3-1）。

图4-3-1　月饼

中秋节的来历有两种说法：《西湖游览志余》记载，中秋节起源于古代帝王祭月的节日，慢慢演变成为中秋节；另一种说法是中秋节由嫦娥奔月的故事演变而来。无论哪种说法，中秋节都是一个有着悠久历史的传统节日。《帝京景物略》中提到，在这个节日里，人们会相约赏月、扎灯笼、猜灯谜，表达团圆和祈求吉祥的心愿。

中秋节是中国传统节日之一，历史悠久。早在周朝时期就已经存在，那时人们认为月是阴阳交合的产物，它具有神秘的力量，中秋节祭拜月神，以祈求家庭幸福、国泰民安。这样一来，清朝《燕京岁时记》记载："至供月，月饼到处皆有，大小不等，大者尺余，饼面印制着各种精细的花纹图案，如嫦娥奔月、月宫蟾兔、吴刚砍树等神话形象，颇具特色。有祭毕而食者，也有留至除夕而食，谓团圆饼也。"由此可见，在拜月后分而食之的，做成圆形的，装满幸福甜蜜的美味月饼，也成为传统祭祀的必需之物。因此在每年的农历八月十五这一天，人们会聚在一起祭拜月神、赏月、燃灯、观潮、看花灯、游市、吃月饼等。明代田汝成所著的《西湖游览志余》中记载："八月十五日谓之中秋，民间以月饼相遗，取团圆之义。"那时，月饼不仅代表着团圆，还成为人们在中秋节相互馈赠的佳品，互送月饼的习俗已蔚然成风。犹如明代《苑署杂记》著有："每过中秋，坊民皆造月饼相馈，大小不等，市肆以果为馅，巧名异状，有一饼值数百钱者。自初一日起，即有卖月饼者，至十五日，家家供奉月饼、瓜果。若有余饼，仍收整于干燥风凉之处，至岁暮，合分用之，谓团圆饼也。"

互赠月饼的起源有许多不同的传说和版本，其中一种比较流行的传说是，月饼最初是用来祭拜月神的食品，起源于唐朝时期。《辞源》记载，正式使用月饼这一名称，最早见于南宋时期遗民周密所著的《武林旧事·蒸作从食》之中。同时期，著名诗人苏东坡有一首小诗曰："小饼如嚼月，中有酥与饴。"这首小诗描绘了当时月饼的小巧与美味。宫廷里的厨师们会将月亮形状的食品供奉给皇帝和其他贵族。后来，这种做法逐渐传到民间，成为一种流行的食俗。月饼不仅是一种美味的食品，更是中秋节人际关系和文化纽带的体现，所以在中秋节期间，赠送月饼也被视为表达感情和关怀的良好方式。

明人沈榜的《宛署杂记》中记载："八月馈月饼，士庶家俱以是月造面饼相遗，大小不等，呼为月饼。市肆至以果为馅，巧名异状，有一饼值数百钱者。"清代嘉庆年间，杨光辅的《淞南乐府》有云："淞南好，时物荐秋香，月饼饱装桃肉馅，雪糕甜砌蔗糖霜，新谷渐登场。"一边品尝着桃肉馅月饼，一边感受着粮食丰收的喜悦，该是何等惬意与满足。这段记载了月饼通过其丰富多彩的口味、精致的工艺、团圆与文化交流以及艺术与文化符号等多个方面，向世界展示了一个美丽、丰富而又充满着人情味的中国。

中秋月饼作为中国传统美食之一，其具有丰富的馅料和不同地区、不同历史时期的特色款式，象征着团圆、喜庆、和谐、丰收和祭祖等吉祥寓意和文化内涵，代表着国人的传统文化和情感寄托。

第四节　北京烤鸭

烤鸭的历史十分悠久，早在魏晋南北朝时期就已经有了烤鸭的记载。魏晋南北朝时，烤鸭还是宫廷食品，烤制方法是用果木炭火进行烤制，外皮酥脆红润，内里的肉肥而不腻。唐代的《朝野佥载》记载，当时的烤鸭是将鸭子火烤而成。到了宋代，有许多书中皆有记载，烤鸭在当时已经变成一种流行的吃食，还衍生出一种新的吃法：将鸭子先在沃汤汁中煮熟，再用油烫，再接着烤。据《竹叶亭杂记》记载："亲戚寿日，必以烧鸭相馈遗。"烧就是烤，可见烤鸭还成了当时勋戚贵族间往来的必送礼品。《忆京都词》这样写道："忆京都，填鸭冠寰中。焖烤登盘肥而美，加之炮烙制尤工。"

图 4-4-1　北京烤鸭

北京烤鸭起源于明朝，在当时被称为"京片子"，后来逐渐演变成现在的北京烤鸭（图 4-4-1）。北京烤鸭最初只是宫廷贵族的特供菜肴，后来逐渐流传到民间，并成为国民重要的饮食之一。北京烤鸭始于便宜坊。据清代《都门琐记》所述，当时北京城宴会"席中必以全鸭为主菜，著名为便宜坊"。便宜坊开业于清乾隆五十年（公元 1785 年），最初，在宣武门外米市胡同。清末京城有七八家烤鸭店，都以便宜坊为名。最初的烤鸭来自南方的江苏、浙江一带，那时称烧鸭或炙鸭，从业人员也是江南人。后来烤鸭传到北京后，才臻于完善。

《北京烤鸭的制作方法与技巧》记载，北京烤鸭的制作方法非常独特。先要选用体形较大的肥鸭，经过挑选、洗净、吹气、涂蜜等处理后，放入炭火炉中烤制。在烤制的过程中，需要反复涂抹上白酱和花椒水，使得烤制出的鸭皮金黄酥脆、口感极佳。将烤好的鸭皮和鸭肉切成薄片，配以葱、酱、蒜等调料，搭配烤饼或馒头食用。《北京烤鸭文化的历史和传承》讲北京烤鸭的制作需要许多工序，也需要各种材料的协调配合，体现了中国人民追求协同合作和和谐共生的思想。同时，北京烤鸭的形态优美、色香味俱佳，也代表了中国人民对于美好生活和艺术的追求。

北京烤鸭不仅味道鲜美，而且制作方法精细、造型优美，是中国饮食文化中的代表菜肴之一，在国际上享有盛誉。

第五节 火锅

火锅是中国传统美食之一，其历史可以追溯到唐代（图 4-5-1）。

图 4-5-1 火锅

《唐会要》记载："冬月十五日，宜滋补，可大同小异，或用鱼、或用羊、或用牛肉，荤素杂陈，以热锅沸汤，各自取食。"可以看出，当时已经有了在热锅中煮食的习惯。学者王少迟在《铜火锅的前世——先秦温鼎》中钩沉，从商周出土文物中，已发现26件青铜温鼎，上面是锅，下面是炭盘，近似现代火锅。其中商代三件，一件可追溯到商中期。随着时间的推移，火锅逐渐演变为不同地区和不同民族的特色美食。

《火锅的起源与演变》讲四川的麻辣火锅以香辣味道和多种辣椒调料著称；重庆的火锅则以鲜香口感和多样化食材闻名；北京的涮羊肉则是选用优质羊肉，再配以豆腐、粉丝等配菜，在热锅中涮煮后食用，营养丰富。火锅起源于中国西南地区，可以追溯到东汉时期。当时的火锅主要是将羊肉放在沸腾的汤中加热煮熟。随着时间的推移，火锅逐渐演变成现代的模样，不仅包括涮羊肉火锅、毛肚火锅、海鲜火锅等各种不同口味，还出现了各种特色火锅，如麻辣火锅、清汤火锅等。火锅的种类非常多，主要分为北方火锅和南方火锅两大类。其中，北方火锅主要以牛羊肉为主料，配以豆腐、蘑菇、冬瓜等食材，鲜香味美；南方火锅则以海鲜、蔬菜为主料，口感鲜美爽滑。此外，在不同地区还有一些特色的火锅，比如四川的麻辣火锅、重庆的火辣火锅等。

据《奉天通志·礼俗志》载："火锅以锡为之，分上下层，高不及尺，中以红铜为火筒，著炭，汤沸时，煮一切肉脯、鸡、鱼，其味无不鲜美。"八旗在关外即喜"野意火锅"，"野意"即"野意家伙"，意为野味，从关外带入北京。从档案看，乾隆皇帝曾在30天吃了60次火锅，清朝皇帝每天只吃两顿饭，即顿顿有火锅。当时人认为火锅有滋补作用，在皇帝推动下，百姓也热衷火锅。

《宫女谈往录》记载："反正一年里我们有三个整月吃锅子。正月十六日撤锅子换砂锅。"据《清代档案史料从编》载："清乾隆四十八年（1783年）正月初十，乾隆皇帝办了530桌宫廷火锅，而到1796年清嘉庆皇帝登基时，曾使用1550个火锅用来承办筵席。"清代李调元在《雨村诗话》中记："暖锅，俗名火锅，所以盛馔最便，寒天家居必用。余年过六十，苦畏冷，每食必须，然从未有咏者。"李调元是四川绵阳人，也成为火锅拥趸。

从宋代火锅起，肉片先在酒、酱、椒等调味汁中浸泡，再下锅。此法民国仍存，1935年第71期《新生活周刊》中介绍说："此种食法（指直接涮），不易消化，并将鲜味煮去。须肉一大片，先蘸虾油少许，再放入锅内，俟肉色变后即食，其软如腐。醮（蘸）少许醋，及珠儿粉，即极细之团粉后，煮法如前，食之与滑溜里肌（脊）味同。"老北京涮羊肉则重本味。火锅重选料和刀功。据1936年《星华》杂志上九原所写的《南来顺尝试涮羊肉》称："还有羊肉本身必须选北平土产的羊，既嫩而又无膻味……一个好的羊肉馆，切肉者必定要请一个好手，但以上一些经络，在上海的北平馆子里根本不注意。"

《四川火锅》中称："四川火锅出现较晚，大约是在清代道光年间（1821—1850年），四川的筵席上才开始有了火锅。"也许，四川火锅和北京涮羊肉一样，常有学者以此说证明四川火锅历史长，但据成都建筑设计家王亥说："之前成都真没有火锅，只有毛肚店，是很幽雅的，小时候我们只在门口看，不敢进去，那个是有钱人吃，有点像涮羊肉，真没有火锅。"

火锅作为中国饮食文化中的无厨师菜品，独具特色。火锅通常需要用到大型锅具，人们可以围着火锅吃饭、聊天，增进感情，共同分享美食带来的快乐。这种以食会友的方式也成为中国人民日常生活中的一个重要场景。不断出现的各种各样的新型火锅，融入时下流行的餐饮元素，不断推动着中华美食文化的发展和创新。

第六节 佛跳墙

佛跳墙起源于福建泉州，最初只是一种民间食品。清同治五年（1866年）出版的《筵款丰馐依样调鼎新录》这本专门讲清朝菜肴的著作，记录了最古老"佛跳墙"的史料。虽然这本书主要收录了大量四川菜，但是同时也收录了不少其他省份的菜式。《佛跳墙菜的来历与传说》讲，在明代中期，当地官绅将其改进，成为福建地区著名的名菜之一。佛跳墙得名是因为闽南人把"佛"解释为高僧，而"跳墙"则是指在禅寺里修行的僧侣非常虔诚，却也抵挡不住诱惑甚至能够跳过围墙去吃肉，表示它的美味让拒绝食肉的僧侣也难以抵挡，可见其香飘四溢、鲜美无比（图4-6-1）。

图 4-6-1 佛跳墙

《佛跳墙菜的制作方法与技巧》中指出佛跳墙的制作方法非常烦琐，需要选用多种海产品、禽鸟肉类、猪蹄筋、鹿茸、燕窝等上等食材，经过适当的预处理后，再以鸽子汤为底料，放入陶瓷壶中慢火炖制数小时。炖好的佛跳墙汤味道醇厚、香气扑鼻，吃起来口感丰富、味道浓郁。

佛跳墙体现了人们对于美食的追求，这道菜能让富有声誉的得道佛家大师翻墙而入，不难想象佛跳墙的味道是多么鲜美。《佛跳墙菜的文化意义与价值》讲佛跳墙食材相互间完美融合、相得益彰、香飘四溢，让人回味无穷。

第七节 水饺

饺子是一种历史悠久的食品，起源于中国。它是一种以面粉为主料，内包馅料的传统美食，一张饺子皮在中国人手中几乎可以包含所有的美味食材，其无所不包的饮食文化与中华民族大融合、广包容的和合文化一脉相承（图 4-7-1）。

图 4-7-1 水饺

三国魏人张揖著的《广雅》是古书中最早记载饺子的文献。其中记载，那时已有形如月牙，称为"馄饨"的食品，和现在的饺子形状基本类似。到南北朝时，馄饨"形如偃月，天下通食"。据考证，饺子起源于东汉时期，距今已有1800多年的历史。最初，饺子被用作祭祀天地神明、纪念祖先和庆贺节日等活动中的祭品或礼物，后来发展成为民间食品，并逐渐流传到全国各地。

如今，饺子已经成为中国传统餐桌上的重要组成部分，不仅在家庭生活中广泛使用，也成为酒店、饭店、超市等场所的必备菜品之一。尤其是在春节期间，人们会用饺子迎接新年，寓意团圆和好运。饺子更是世界美食文化不可或缺的一部分。

在中国文化中，饺子也是一种重要的艺术表现形式。不少电影和文学作品都涉及饺子这种传统食品，例如周星驰的《大话西游》和《功夫》，沈从文的《边城》等。通过对饺子文化的描绘和表现，这些作品不仅反映了中国人民的风俗习惯，还展现了饺子在中国文化中的丰富性和多样性。

南宋人周密《武林旧事》中记录了当时杭州的市井面食里，也有"市罗角儿""诸色角儿"的说法。当时称饺子为"角子"或"角儿"，可能是因为它们有两个尖角而得名。广州人至今仍然叫春节吃的油炸饺子为"油角仔"，或许就是沿用宋代的旧称。清初年间刊行的《肃宁县志》记载："元旦子时盛馔同享，各食扁食又名角子，取更岁交子之义。"除通称的饺子名称之外，饺子还有许多名称，如角子、扁食、馄饨、煮饽饽、餶飿等等。

《中华全国风俗志·山东》记载："元旦用面作角子。齐俗用素馅者多，省垣谓之水包子。"

《岁时杂记》对当时北京人家冬至吃馄饨的情景作过记载："京师人家冬至多食馄饨，故有冬馄饨年馎饦之说。"

随着中华文化的传播和推广，越来越多的国家开始认识和喜爱饺子这道美食。在欧洲和北美洲地区，饺子节也已经成为一种具有文化内涵的庆典活动。饺子不仅在中国受到喜爱，也成为世界各地文化交流的重要桥梁。每年农历新年期间，许多地方都会举办饺子节活动，吸引大量游客前来参观、品尝和学习制作技巧，展示了中华饮食文化的丰富性和多样性。通过这些活动，人们更能够感受和理解中华文化的博大精深，促进了不同民族和文化之间的交流与融合。千百年来，饺子一直是节气和庆典中必备的食品之一,同时,饺子也是一种中国民族符号,体现了中国饮食文化中的和美、团聚和美好的祝福。

第八节 元宵

元宵是传统的汉族食品之一,是正月十五庆祝元宵节的餐桌上必备的美食(图4-8-1)。

图 4-8-1 元宵

据记载,元宵节起源于秦汉年间。秦末有"正月十五燃灯祭祀道教太乙神"之说。可见元宵节是从"敬神送年"的民俗演变而来。翻阅中国史书,有颇多正月十五庆祝活动的记载。

唐初官修的《隋书·音乐志》中这样描述:"每当正月,万国来朝,留至十五日于端门外建国门内,绵亘八里,列戏为戏场。"讲述当时参加歌舞者足达数万,从昏达旦,至晦而罢。随着社会和时代的变迁,元宵节的风俗习惯早已有了较大的变化,但至今仍是中国民间传统节日。

王仁裕的《开元天宝遗事》记载:"每岁上元,都人造面蚕的习俗到宋代仍有遗留,但不同的应节食品则较唐朝更为丰。"南宋时,就有所谓"乳糖圆子"的出现,这应该就是汤圆的前身了。至少到了明朝,人们就以"元宵"来称呼这种糯米团子。刘若愚的《酌中志》记载了元宵的做法:"其制法,用糯米细面,内用核桃仁、白糖、玫瑰为馅,洒水滚成,如核桃大,即江南所称汤圆也。"据传说,公元前180年,大臣周勃、陈平扫除了吕氏家族的势力,拥立汉文帝刘恒登基。

因为汉文帝登基的这一天正是正月十五，值得纪念，因此刘恒大赦天下，与民同乐。以后每到这一天的晚上，皇帝都要出宫游玩，张灯结彩，与民同乐，以示庆贺。因为那时人们把正月叫元月，把夜晚叫宵，所以叫"元宵节"。到后来，司马迁创立《太初历》时，把元宵节定为重大的节日。因此又说元宵节起源于汉代。《史记·封禅书》中记载："令祠官领之如其方，而祠於忌泰一坛旁。"说的是祭祀"泰一"的事情。"泰一"又称"泰乙""太一"或"太乙"，被认为是天神中的最尊贵者。汉武帝敬畏神仙，因此对祭祀"泰一"非常重视。在正月十五这一天，祭祀"泰一"的活动非常隆重，从黄昏开始，通宵达旦，用盛大的灯火进行祭祀，由此形成了正月十五张灯结彩的习俗。

宋朝周必大在《元宵煮浮圆子前辈似未尝赋此坐间成四韵》中写道："今夕知何夕，团圆事事同。汤官寻旧味，灶婢诧新功。星烂乌云里，珠浮浊水中。岁时编杂咏，附此说家风。"这里写到的圆子，和现在吃的元宵十分类似，而团圆的意境则古今相同。

元宵作为中国传统美食之一，根据史书记载，早在东汉时期，人们就已经开始吃元宵了。到了唐代，元宵逐渐成为民间传统的团圆食品。元宵的制作有一定的技艺要求，需要选用上等糯米粉和馅料，并通过捏、揉、包、煮等工序，才能使其口感绵软、香甜。元宵的馅料种类丰富多样，最常见的是豆沙、芝麻、花生等，而在不同地区和不同历史时期，还有许多特色的元宵种类。例如，江南地区的汤圆以红糖为主要原料，口感糯软；南方的桂花元宵则以桂花馅为主，口感芳香；北方的元宵则多采用豆沙、黑芝麻、玫瑰花等馅料，口感香甜。

元宵节是中国的传统节日之一，也是吃元宵的重要时刻。据《隋书》记载："正月十五日，夜月明如昼，人家放烟火……官民赏月，吃元宵。"可以看出，元宵作为元宵节庆祝宴会餐桌上的必备品，象征着团圆、和美、幸福，历久弥新，传承至今。

第九节　中国菜系

中国菜系是中华民族绵延五千年悠久饮食文化的发展与传承，是世界上最为悠久、多样的饮食文化。其历史可以追溯到几千年前的中国古代，自唐朝以来就广泛传播至世界各地。在全球范围内，中国菜系都享有很高的声誉，被普遍认为是美食的代表之一（图4-9-1）。

图4-9-1　中国菜系

中国菜系的起源可以追溯到远古时期，大约距今6000年。中国传统宴席是一项重要的社交活动，其中的礼节和文化背景反映了中国文化中尊重人情、注重礼仪的传统价值观。同时，菜品搭配也非常重要，要根据场合和宾客身份来选择合适的菜品。史学家们发现从新石器时代到殷商，先民们对谷物、肉类加工较为粗糙，后来周朝有人发明石砸也就是石磨，谷物才有了比之前更为精细的加工，肉类也是在这一时期有了深层次和多样化的加工。《周礼》一书中出现"八珍"的记载，充分说明了周朝上层人士饮食的复杂性。最初的中国菜以谷类、瓜果、蔬菜为主要食材，后来随着时间的推移，又逐渐加入了禽肉、畜肉等动物性食品。在商朝时期，中国的烹饪技术得到了长足的发展，并成为文化交流和外交活动中的重要内容。

《中国宴席史略》记载，中国传统宴席是一项重要的社交活动，尤其在婚礼、寿宴等重大场合中占据着极为重要的地位。中国传统宴席起源于古代贵族们的交际活动，后逐渐发展成为一种重要的社交活动。宴席中的礼节和规矩反映出了中国文化中注重人情、重视礼节的传统价值观。同时，以餐桌为平台的社交活动也使得人们之间的关系更加紧密。传统宴席有着严谨的礼仪和规矩。通常会由主人邀请客人，按照客人的身份排定座次和位置。在宴席上，除注意餐桌礼仪之外，还应该注重言谈举止和互相尊重。例如，在喝酒时要注意文明饮酒，不得过量，同时也要根据自己的身份和地位来判断喝酒的多少和频率。传统宴席的菜品搭配非常讲究，要根据主人的身份、宾客的数量和时间等因素来选择合适的菜品。一般来说，宴席中会摆放各种不同口味和颜色的菜肴，以示丰富和美观。若在婚礼宴席上，通常会摆放龙凤呈祥、年年有余等寓意吉祥的菜肴。在寿宴上，会摆放与长寿相关的菜肴，如寿桃、长寿面等，并且在数量、样式等方面都要符合讲究。

《中国菜肴的历史与传承》指出北方菜系在地理上包括了京津冀、东北、华北等地区。这个菜系以其丰富的口感和独特的味道而闻名于全国各地。北方菜系通常以重口、咸香为主，注重调味和口感的平衡。同时，北方菜系也善于运用食材的原味，突出食材的质感和口感，使得菜肴更加清爽和本真。另外，由于北方气候寒冷干燥，因此北方菜系的菜品多数都采用了油炸、蒸、烤等烹调方式，使得菜品更具焦香和酥脆。北方菜系所使用的原料与季节密切相关，随着四季的变化而变化。2500年前源于山东的儒家学派奠定了中国饮食注重精细、中和、健康的审美取向。《齐民要术》总结的黄河中下游地区的"蒸、煮、烤、酿、煎、炒、熬、烹、炸、腊、盐、豉、醋、酱、酒、蜜、椒"奠定了中式烹调技法的框架；明清时期，大量山东厨师和菜品进入宫廷，使北方菜雍容华贵、中正大气、平和养生的风格特点进一步得到升华。北方菜系的代表性菜品有：

红烧肉：使用带皮猪肉炖煮，配以酱油、糖、姜片等调料，煮至软烂香气四溢。

煎饺：将肉馅或蔬菜馅包裹在面皮内，煎至饼皮金黄，脆口味美。

炸酱面：使用豆酱、肉馅、黄瓜等食材制作出独特的口感和咸香味道。

烤鸭：以北京烤鸭为代表，传统的制作方法是利用开放炭火烤至外皮薄脆，肉质鲜嫩多汁。

锅包肉：将切成长条形的猪肉块裹上面糊，并淋上甜酸调料，再用高温油炸至金黄色。

南方菜系是主要包括广东、福建、江浙一带的菜系。司马迁在《史记·货殖列传》中就有"楚越之地……饭稻羹鱼"的记录。其中，浙菜历史悠久，到了汉代，浙菜已经成为一个有着自己独特风格的菜系。粤菜系的形成和发展与广东的地理环境、经济条件和风俗习惯密切相关。广东地处亚热带，濒临南海，雨量充沛，四季常青，物产富饶，故广东的饮食一向得天独厚。《淮南子·精神训》也记载有粤菜选料的精细和广泛，如蛇南方善食，而北方不食的习俗。南方菜系注重清淡、鲜美、入味，强调菜品的口感和质地。与北方菜系相比，南方菜系更加注重细节和工艺，因此制作过程往往需要耗费更多时间和精力。南方菜系所使用的原料主要以海鲜、水果、蔬菜为主，同时也包括了许多独特的食材和调料。粤菜系中常用的海鲜包括虾、蟹、鱼等，而福建菜系则喜欢使用豆腐、木耳、金针菇等食材。南方菜系中还会加入适当的糖和醋来达到平衡口味的效果，同时运用大量的香料和调味品，如花椒、八角、桂皮、茴香等。南方菜系的代表性菜品有：

广东烧腊：包括烧鸭、烧鹅、叉烧等食品，肉质鲜嫩多汁，香气扑鼻。

闽南小吃：包括沙茶面、肉燕、荔枝肉等，口感鲜美，制作工艺独特。

杭州西湖醋鱼：将鱼肉切成片状，配以西湖醋、姜末、葱花等调料，酸甜可口。

上海小笼包：是一种以水煮面皮包着肉馅的传统小吃，皮薄馅嫩，入口即化。

广东清蒸活鱼：将新鲜鱼肉蒸至刚熟，搭配上葱姜、花雕酒等作料，味道鲜美。

西南菜系主要包括了四川、云南和贵州等地的菜系。发端于唐宋，兴盛于明清，民国期间继续发展，后来又进一步发扬光大。据《徽州府志》记载，早在南宋年间，用皖南山区特产沙地马蹄鳖、雪天牛尾狸做菜已闻名各地。其菜系以麻辣、香辣和独特的口味而闻名于世界各地。西南菜系以其鲜、香、辣、麻、咸、酸六味并用为特点，其口味强烈独特，其中最有代表性的是川滇菜系。其原料多数是当地特色食材和调料。在四川菜系中常用的有豆瓣酱、花椒、辣椒等调料；云南菜系中则常用的是草本植物和野味食材，如木耳、灵芝、猪蹄筋等；贵州菜系还注重运用菜品所在地区的农作物和食材，如马铃薯、黄粑粉、藕等，使得其菜品更加独具特色。西南菜系的代表性菜品有：

麻婆豆腐（川菜）：以牛肉末、豆瓣酱、豆腐等为主要食材，口味麻辣浓郁。

过桥米线（云南菜）：将米线放入滚烫的高汤中，再搭配上各种蔬菜和肉类食材，营养丰富美味。

贵州酸汤鱼（贵州菜）：使用新鲜的草鱼和各种香料烹制而成，口味酸辣可口。

宫保鸡丁（川菜）：以鸡肉、花生米、干辣椒等为主要食材，口感麻辣爽口。

红油抄手（川菜）：将生面皮包裹着鲜香的肉馅，再淋上辣油和酱油等调料，口感鲜美。

《八大菜系》详细介绍了中国菜系，根据地理位置和风味特点可以分为八大菜系，即川菜、粤菜、闽菜、湘菜、鲁菜、苏菜、浙菜和徽菜。较之上面按区域分类更加具体。每种菜系都有自己独特的烹饪技法、调味方法和口味特点，比如川菜偏辣、粤菜偏清淡、苏菜偏甜等，这些都体现了中国的多元文化和地域特色。

中国菜肴注重色、香、味、形等多方面因素的综合考量，以达到口感与视觉的双重享受，这正是中华美食独具一格的地方。第一，讲究选材。选择新鲜的食材，并根据不同食材的特点进行处理，从而保证菜肴的质量和口感。第二，讲究火候控制。中国菜肴用火分明，注重烹调时间和温度的控制，经过炒、煮、蒸、烤等多种加工工艺，使菜肴入味鲜美，口感绵软。第三，注重食材搭配。中国菜肴注重各种食材之间的搭配，既要考虑口感，也要考虑营养搭配。中国传统宴席是一项重要的社交活动，其中的礼节和文化背景反映了中国文化中尊重人情、注重礼仪的传统价值观。

第五章 园林建筑的匠心之美

中国是园林建筑发展得最早、最完善的国家，同时也是东方园林的主要代表。中国园林建筑有漫长的历史，数千年来，历朝历代，均有成就，吸引着国内外游客前来参观。

第一节 故宫

故宫是中国明清两代皇家宫殿，是世界上保存完好的古代木质宫殿建筑之一。它位于北京市中心的紫禁城内，占地面积达72万平方米（图5-1-1）。故宫是中国古代宫廷建筑的典范之一，也是中华文化的重要代表之一。故宫始建于1406年，是明朝第三位皇帝永乐皇帝为了建造新的皇宫而修建的。在此之后，清朝皇帝康熙、雍正、乾隆等修缮和扩建了故宫，使其成为如今规模庞大的宫殿群，被誉为"东方巴黎"和"世界五大宫之首"。

图5-1-1 故宫

故宫建筑风格独特，以黄色琉璃瓦和红色墙壁的配色为主体色彩，气势恢宏、布局严密、装饰精美。在设计上，故宫遵循了中国传统建筑的理念，注重与自然环境的融合和谐，同时结合了汉、蒙、藏、满等不同民族的建筑文化，形成了独具特色和风格的宫殿建筑。故宫不仅是中国古代皇宫建筑的代表，更是中国传统文化和历史的象征。故宫内部保存有大量的文物、书画、器物等珍贵文化遗产，在展现中国传统艺术和工艺美术的同时，也体现了中国古代宫廷文化的丰富内涵。

这个皇宫曾经历多次大规模的修缮和扩建，最终形成了现在规模庞大的故宫。故宫作为皇家宫殿，体现了尊君、崇祖和国家至上的价值观念。故宫内有严格的规矩和礼仪要求，可以看出中国传统礼仪文化的影响。其中书画、器物等珍贵文物，展现了中国传统艺术和工艺美术的高超技艺和精湛水平。

故宫采用了中国传统建筑的形式和风格，包括三进院落、夹道院、过渡式建筑等。这种形式体现了中国传统建筑理念中"以人为本""对称协调""崇尚自然"的理念。故宫的布局非常严谨，以中轴线为主线，左右对称排列，体现传统建筑中"天人合一、阴阳协调"的思想。在设计上充分考虑了地形环境，形成了高低错落的建筑景观。故宫的装饰艺术非常精美，采用了大量的彩画、雕刻、压金丝、嵌宝等技法。故宫的黄琉璃瓦和红墙白雪的配色，是古代建筑经典配色。故宫带来了中国之美，展示了中国传统建筑、艺术和文化的独特魅力。通过深入了解和欣赏故宫，人们就会感受到它所展现的中华文化之美。

在中国历史上，故宫是一座标志性建筑物，作为明清两朝的皇家禁宫，其不仅占地面积超过70万平方米，还拥有9000多间房间和148座建筑。作为世界上最大的古代宫殿之一，故宫不仅展示了中国古代建筑艺术的高峰，也反映了中国的政治和文化历史变迁。

据《紫禁城》介绍，故宫内有紫禁城大门、午门、三大殿、乾清宫等。其中紫禁城大门是故宫最重要的入口和出口，其设计融合了中国传统文化的五行思想，寓意着皇帝对天下万物的支配权；乾清宫则是乾隆帝居住的地方，其装饰艺术中充满了满族的文化元素。

《故宫》一书介绍故宫珍贵的收藏品与文物，包括书画、器物等，其中不乏中国古代著名的文化艺术精品。故宫内保存了大量的书画作品，涵盖了历代文人墨客所留下的作品。其中，最著名的当数清朝顺治、康熙、雍正、乾隆、光绪、宣统几位皇帝的书画作品。故宫收藏了众多的器物，如青花瓷、铜镜、漆器、玉器等。其中一些器物还曾经被明清皇家用于宴会、游乐、祭祀等重要场合。故宫博物院每年会举办多个主题展览,向公众展示其收藏品和文物;同时,故宫也积极开展文化遗产修复工作,目前已恢复了许多文物和建筑的原貌。

据《故宫简介》介绍,故宫每年吸引着数以百万计的国内外游客前来参观,成为中国旅游业的重要景点之一。同时,故宫周边商业街区及旅游配套服务也得到了极大的发展。故宫在国际上具有广泛的影响力和知名度。自20世纪80年代初对外开放以来,越来越多的外国人前来参观故宫,了解中国古代文化和艺术成就,增进了中外文化交流与了解。故宫作为中国木质建筑中精致榫卯结构的代表,其作为中国旅游业的重要景点之一,对国内旅游业的带动作用不可忽视。在逐渐全球化的世界中,故宫也不断拓展着自己的影响力和知名度,向世人展现中华民族的悠久历史与文化。

第二节　长城

长城是中华民族为预防外来入侵而修建的防御工程,起始于春秋战国时期,跨越中国北部地区的山脉和平原,全长约21196千米。历经2000多年的建造和修缮,是中国的瑰宝,是世界七大奇迹之一(图5-2-1)。

图 5-2-1　长城

建造长城的最初目的是保卫国家安全,各个诸侯国通过修建高墙以防御敌人。到了秦朝统一六国后,秦始皇将各地分散的城墙连接为一体,构筑了万里长城。各个朝代都根据实际情况对其进行了不断的扩建和修缮。明朝在长城上加强了防御设施,修建了烽火台、关口等,使长城更加坚固可靠,达到长城建设的顶峰。

虽然春秋战国时期各诸侯国相互之间都有修建城墙、筑垒的历史记载,但并未构成长城的雏形。秦朝秦始皇统一六国后，为了加强边防防线才将其完善至今日的规模。汉朝在秦朝长城的基础上进行了一些维修和扩建。魏晋南北朝时期在政治上的分裂和北方游牧民族的入侵，长城逐渐破损，战略价值降低。唐朝对长城进行了部分修缮和加固。唐以后长城的防御功能进一步降低。明朝时期重修了长城并进行了大规模的扩建。清朝维护了明朝时期修建的长城，进行了部分的加固和修缮。除历经朝代的变迁外，长城还遭受了许多自然灾害和战争的摧残。例如，明朝中叶长城曾多次遭受军队侵袭，导致长城大量损毁；同时，地震、洪水等自然灾害也对长城造成了不小的伤害。历经几千年，长城的许多地方已经受到了严重的损坏。由于人类活动和自然因素的影响，需要我国不断加强对长城的保护和修缮，让这一中国历史文化的重要遗产得以长久保存。

而今看长城已无防御作用，却逐渐呈现出独特的美学价值：自然和人工景观的完美结合。长城所处的地理环境十分优美，它作为自然风光和人类建筑巧妙结合的产物，形成了一个独特的景观。从长城上可以俯瞰山水之间的壮丽景色，也可以欣赏到城墙、箭塔、烽火台等建筑物的古朴和精美；它还是工程技术和艺术审美的完美结合。长城的修建历程涵盖了几千年的时间，其规模和结构的变化和发展反映了中国古代工程技术和艺术审美。长城所使用的材料和建筑技术，使其历经千百年屹立不倒，被誉为"人类历史上最伟大的建筑工程之一"。人们在感受中华民族优秀的文化、艺术和科技水平的同时，其辉煌历史不仅见证了中国的文化传承，也体现了中国人民对自由、和平、独立的追求与坚持，也让更多的人感受到了中国之美。

长城的意义不仅仅是作为一个防御工事，它还有着精神和文化意义。长城的首要作用是防御敌人，保卫国土安全；其次代表着中华民族保家卫国不屈不挠的精神和因地制宜"一夫当关万夫莫开"的智慧。长城不仅是中国古代工程技术的杰出代表，也是中华民族的重要象征和民族精神的标志。

第三节 都江堰

都江堰是中国四川省成都市都江堰市的一座大型水利工程，建于公元前256年至前251年之间。2000多年来，都江堰水利工程一直发挥着作用，司马迁《史记·河渠书》记载："蜀守冰凿离碓，辟沫水之害，穿二江成都之中。此渠皆可行舟，有余则用溉浸，百姓飨其利。"常璩《华阳国志》记载：都江堰建成之后"水旱从人，不知饥馑，时无荒年，天下谓之天府也"，充分肯定了都江堰对天府之国形成的重要作用。迄今，都江堰灌区依然承担着7市38县的灌溉任务，覆盖面积达7000多平方千米，对四川地区的防洪、灌溉、发电、养殖、旅游、工业生产等综合服务以及经济发展起着巨大作用。冯广宏认为：都江堰灌区是四川省经济最发达的地区，也是四川政治、经济、文化的中心地带。余秋雨评价："中国历史上最激动人心的工程是都江堰。""都江堰是解读中华文明的钥匙。"都江堰不仅是中国文化遗产，亦列入了世界文化遗产名录中（图5-3-1）。

图 5-3-1 都江堰

修建都江堰是用来解决成都平原地区干旱的问题。据《东周列国志》记载，"都江堰以益州之水，分渠而引，以灌溉田亩"。这个工程最初是由李冰主持设计和施工的。他根据当地自然条件和人工劳动力，精心设计了一套完备的水利系统，包括主要的引水渠道、分水堰、倒虹吸等附属设施，确保了水资源的充分利用和合理分配。

在都江堰的建设和维护过程中，形成了许多与其相关的民间故事、诗歌、画作和音乐等艺术形式，如《李冰父子挖渠图》《都江堰记》等著名文学作品，以及《出水清音》《豫章行》等优美音乐。这些文化元素反映了古代人们对水利工程的重视和敬畏之情，正如王国平《都江堰》一书所说，都江堰不仅是一项伟大的技术工程，也是中国古代文化遗产的重要组成部分。

在中国古代，灌溉是农业生产的重要手段之一，而水利工程的建设对于农业生产和社会经济发展具有重要意义。都江堰的建设旨在解决当地干旱缺水的问题，为当地农业生产提供足够的水源，并防止洪水等自然灾害。都江堰在中国古代水利工程和文化遗产中具有重要地位，并被誉为"中国古代科技成就的杰出代表之一"。都江堰的设计、建造和技术手段十分精妙和复杂，经历了漫长而艰难的建设过程。都江堰的设计理念是将青城山脉中的岷江水引入成都平原进行灌溉，同时防止水患和水源枯竭。通过巧妙设计一个人工开挖的山径，将岷江水引入作为灌溉用水，并利用河道的高低差来控制水流量，使得灌溉更加合理化和高效。都江堰的关键之一是人工开挖的山径，它长约20千米，从青城山上800米高处开始引水，到达都江堰地势最低点680米左右，引水高差120米。山径开挖需要克服诸多困难，如陡崖悬壁、泥石流等，施工历时8年，耗费大量人力、物力。为了防止洪水泛滥和水流逆向，都江堰修建了一系列堤坝和垮口。其中，最大的坝段叫作"龙池"，长约200米，高约20米，是一座巨大的天然石垣坝。

据《中国大百科全书》所记载，清代咸丰年间，都江堰加建了新闸门、通浪口、石洞沟等一系列附属设施，为了控制水流和灌溉用水，都江堰还设置了分洪设闸。其中，最著名的是飞沙门，即都江堰的主闸门，它由16个大小不一的水门组成，能够有效控制水位和水流量。通过山径引水和分洪设闸等技术手段，都江堰将岷江水引入平原，并在沿途设置了一系列灌渠、支渠等渠道，使得平原上的耕地得以充分灌溉。这样不仅保障了粮食生产，还推动了棉花、蚕丝等农作物的种植。由于河流在雨季容易泛滥，都江堰的设计中也考虑到了洪水防治的问题。龙池坝作为都江堰最大的坝段，能够有效拦截洪水，避免洪水泛滥。此外，分洪设闸也能够控制水流量，降低洪峰流量，减轻洪水灾害的危害。除了灌溉和防洪，都江堰还可为当地居民提供生活用水。通过分洪设闸和建立一系列水渠和水池，使得岷江水能够作为灌溉用水的同时，也可以为人们提供清洁的饮用水。

都江堰不仅是一座水利工程，还蕴含了丰富的艺术精品。其中，最著名的是都江堰石刻，这些石刻包含了丰富的历史和文化信息，反映了当时社会的风貌和生活习惯。都江堰体现了民本思想。在都江堰的建设过程中，人们始终坚持尊重自然环境和顺应自然规律的思想，把治水当成一种智慧和方法。都江堰是中国的一道独特风景线，其在建筑布局、山水相映等多个方面展现了中国之美。都江堰将艺术与工程完美地结合在了一起，既满足了人类文明发展的需求，又呈现了中华民族的智慧、勤劳、创造力。这种艺术与工程结合的方式，体现了中国传统文化的重要精神内涵。都江堰的建设过程中充分尊重了自然环境和生态平衡。通过利用河流的高低差、修建坝段和闸门等手段，实现了自然与人文的和谐共融，不仅保护了生态环境，还为当地农业生产和社会经济发展提供了充足的支持。

都江堰作为中国古代水利工程的杰出代表，其在建筑布局、山水相映等多个方面体现了中国古代哲学思想和文化艺术的重要特点。都江堰周边的景观、人文风情、壮丽的山峦和清澈的水流，还有古老的建筑和传统的手工艺等，都呈现出了独特的自然风光和人文气息。这些文化元素反映了中国古代人们对水利工程的重视和敬畏之情，也为后世人们提供了宝贵的历史和文化资源。

第四节 宅

宅是中国传统民间建筑中的一个重要组成部分，其形式和风格各异，反映了不同地域、不同民族的文化特征。常见的民宅类型包括四合院、吊脚楼、土楼、窑洞和蒙古包等。

一、四合院

四合院是最具汉文化的民居，最早出现在黄河流域（图5-4-1）。

图5-4-1 四合院

四合院的基本结构包括四面围合、中央庭院、周边房屋、影背墙等。仰韶文化的半坡遗址当中就出现了四合院的雏形，考古学认为它就是一个大房子，但是在其中的建筑构型已经有了堂和室的概念。从文字记载上,《仪礼》记载了士大夫的住宅制度,"士大夫的住宅为三间,中央明间为门,左右次间为塾,门内为庭院,上方为堂,堂左右为厢房,堂后为寝",堂指的是客厅,这是最早的四合院的文献记载。

《日下旧闻考》中引元人诗云:"云开闾阖三千丈,雾暗楼台百万家。"这"百万家"的住宅,是北京四合院的意思。四合院起源于北方地区,最早出现于明朝,是农村地区广泛应用的一种民居结构。根据《乾隆京城全图》记载,当时共有大小四合院26000多座。到了20世纪80年代,据北京市古代建筑研究所统计,北京城约有6000多座四合院,其中保存较完整的有3000多座。现编纂出版的《北京四合院志》,共收入保存较为完好的四合院923座。随着历史的发展,四合院不断演变和完善,并逐渐流行到城市中。近年来,随着人们对于传统文化的重新认识和重视,四合院也开始得到了新的关注和保护。四合院的基本结构由四条短边和四条长边组成,呈正方形或长方形。四周环绕着高墙,内部有一个中央庭院,房间合拢在一起并且互相连通。四合院的特点是私密性强、功能齐全、生活便利、装饰精美。四合院虽然是封闭式的建筑结构,但其内部空间结构却安排得非常灵活,可以根据使用需求而自由调整。

根据《中国古代四合院的空间结构特征及其演变》讲述,四合院的建筑形式与庭院围墙的高度、大小和开口方向等都有严格的规定。它通常由四个独立的房屋与一个庭院组成,其布局充分考虑了人们的生活习惯和社会道德观念,体现了中国传统建筑的审美标准和建筑文化。同时,四合院也是中国传统家庭结构的一种具体体现,在其中可以看到封建社会家族制度和亲情观念的影响。然而,随着城市化和现代化的发展,越来越多的人选择放弃传统的四合院居住方式,导致许多传统的四合院已经消失或濒临消失。为了保护这一重要的文化遗产,中国政府已经采取了一系列措施,包括修复和保护古老的四合院建筑、开展宣传活动等。同时,一些新的四合院项目也在逐渐出现,以满足人们对传统文化和生活方式的追求。

据《房地产志》记载:明代,四合院在建筑规模、式样和装饰上有了等级划分。因而在建筑色彩上,除贵府第外,一般住宅四合院多采用材料本身的颜色,即青砖灰瓦。虽以大面积的灰青色墙面和屋顶为主,却在大门、二门、走廊与主要住房等处选用彩色，大门、影壁、墀头、屋脊等砖面上加若干雕饰，墙体磨砖对缝，工艺考究，虽为泥水之作，犹如工艺佳品。雕饰图案更是以各种吉祥图案为主，如以插月季的昆花瓶寓意"四季平安"，以蝙蝠、寿字组成的"福寿双全"，还有"子孙万代""岁寒三友""玉棠富贵""福禄寿喜"等等，展示了老北京人对美好生活的向往。

二、吊脚楼

吊脚楼是少数民族的一种建筑形式，主要分布在云南、贵州、四川等地。吊脚楼是人类古建筑遗迹和南方少数民族在山区环境下继承和发展干栏建筑的实物见证，它以挂在山崖或悬于高空的独特形态而著称于世界（图5-4-2）。

图 5-4-2　吊脚楼

据《中国土楼建筑中的吊脚楼》讲述，吊脚楼由一座高大的楼房和四根巨大的木柱组成。楼房通常是圆形或方形的，拥有多层，而木柱则通过绳索悬挂在楼下，从而支撑整个建筑。吊脚楼最初出现在明朝时期，当时的建筑师们为了解决山地崎岖、水土流失等问题，采用了这种独特的设计方式。吊脚楼除具备很好的防御功能外，还可以作为社交和文化活动场所，反映了当时中国社会的生活方式和文化习惯。随着时间的推移，许多吊脚楼已经逐渐消失或受到损坏。为了保护这一重要的文化遗产，中国政府已经采取了一系列措施，包括加强吊脚楼的保护和修复工作、开展文化教育，从而保持民族传统建筑的风格。凤凰古城、千户苗寨的吊脚楼也已成为一个重要的旅游景点，吸引着众多国内外游客前来参观。

据《鸭窠围的夜》介绍，吊脚楼的妙处一是防潮避湿、通风干爽；二是节约土地、造价较廉；三是依山傍水或靠着田坝而建。悬柱之间往往留有一定的空地，可喂养家畜，吊脚楼下有小羊叫，这个朴实的画面与陶渊明的《桃花源记》中"阡陌交通，鸡犬相闻"有异曲同工之妙。

吊脚楼通常由多层房屋组成，外观呈现出高悬于悬崖之上的独特形态。其下部为柱子支撑，上部为木结构房屋。整个建筑采用"吊脚"方式，即房屋底部悬于柱子之上。吊脚楼是少数民族的传统住宅，其生活功能主要是为了适应崎岖的地形和恶劣的自然环境。吊脚楼中，每层都有厨房、卧室和堆放物品的地方。同时，吊脚楼还被视为少数民族社区的中心，经常作为集会、婚礼和其他重要文化活动的场所。苗寨吊脚楼也是研究苗族和南方少数民族民居建筑历史与文化的"活化石"。

吊脚楼是少数民族建筑中的重要代表之一。它的独特建筑与各种少数民族地域环境有必然的联系和交融。吊脚楼的建造技术和装饰风格都反映了少数民族的特色和传统文化，如侗族、苗族、壮族等民族的文化，它体现了少数民族解决居住难题、改善居住条件、提升居住品质的智慧、勤劳与创造力。

三、土楼

土楼是中国闽南地区（福建、广东等省份）一种传统的民居建筑，是少数民族土著文化的代表之一。《福建土楼的建筑特色与艺术魅力》讲述了土楼是中国福建省土楼群建筑中的一种特殊形式，它是由红色泥土和其他天然材料制成的。土楼是中国传统建筑中最具代表性、最具个性化的建筑之一，是世界独一无二的大型民居形式，被誉为"东方民居的宝库"（图5-4-3）。

图5-4-3 土楼

第五章　园林建筑的匠心之美

　　土楼主要分布在福建西南部，其适宜大家族居住、具有很强的防御性能。它以土、木、石、竹为主要建筑材料，利用未经焙烧的土并按一定比例与沙质黏土和黏质沙土拌和而成，通常用夹墙板夯筑两层以上的房屋。《福建土楼保护和利用效益》讲述了分布最广、数量最多、品类最丰富、保存最完好的土楼，是福建土楼。已被严格确认的福建土楼建筑有3000余座，主要分布在福建省龙岩永定县、福建省漳州南靖县和华安县。有著名的安贞堡被建筑专家称为"土堡之冠首"。整座古堡依山而筑，前低后高，城堡上下落差10多米，形似一座小型的"布达拉宫"。还有永定土楼，即永定客家土楼，其设施布局既有苏州园林的印迹，也有古希腊建筑的特点，是中西合璧的建筑典范。永定土楼分五凤楼、方楼和圆楼三大种类，展示了客家人的智慧，具有防震、防火、防御等多种功能，通风和采光良好，冬暖夏凉。永定土楼的结构还体现了客家人世代相传的团结友爱传统。

　　土楼通常采用环形布局，内部设有多个房间，每个房间都有一个独立的出入口。这种建筑具有很强的抗震、防火、保温和隔音能力，同时也是中国传统建筑中的珍品之一。

　　据《福建土楼的文化意义及其价值》介绍，土楼通常是由多个独立的房间和一个大型的中央庭院组成，每个房间都有自己的入口，并且可以通过内部楼梯连接到其他房间。这种设计不仅提供了良好的防御功能，还充分考虑了家庭结构和生活方式。土楼的历史可以追溯到明朝时期，当时福建地区的许多农民采用了这种独特的建筑形式来对抗外敌入侵和自然灾害。而今随着现代化和城市化的发展，许多土楼已经被摧毁或消失，这对于中国传统文化的保护和传承造成了重大影响。为了保护土楼这一重要的文化遗产，中国政府已经采取了一系列措施，包括修复和保护古老的土楼建筑、开展文化教育等。同时，永定土楼、土堡之冠首安贞堡、和平土楼等也成为重要的旅游景点，吸引着众多国内外游客前来参观。

　　土楼通常由多层房屋组成，形状呈圆形或正方形。外墙用厚重的土坯和木材修建，内部结构采用木质梁柱和砖石构成。土楼在设计上考虑了防御需求，其独特的围合式结构保证了居民的安全。随着时代的发展，土楼不断演变和完善，并逐渐流行到广东、江西、浙江等地。土楼的建造与少数民族的生活方式、信仰和文化有着密切的关系。土楼是中国南方山区建筑史上的代表之一。它体现了当地人们对于自然环境和社会生活的理解，同时也反映了他们对于祖先文化、宗教信仰和人生意义的认识。土楼在中国南方山区的社会、文化和经济发展中发挥了巨大的作用：土楼是中国南方山区少数民族居住的重要房屋，为当地居民提供了安全的住所和便利的生活条件，其建筑特点、历史渊源和文化底蕴都具有独特的魅力。

四、窑洞

窑洞是一种独特的民居建筑，主要分布在中国北方寒冷地区。它是以挖掘土地形成的半地下式住所，既抗寒又保暖，为当地居民提供了重要的住房选择。窑洞是一种半地下式居住结构，将主体部分直接挖入土壤中，形成一个圆形或椭圆形的住所。洞口朝阳，可以让太阳光线照进来，同时也方便通风和采光（图5-4-4）。

图 5-4-4 窑洞

窑洞是一种特殊的住宅形式，《窑洞居住环境研究》介绍窑洞主要出现在中国北方和西北地区。窑洞利用山体或土丘挖成，其墙壁是由黏土和草坯等天然材料制成的。窑洞最初是农民为了避寒防暑而建造的，后来逐渐演变成为一种具有浓郁民俗文化氛围的建筑形式。窑洞的设计充分考虑了居住者的生活需求和自然环境。窑洞通常拥有一个中央庭院和多个房间，每个房间都直接通向庭院。这种设计不仅提供了良好的采光和通风条件，还能使居住者更好地享受到自然环境的优美景色。《窑洞建筑与文化现象》讲述尽管窑洞具备很高的实用价值，但随着城市化和现代化的发展，越来越多的人放弃了这种传统的居住方式，导致许多窑洞已经消失或走向衰落。

《窑洞消失背后的文化考古学问题》讲述窑洞主要分布在中国北方地区，这些地区大多气候严寒，土地贫瘠，没有太多的建造材料和资源。因此，窑洞成为当地居民的主要住房选择。窑洞不仅反映了当地人们对于自然环境的适应性，同时也具有浓厚的文化内涵和历史意义。窑洞建筑技术的传承和发展，冬暖夏凉的建筑风格和与自然和谐相处的文化传承，在北方贫困地区的经济发展中扮演了重要角色。

窑洞作为中国北方地区的一种独特民居建筑，其建造成本低，冬暖夏凉，可以有效减轻当地居民的生活负担，在北方地区的社会和经济发展过程中，窑洞发挥了独特的作用。

五、蒙古包

蒙古包是蒙古族一种传统的移动式圆顶帐篷，通常由绸缎和毛毡布制成（图5-4-5）。它不仅具有独特的建筑结构、生活功能和文化价值，同时也是草原牧民的重要住所和文化符号。

图 5-4-5 蒙古包

蒙古包也被称为"游牧民族帐篷"，是蒙古族传统居住形式的代表。《论蒙古包空间形态特征及其艺术表现》论述了蒙古包是由多根木棍、细绳和毛毡组成的，外部则覆盖着厚厚的毛毡或帆布。蒙古包在形状上呈圆锥形，内部空间宽敞明亮，可以满足游牧民族的日常生活需要。最初出现在公元前2000年左右，在漫长的历史中得到了不断的完善和发展。《蒙古包文化的保护与传承》认为，蒙古包以其轻便、适应性强等优点，在草原地区广泛使用。在蒙古族等游牧民族的生活中，蒙古包不仅是家庭住所，还是社交、文化等各项活动开展的重要场所。但是随着现代化和城市化的发展，越来越多的人开始放弃这种传统的居住方式，导致许多蒙古包已经消失或走向衰落。

据《草原上的家园》介绍，蒙古包的基本结构由木架、木柱、支撑杆和覆盖材料组成，呈现出一个圆顶形状。它的结构简单、轻便，可以快速搭建和拆除，在草原上非常适应牧民的游牧生活。蒙古包是草原牧民的主要住所之一，其生活功能非常丰富。在蒙古包中，牧民可以吃饭、睡觉、聊天、做家务等。同时，蒙古包还作为牧民家庭的中心，经常作为举办婚礼、庆祝节日等重要活动的场所。蒙古包作为蒙古族传统文化的重要代表之一，具有浓郁的文化内涵和历史意义。它体现了蒙古族人民对于大自然的敬畏和生活方式的理念，也反映了他们的宗教信仰、民俗习惯和社会制度，是草原牧民文化传承的重要载体。

六、天井

天井是中国古代建筑中的一种特殊形式，指的是建筑内部采用露天庭院的设计，使得室内空间可以更好地通风、采光和排水（图5-4-6）。

图 5-4-6　天井

天井的历史可以追溯到中国古代建筑发展的初期，最早出现在西周时期的宅第之中。在随后的多个朝代中，天井作为汉民族住宅的一种常见的建筑形式得到了广泛应用，如汉代的王莽宫殿、唐代的大观楼等。在明清时期，天井则成为民居建筑中常见的设计元素，如北京的四合院、南京的街巷民居等。这些天井建筑不仅反映了当时的建筑风格和审美趣味，也为后世留下了重要的建筑遗产。

《中国传统建筑中的天井设计》讲述天井的构造主要包括庭院、廊柱、悬山等组成部分。庭院是天井建筑的核心区域，通常以石板或青砖铺砌，配有花草盆栽和假山等景观元素。廊柱则是连接庭院和室内空间的重要支撑结构，通常采用木材或石料制成。悬山则是天井建筑中的一种特殊构造，指的是在天井顶部设置的小型花园或水池，可以增强室内空间的采光和美观度。

天井作为建筑史中的一个重要组成部分，具有实用和美学方面的价值。《明清南京街巷民居的天井空间》讲述明清时期的四合院设计融入了家族礼教和封建制度的思想，如前后屋、东西厢房等布局都体现了家庭成员之间的身份、地位和关系。此外，天井建筑还被广泛应用于诗歌、绘画和电影等艺术形式中，如《红楼梦》中的贾府、《大明宫词》中的角楼等，成为中华建筑文化的重要符号和象征。

第五节　榫卯结构

榫卯结构自古以来就是中国古建筑的核心技术，是中国古建筑之"魂"。《楚辞》载"方枘圆凿"，意思是人们在用木料制作器具时，凿出的卯眼叫作"凿"，削成的榫头叫作"枘"，凿和枘的大小形状必须完全一致才能合适地装配起来（图5-5-1）。

图 5-5-1　榫卯结构

春秋战国时期，家具上的榫卯结构技艺已达到一定高度，银锭榫、燕尾榫、凸凹榫、格肩榫等开始在家具上合理地应用。据《集韵》记载："榫，剡木入窍也。"榫卯，是在两个木构件上所采用的一种凹凸结合的连接方式，包括榫头和卯眼，凸出部分叫榫或榫头，凹进去部分叫卯或榫眼，这些是我国古代建筑、家具及其他木制器械的主要结构方式。古人既讲究建筑的美观得体，也少不了对质量的严谨的追求，建筑设计得再美观，也要注重科学合理性。与西方砖石结构建筑的"以刚克刚"不同，中国传统的木结构建筑在抵抗地震冲击力时，采用的是以柔克刚的思维，通过这种巧妙的技术，以最小的代价将自然破坏力减少到最低程度。

据《中国古代家具鉴定实例》考证，中国榫卯结构出现于7000年前的河姆渡文化中。榫卯是中国古代传统的木工连接技术。古代的榫卯建筑工艺最早的实物证据可以追溯到新石器时代晚期。但榫卯工艺在我国建筑史上的真正高峰出现在宋代，当时的建筑大师们创造了各种复杂而精致的榫卯结构，使得建筑物既美观又稳固。这种传统的连接方式，无须任何钉子或胶水，就能将两个木材牢牢连接在一起。这种独特的工艺技术被广泛应用于中国的建筑和家具制作中，被誉为"中国古代工艺的瑰宝"。

明清两代是中国古代建筑艺术的鼎盛时期，榫卯工艺得到了进一步的发展和完善。大量的宫殿、庙宇、园林和民居都采用了榫卯结构，这些作品至今仍然具有极大的艺术魅力。

《明式家具研究》一书中记载，榫卯工艺早在春秋战国时期，就有家具使用榫卯结构的记录。中国传统家具结构在宋代日趋成型，经过后期发展，增加了力学和人机工程学原理。而明清时期的榫卯，在简化了构造的同时保留了固有的功能，渐渐达到实用与美观并存。中国的家具结构传统在宋代已经变得更加成熟，美学发展到了巅峰，一切皆具文人气息。自宋至明，通过不断的改进和发展，榫卯家具各部分的有机结合简单明了，符合力学原理。榫卯家具的黄金时代出现在明清两代，当时的家具大师们创造了各种精美的榫卯家具，如明式家具和清式家具。明清两代的榫卯家具是中国传统家具的巅峰之作，其设计简洁而优雅，结构稳固而精致。从明清两代的经典家具，如椅子、桌子、床，到各种精美的装饰品，如屏风、柜子等，都充分展现了榫卯工艺的精巧和美感。与榫卯建筑一样，榫卯家具也具有极高的稳固性和耐用性。它们经历了数百年甚至上千年的风雨，仍然坚固如初。此外，由于榫卯家具的每个部分都是独立的，因此，如果某个部分损坏，可以单独更换，而不需要更换整件家具。

《营造法式》的颁布是古代建筑发展到较高阶段的标志。与榫卯结构一脉相承的斗拱结构也发展到了顶峰。古代的木结构建筑，如庙宇、宫殿、桥梁、塔楼等，大都使用了榫卯工艺。这种工艺的最大特点是不使用钉子，而是通过精准计算和精巧设计的榫头和卯眼，将各部分木材牢固连接在一起。这种连接方式既稳固又灵活，能够有效地承受地震等自然灾害的冲击。其工艺的另一大特点是其高度的模块化。通过不同的榫卯组合，可以构建出各种各样的建筑形状和结构。因此，无论是宏伟的宫殿，还是精致的庭院，都可以通过榫卯工艺来实现。

榫卯工艺精确，扣合严密，是我国古代工匠智慧的结晶，它展示了中国传统工艺的美学和手工匠人的智慧。今天，随着人们对传统文化的重新认识和欣赏，榫卯工艺正在得到新的生命。它不仅在修复古建筑和制作复古家具中发挥着重要作用，也在现代设计和建筑中得到了新的应用。

第六节　亭台楼阁

塔亭阁有报恩塔、木塔、雷峰塔、双塔寺、武当山金顶宝殿等。报恩塔位于江苏省镇江市，被誉为"万里长江第一塔"，是航行者见到的第一塔。始建于北齐时期（公元557年），是中国现存最古老、保存最完好的砖塔之一。据《报恩寺塔记》一书记载："报恩塔高45.5米，八面七级，共有485个檐瓦。"这座塔不仅体现了古代工匠的精湛技艺，更反映了佛教在中国社会中的重要地位。木塔是中国古代建筑中的一种特殊形式，通常由木材构成，具有轻盈、灵动的特点。德化木塔位于福建省，建于明朝永乐年间（1403—1424年），是中国现存最完整、最具规模的木质建筑之一。据《德化木塔》一书记载："德化木塔高33.8米，五层结构，采用半圆形斗拱和檐口挑角的设计，体现了明代建筑的特色。"雷峰塔位于江苏省南京市，始建于公元960年左右，是中国现存最古老、规模最大的砖塔之一。据《雷峰塔志》一书记载："雷峰塔高55.88米，七层结构，每层都设有窗户和楼阁，展现了中国古代工匠的高超技艺。"雷峰塔在中国文化和艺术史上具有重要地位，同时也是游客前来参观的著名景点。

台是"高而平"的建筑物，可以联想长城上的"烽火台"，台与台相望，便于传递信息。

楼指两层或两层以上的房子，日常生活中很常见，有教学楼、办公楼等。楼还用于某些店铺和娱乐场所的名称，有茶楼、戏楼等。

文献中的国粹鉴赏

一、亭

亭是中国传统建筑文化中的一种建筑形式，是"有顶无墙"的建筑物，多建在路旁或花园里，如庙亭、草堂、山亭。兰亭、醉翁亭等，因文人墨客的翰墨雅事而流传千古（图5-6-1）。

图5-6-1 亭子

亭子常见于园林、公园、宫殿、寺庙等场所，在人们休息、清心、避雨、观景等方面发挥了重要作用。此外，在文学、诗歌和绘画等艺术领域，亭子也被广泛应用，成为中国传统文化的重要表现形式。亭子根据功能和形式不同，可以分为庙亭、草堂、山亭、水亭、花亭等多种类型。这些亭子在形式和结构上也有着很大的差异，例如庙亭通常呈规整的方形或者圆形，而山亭则常采用三角形或者多角形等异形结构。

秀水街的亭子位于古城苏州的一个著名的商业街区——秀水街。这里有许多精美的亭子，如南浦亭、人字亭、松鹤亭等。这些亭子均采用了传统建筑的手法和造型，具有较高的美学价值。以南浦亭为例，它是一座典型的庙亭，坐落于寒山寺前，建于元代（1271—1368年），突出了传统建筑的结构特点和装饰艺术。另外，人字亭和松鹤亭则是草堂和山亭的典范，它们体现了中国传统建筑中的山水相连与四面拱起的设计理念，将自然景观和建筑艺术完美结合在一起。

二、台

台是我国最古老的园林建筑形式之一。台是高出地面而建的平面建筑物，是一种露天的、表面比较平整的、开放性的建筑。古建筑台的代表建筑是郁孤台。

郁孤台位于赣州城区西北部贺兰山顶，海拔131米，是城区的制高点，赣州的宋代古城墙自台下逶迤而过。郁孤台因坐落于山顶，以山势高阜、郁然孤峙得名。辛弃疾曾在郁孤台上，想着千里之外沦陷的国都，"借水怨山"，写下一首《菩萨蛮》，留下了"郁孤台下清江水，中间多少行人泪？"的名句。

古琴台是中国十大古曲之一《高山流水》的发源之处，又名"俞伯牙台"。据说伯牙和子期两人在此相遇，后人为纪念伯牙和子期之间的深厚情谊所建。古人云"志在高山，志在流水"。在幽州台，陈子昂著有《登幽州台歌》。在超然台，苏轼作有《望江南·超然台作》。

图5-6-2 铜雀台

铜雀台位于河北省邯郸市临漳县城西南18千米处（邺城镇，原名香菜营乡），是全国重点文物保护单位（图5-6-2）。三国时期，曹操击败袁绍后营建邺都，修建了铜雀、金虎、冰井三台，在史书中称之"邺三台"，是建安文学的发祥地。铜雀台台高10丈，有屋百余间，历代名人题咏甚多。临漳古称邺城，西晋为避愍帝司马邺讳，将邺城易名"临漳"，因北临漳河而得名。

三国时期，邺城作为曹魏、后赵、冉魏、前燕、东魏、北齐六朝都城，居中国北方政治、经济、文化、军事中心长达四个世纪之久，创造了辉煌灿烂的历史文化，使临漳享有"三国故地、六朝古都"之美誉。曹操的《登台赋》、王粲的《登楼赋》、曹丕的《典论》、曹植的《洛神赋》、蔡文姬的《悲愤诗》等，至今仍深受世人的喜爱。而这些作品，大都是在邺城铜雀台所作。

三、楼

楼是指两层以上的大型建筑物。楼的代表建筑有岳阳楼、黄鹤楼等（图5-6-3）。

📖 文献中的国粹鉴赏

图 5-6-3 黄鹤楼

《我国塔楼的类型及其发展演变》讲述，武汉市黄鹤楼公园管理处是黄鹤楼景区管理的主体。在秀山起伏、湖波荡漾的美丽江城有一座如诗如画的千年古楼，便是高居蛇山之巅的黄鹤楼。千百年来，白云环绕其上，滚滚长江从其脚下东流而去。黄鹤楼与岳阳楼、滕王阁并称"江南三大名楼"。黄鹤楼始建于三国时期，以后各代屡毁屡建。仅明清两代，就被毁7次，重建和维修了10次，因有"国运昌则楼运盛"之说。清光绪十年（1884年），黄鹤楼被一场大火焚毁。至1985年，新建的黄鹤楼又屹立在长江之滨。

登楼眺望，视野开阔，远山近水一览无余。"黄鹤一去不复返，白云千载空悠悠。晴川历历汉阳树，芳草萋萋鹦鹉洲。"崔颢诗中的意境，深远隽永，耐人寻味。

四、阁

阁是中国传统建筑中的一种重要形式，阁是指下部架空、底层高悬的建筑（图5-6-4）。平面近方形，两层，有平座，常居主要位置。

图 5-6-4 阁

根据《我国塔亭阁的形制与结构》讲述，阁与楼的层数不同，阁在室内空间中是在二层楼板间跟一层天花之间存有的结构层，也就是暗层部位；而楼则表示两层及两层以上的房屋。此外，阁具有较强的私密性，不可让人随意进出，而楼则可以让外人进出，私密性不太强。虽然后世楼阁二字互通，但在建筑组群中给建筑物命名仍保持这种区分原则。

《中国传统美学在塔式建筑中的表现研究》阐释阁具有观赏、休息、储存等多种功能，在园林、公园、宫殿、庙宇等场所广泛应用。此外，在文学、诗歌和绘画等艺术领域，阁也被广泛应用，成为中国传统文化的重要表现形式。阁的类型和形式有很多种，如凌霄阁、天章阁、卧佛阁等。这些阁在形式和结构上也有着很大的差异，例如凌霄阁以高、奇、险、幽而著称，通常是单檐楼阁式建筑，而卧佛阁则是双檐楼阁式建筑。中国科学技术发展历史上有许多著名的阁式建筑，如紫金山天文台，其位于南京市紫金山麓，由清代学者徐光启创建于300多年前。紫金山天文台是中国第一个现代化天文台，其中最著名的是其中的两个阁：大西洋观象台和东亚天文台。大西洋观象台是台中心建筑，高44米，为5层楼高的阁式建筑，主要用于观测天体位置和测量时间等。东亚天文台则是一座高37米的六角形阁楼，主要用于观察星象和天文现象，是中国天文学研究的重要地标。

第七节　园林、盆景

一、园林

园林是一种集景观、建筑和艺术于一体的文化遗产，它的建筑和景观特征具有非常独特的风格和特点。《园林文化的现代转化与传承》讲到园林是人类利用自然和人工手段创造的一种艺术形式，园林不仅可以给人美学享受，也可以使人获得哲学思考和文化传承。中国园林以其奇妙的景观、精致的建筑和深厚的文化内涵而闻名于世（图5-7-1）。

📖 文献中的国粹鉴赏

图 5-7-1 园林

中国园林的历史可以追溯到夏朝时期，经过多个朝代的发展和演变，形成了独特的风格和特点。中国园林的设计着重体现对自然的尊重和敬畏，以及对人与自然之间和谐共处的探索。园林中常常采用假山、水池、亭台、廊桥等元素，整体呈现出一种秀美而又雅致的气质。

园门是进入园林的主要通道，通常由两扇宽敞的木门组成，门上刻着各种精美的花鸟、山水等装饰图案。假山是园林中非常重要的景观元素，也是中国传统园林中不可或缺的一部分。假山可以使用天然石材或人工制造，其形态多样，有山峰、峡谷、瀑布等形式。池塘是园林中常见的水景元素，通常在园林中可以修建人工湖泊或人工溪流等。池塘中常常栽种荷花、莲花等水生植物，增加景观的美感。亭阁是园林中极为重要的建筑元素，通常建在池塘边或假山上，作为休息和欣赏景观的场所。亭阁的形态多样，有楼阁式、四合院式等不同的建筑风格。走廊是园林中的一种重要的连接元素，可以与亭阁、假山等景观元素相连，增加园林的动态感和空间感。花木是园林中常见的植物元素，可以栽种各种美丽的花卉和树木，如梅花、松柏、桃花、荷花等。花草树木的选择和布局也是园林设计中非常重要的一环。

在园林的设计中，体现着天人合一、山水情趣、静中有动等特点，假山的造型可以模仿自然山石，亭阁的造型可以与周围的环境相呼应。园林中使用的颜色通常以清新、淡雅、柔和为主。园林的构图非常重要，它决定了整个园林空间的布局和动静变化。园林的构图通常遵循一些基本原则，如春夏秋冬各异、远近呼应、平衡对称等。园林中还有各种装饰元素，如石雕、木雕、铜雕等。这些装饰元素通常与园林的主题和设计理念相呼应，反映出中国传统文化对装饰艺术的高度重视。

《中国传统园林与人文环境的完美结合》认为，园林强调人与自然的和谐共生。营造的优美环境不仅满足了人们的审美需求，也体现了人类与自然相融合的理念。园林强调科学、精湛的工艺技巧与传统文化所倡导的精益求精、厚德载物的精神十分相似。园林所使用的材料和制作工艺都非常讲究，要求工艺师精益求精，追求完美，同时也体现了山水情趣和景在心中的审美观念。园林的构成和布局追求的不仅是物理上的美感，更着重于心灵上的愉悦和满足。

园林的修建需要耗费大量的财力、物力，通常只有皇帝、贵族和富商才能拥有自己的园林。园林也成为这些人士社交的场所和文化交流的平台。中国园林艺术逐渐形成了自己独特的风格和特点。中国园林艺术也成为世界园林艺术中的重要组成部分。许多园林建筑在历史上经历了不同的政治、社会和文化环境的变迁，记录了中国社会的发展历程。许多著名的园林被列为世界文化遗产，成为中华民族的骄傲。这些园林所代表的艺术和文化价值已经超出了国界和地域的限制，成为全人类共同的文化财富。

根据《园林美学的历程与发展趋势》记载，随着科学技术的不断发展，许多新技术开始应用于园林设计和建设中，如 CAD 制图、3D 打印、智能控制系统等。高强度、轻量化、环保的新材料开始广泛应用于园林建设中，如钢结构、玻璃幕墙、复合材料等。随着社会的进步和人们生活水平的提高，人们对园林的需求也在不断变化。据《中国传统园林艺术的价值理念》讲述，新的设计理念和思考方式开始被引入园林设计中，如可持续性设计、生态保护、文化创意等。城市化、环境污染、资源短缺、文化认同等问题逐渐得到重视。园林设计要注重生态环境保护，采用可持续性设计理念，推广绿色植被覆盖、雨水收集利用等生态保护技术。园林设计要紧跟时代的发展趋势，注重文化创意与现代科技的结合，采用多元化的设计手法，打造具有时代特征的现代园林。政府和社会应该加大对园林建设的投入，提高公共开放空间的质量，鼓励民间资本介入，促进园林建设的发展。

园林与中国传统文化之间存在着密切的联系和互补。园林在艺术上的价值体现了中国传统文化的审美鉴赏力和艺术精髓，同时通过园林的营造和建设，推动着中国传统园林文化的持续发展和传承。园林追求天人合一的审美理念，强调人与自然的和谐共生。从假山、亭阁、廊道到水池、花木、石塔，每一个元素都呈现着浓郁的东方文化特色。大量的树木、花草以及其他植物，形成了丰富多彩的园林景观。

二、盆景

盆景的起源可以追溯到中国汉代时期，约公元前206年至公元220年之间。最早的盆景出现在汉朝时期的宫廷和寺庙中，并逐渐传入民间。盆景制作技艺随着时间的推移不断发展和完善，成为一种具有深厚文化内涵的传统艺术品（图5-7-2）。

图 5-7-2　盆景

盆景是通过盆子、土壤和植物等材料组合而成的一种固定场景，呈现出自然风光或人文景致的美丽图画。它是一门独特的造景艺术，通过精湛的技艺、艺术性的构思和对自然环境的细致观察，让人们在有限的空间里感受到大自然的魅力。盆景可以根据不同的主题、情境和形式进行设计，展现出多样化的风格和特点。盆景通常以自然风光和动植物为主题，力求表现真实自然的姿态和气息，同时注重艺术性的表达。盆景以小而美、精雕细琢著称，具有优美的构图和出色的造型能力。盆景不仅是一种装饰品，还承载着哲学思想和人文精神，富有深刻的象征意义和内涵。

盆景在中国文化中具有重要地位和广泛影响。它是中国传统文化的重要组成部分之一，代表了中国园林文化，也体现了中国人对自然环境和生命的敬畏和关爱。盆景作为一种独特的造景艺术，具有高度的审美价值和艺术价值，在国际上也备受关注和推崇。盆景所展现的人文精神和文化内涵，反映了中国传统文化的智慧和美学观念，展现了中华民族的精神世界和价值取向。盆景在表现自然风光的同时，也强调了保护环境和生态平衡的重要性，拓宽了人们对自然界的认识和理解。盆景作为一种园林艺术品，在社会建设和城市规划中发挥着重要的作用，为人们提供了美丽和谐的环境和心灵寄托。

盆景可以根据不同的主题、形式和风格进行分类。景观盆景：以山水、江河、海洋等大自然风光为主题，通常采用缩微景观的手法来表现出广袤壮美的自然环境。文化盆景：以历史名胜、文物古迹、民俗风情等文化元素为主题，旨在突出中国传统文化与地方特色。花卉盆景：以花草植物为主题，展现出五颜六色、繁花似锦的美丽图景。果木盆景：以果树、落叶乔木等为主题，强调季节变化和植物生长过程的美妙。人物盆景：通过小型雕塑或人偶等模拟人物活动，展示出人物与自然之间的互动关系。

《盆景：现代园艺爱好者的选择》中详细讲述了盆景制作技艺。常见的包括：可以选择瓷器、陶器、石头等材质，根据盆景的需求选择不同形状和尺寸的盆。盆景所用的土壤需有透气性好、保水性强、肥力充足等特点，可以加入腐叶土、沙土、泥土等进行混合使用。常见的盆景植物有多肉植物、仙人掌、竹子、花草等，需注意植物的生长习性和相互搭配。剪刀、铲子、空心钻、喷壶、镊子等，以及盆景造型用的小石头、木材、苔藓等工具在盆景制作中的作用都十分突出。盆景的制作过程主要包括设计、布局、种植、养护等环节。通常的盆景制作步骤如下：根据盆景的主题、风格和要求，设计出适合的造型和构图方案。在盆中摆放土壤和植物，并调整它们的位置和角度，以达到最佳的视觉效果。将植物根据自身生长习惯进行精细的种植和调整，注意植物种类的相容性和生长周期。盆景在生长过程中需要适时浇水、施肥、修剪等养护措施，以保持健康和美观。

最重要是掌握几点技巧：选择适合的材料和工具，保证盆景的质量和效果；按照盆景设计图进行布局和造型，注意整体协调和比例关系；选用适宜的植物，并按照其生长习性进行调整和修剪；在养护过程中要注意灌溉和通风，避免水土流失和腐烂。

《盆景造型艺术中的对称性》讲述盆景的构图和造型要求协调和平衡，强调整体和谐、微妙的比例关系。这也代表了中国文化中对于和谐、平衡的追求，以及对自然界与人类之间的互动关系的重视。盆景中常用的植物如松树、竹子、兰花等，都是生命力旺盛、长寿延年的象征。它们在盆景中的形态和姿态，也表达出中国人对生命的珍视和追求。制作盆景需要耐心、细致、专注和灵感，融合修身养性、内观静思、修行禅意等思想。通过盆景的制作和欣赏，人们可以获得身心上的平衡和精神上的满足。盆景中常用的一些元素，如金钱树、石榴等，都有着吉祥和祝福的寓意。它们代表着中国文化中对于幸福和美好生活的向往和期盼。盆景作为一种模拟自然风光的艺术形式，强调自然美和环境保护的价值。通过盆景的制作和欣赏，人们可以更好地认识和理解自然界，从而增强对自然环境的珍视和保护。

《盆景意境中的自然美学思想》讲述盆景所体现的中国之美主要表现在以下几个方面：盆景的主题通常来自自然风光和动植物，以山水、花卉、果木等元素为基础，再加上自然界中各种生物和地貌景观，打造出奇妙的自然之美。盆景通过微缩的方式呈现出大自然的优美景致，使人们在城市的喧嚣中感受到自然之美的存在。盆景是一种具有文化内涵和历史意义的艺术品。它不仅展现了中国传统文化的审美价值和艺术技巧，也融入了历史、人文、哲学思想和民俗风情等元素，通过欣赏盆景，人们可以更好地理解中国文化和精神，感受到其独特的魅力。盆景是一种独特的艺术形式，通过小而美、精雕细琢的手法，打造出精致、协调、和谐的艺术效果。盆景在制作过程中注重生态环境保护和可持续发展，追求与自然和谐相处的方式。盆景所使用的植物材料均来自自然界，其凭借特有的植物种类和设计手法，将更多的生态元素融入其中，因此盆景也代表了中国传统生态文化之美。盆景带来的中国之美是多方面的，无论是从自然、文化、艺术、生态等方面，都能够给人们带来独特的视觉和心灵享受，同时它还能够拓宽人们的思路和心智模式。

《中国盆景文化的价值传承与发展》认为盆景是中国传统文化中的一种艺术形式，它通过利用植物和岩石等自然材料，在盆中创造出一种缩小版的自然景观。以其精致的造型、奇妙的意境和深厚的文化内涵而闻名于世。随着现代化和城市化的发展，越来越多的人开始重视盆景这一重要的文化遗产，盆景已成为当代园艺爱好者的重要选择之一。政府已经采取了一系列措施，包括修复和保护古老的盆景、开展文化教育等，保护和传承好盆景这一重要的文化遗产，使其成为当今社会可持续发展和生态文明建设的重要组成部分。

第八节　石狮子

石狮子是中国传统的民间工艺品，其历史可以追溯到公元前 2000 年左右，经过了多个朝代的发展和演变。在唐代，石狮子是作为佛教寺庙的守护神而出现的。据史书记载，唐代的石狮子主要分布在河南和山东一带。随着时间推移，石狮子逐渐传入福建、广东等南方地区，并形成了各具特色的流派。在宋、元、明、清等时期，石狮子作为一种民间工艺品逐渐兴起，被广泛应用于建筑装饰、庭院景观等方面。它是一种具有汉族传统文化特色的雕刻艺术品，是吉祥、祈福和保护的象征（图 5-8-1）。

图 5-8-1　石狮子

到了 20 世纪初，由于社会经济的发展，石狮子的制作技艺得到进一步提高，也更加注重表现民间文化特色。它用石材雕刻成，通常被放置在大门或庭院等场所，作为一种警示和装饰。石狮子的设计注重体现对自然的模仿和再现，并体现了中国人对神灵与福祉的崇敬和寄托，通过巧妙的构图和布局，营造出一种具有力量感和威严气质的视觉效果。

随着现代化和城市化的发展，越来越多的人开始重视石狮子这一重要的文化遗产，各个朝代的石狮子已成为当代园艺爱好者和收藏家的重要选择之一。为了保护和传承石狮子这一重要的文化遗产，中国政府已经采取了一系列措施，包括修复和保护古老的石狮子、开展文化教育等。石狮子不仅是建筑装饰中的重要元素，还是城市文化景观中的重要组成部分，被广泛用于庙宇、园林、公园、商场、住宅小区等场所。

　　石狮子也具有浓郁的地方文化特色。在不同地区，石狮子的制作风格和形态各有不同，这些不同的风格和特色，反映出当地的历史文化和人民精神风貌。石狮子在不同地区有不同的风格和特点，主要表现在造型、姿态、细节等方面。以下是几个著名的石狮子流派：

　　福建石狮子以其雄壮威武的形象著称，通常体态肥硕，头大耳尖，眼睛圆而凸出，口中露出长牙。福建石狮子造型独特，通常有两只狮子组成一对，左右相对，分别为雄狮和母狮，寓意美满幸福。

　　广东石狮子以其灵活多变的形态著称，通常体态瘦长，头小口咧，眼大耳直，肌肉线条流畅。造型多样，表现出翻滚、跳跃、扒墙等动态姿态，寓意活泼欢快。

　　山西石狮子注重表现动态美，通常体态健硕，肌肉饱满，头大口开，眼睛圆而深陷。山西石狮子造型多样，包括金刚狮、舞狮、摇头狮等不同类型，寓意神秘玄奥。

　　石狮子的原材料通常包括两种：一是天然石材，如大理石、花岗岩、青石等；二是人工合成材料，如水泥、玻璃钢等。不同的材质对于石狮子的外观、耐久性等方面都有影响。

　　天然石材能够保留其天然纹路和色彩，呈现出自然美感，但成本较高，制作难度也较大。人工合成材料则可以更容易地实现设计师的意图，造型多样，价格相对较低。但相比天然石材，它往往缺少纹理和色泽上的变化，表现出来的效果相对直白。不同的材质还会对于石狮子的重量和强度等方面产生影响，因此在制作时需要根据所需用途和外部环境等因素进行选择。

　　石狮子的制作过程通常分为设计、雕刻、打磨等环节，具体步骤如下：

　　设计师根据客户需求和场景要求，制定石狮子的基本造型和结构，注意细节和比例的控制。雕刻师按照设计图纸，以手工或机器雕刻的方式，将石块逐渐削减成为石狮子的形态，塑造出头部、身体、爪子等部位。在雕刻完成后，需要对石狮子进行打磨和抛光处理，使表面更加光滑细腻。这一环节需要耐心和细致，以保证石狮子的质感和观赏性。根据客户需求和场景要求，可以对石狮子进行彩绘等装饰处理，增加艺术价值和视觉效果。

石狮子是中国传统民间文化的代表之一，它寓意着吉祥、欢乐和平安。作为庭院、门前或庙宇等场所的装饰品，石狮子常被视为家庭、团体或城市居民的守护神。石狮子最初是由神仙变化而成，拥有神秘的力量与智慧。在古代文化中，石狮子被视为神兽，具备驱邪避凶和辟邪镇宅的功效。人们在建筑物前放置石狮子，希望可以保佑家庭和商业的顺利发展。石狮子也经常出现在历史故事和传奇中，如《水浒传》《西游记》等经典著作。在这些故事中，石狮子通常被描绘成是勇猛果敢、英明威武的形象，代表着正义和力量。

石狮子的造型通常呈现出肥胖健硕、雄壮威武，或灵活多变、动态流畅等不同形态，这些形态体现出工匠们的审美和创意。结构通常十分精细，包括头部、身体、爪子等多个部位。每一个部位的比例和形态都需要经过设计师和雕刻师的认真搭配和调整，才能保证整体效果的美观与和谐。

石狮子常被用于建筑物的装饰和点缀，如门前、屋顶、窗户等处。这些石狮子既能够起到美化建筑环境的作用，又能够展现出主人的品位和文化内涵。许多城市将石狮子作为标志性的城市景观之一，以此展示当地的历史文化和特色风情。例如福建泉州的"世界石雕之都"，就以石狮子为主题，打造成了集艺术、文化、旅游于一体的知名景区。石狮子也常被制作成文化礼品，如石雕工艺品、纪念章、书签等，供人们购买和收藏。这些礼品不仅具有观赏性和实用性，还能够传递民族文化精神和历史记忆，展示中国民族文化的独特魅力，也彰显了中国之美。

石狮子作为中国民间工艺品的代表之一，充分体现了中国人对于生活美学的追求。同时，石狮子在神话传说中也被赋予了招财驱邪的功能，中国地域广阔，历史悠久，各地区文化传承丰富，因此不同地域的石狮子在造型、风格和材质上都有所区别。石狮子还能够作为文化交流的桥梁，促进中外文化之间的交流与融合。石狮子在国际上也享有盛誉，并成为中外友好交流的一种重要工具。

第九节　出土建筑

一、兵马俑

兵马俑是中国古代秦始皇陵中的一项重要文物，于1974年被发现。它们是秦朝（公元前221年—公元前206年）时期的土制品，每个兵马俑都具有高度的造型和刻画技巧，反映了当时军事和艺术水平的高度。兵马俑是中国古代一项伟大的艺术创造，也是当今世界上规模最大、保存最完好的古代陶俑群，具有极高的历史、科学和文化价值（图5-9-1）。

图 5-9-1　兵马俑

《秦兵马俑的历史文化价值与意义》记载，兵马俑的历史可以追溯到秦始皇时期，即公元前221年至前210年左右。当时，秦始皇统一六国，实行中央集权制度，为了保护他在来世的统治地位和权威，下令建造了规模宏大的兵马俑陵。这个陵墓的发掘工作始于1974年，并陆续发现了3个坑道，其中以第一个坑道的兵马俑数量最多，达到6000余件。

关于秦始皇兵马俑的历史，有多种说法。《从秦始皇兵马俑看中国陶瓷艺术与文化的渊源》认为，这些兵马俑是秦始皇为了保护自己在死后继续统治天下而制作的。秦始皇相信，在阴间有一个类似于地球上的社会，因此需要将这些兵马俑埋在陵墓里面，以保护他的灵魂。也有说是秦始皇为了纪念战死疆场的将士，为其塑造的塑像。

除兵马俑之外，秦始皇陵中还有大量的精美陶瓷器物，如秦砖汉瓦。这些陶瓷器物不仅用于建筑装修，更展示了秦朝陶器工艺的发展高度。兵马俑作为中国古代的一种陶俑，是用泥土制成的，通常被放置在陵墓中，作为一种战争装备和仪式用品。兵马俑不仅是一种古代工艺品，更是一种文化传承和历史表达。秦始皇兵马俑以其数量众多、造型逼真和深厚的文化内涵而闻名于世。

兵马俑经过数千年的埋藏始终保存完好，并成为一种独特的文化遗产。兵马俑的设计注重对历史和军事的再现，并体现了古人对统一天下和神功伟业的崇敬和寄托。《秦始皇兵马俑的造型艺术和文化内涵》指出兵马俑常常采用多种形象和姿态，通过巧妙的构图和布局，营造出一种具有雄奇气势和历史感的视觉效果。这些兵马俑的外形栩栩如生，穿着不同的服装、配备不同的器具，表现出不同的军队编制和组织结构。兵马俑坑一中的陶俑数量超过6000件，包括士兵、将领、车马等，其中最引人注目的是那些具有高度逼真性的士兵形象。这些陶俑在制作时采用了分工合作、流水线生产等现代化的工艺和技术。

兵马俑是我国出土文物的重要代表之一，它不仅具有显著的历史和文化价值，也是当今世界上重要的旅游景点之一。不仅在文化遗产保护和旅游业方面得到了应用，也被广泛地运用于文化创意产业中。例如，在影视、动画、游戏等方面，人们会从兵马俑中汲取创新元素和灵感，进行设计；在艺术品、纪念品等方面，人们也会利用兵马俑的形象和文化内涵进行创作和制作。与此同时，对兵马俑的保护和传承也成为一项重要的文化事业，需要人们共同努力。兵马俑是中国古代文化中的瑰宝。通过对兵马俑的研究和保护，可以深入挖掘和传承中国殡葬文化，展现中华民族在文明进程中所作出的巨大贡献。

二、秦砖汉瓦

砖瓦是中国古代建筑中常见的一种构造方法，用于建造城墙、宫殿、陵墓等大型建筑物。砖瓦具有厚重、坚固、美观等特点，经过几千年的岁月沧桑，仍然能够保持较好的保存状态（图5-9-2）。

图 5-9-2　秦砖汉瓦

　　砖瓦的历史可以追溯到西周时期。当时的城墙和宫殿多采用土木结构，而砖瓦则主要用于地面铺路和装饰。随着时间的推移，人们逐渐意识到砖瓦具有更好的耐久性和稳定性，于是开始将其应用于建筑结构中。到了秦汉时期，秦始皇统一六国后，修建了万里长城和许多宫殿陵墓，这些工程中都广泛使用了砖瓦构造。

　　秦始皇陵位于陕西省西安市，它是世界上最大的地下宫殿，被誉为"世界第八大奇迹"。秦始皇陵的建造历时37年，使用了大量的砖瓦。这些砖瓦制作精良、形态各异，有的装饰着浮雕、彩绘等图案。

　　汉武帝陵位于陕西省渭南市的金丝峡景区内。它是中国现存规模最大、保存最完整、结构最复杂的一座汉墓。汉武帝陵建成于公元前118年至公元前86年之间，也使用了大量的砖瓦。这些砖瓦除了常规的方形和长方形外，还有很多其他的形状，如扇形、六边形等，十分养眼耐看。

　　秦砖汉瓦是中国古代建筑文化中的一部分，通过研究和保护秦砖汉瓦，可以深入挖掘和传承中国古代建筑文化，同时也为今后的建筑设计和技术发展提供启示和参考。虽然现代建筑结构采用了更加先进的材料和技术，但秦砖汉瓦仍然在某些方面得到了应用。例如，在设计古风建筑时，人们会运用和演绎秦砖汉瓦的建筑原理和设计思路；在文化创意产业中，人们可以利用秦砖汉瓦的美学元素进行设计和创作。同时，对秦砖汉瓦的保护和传承也成为一项重要的文化事业，吸引了越来越多的专家学者和文化爱好者的关注。

第五章　园林建筑的匠心之美

秦砖汉瓦是中国古代建筑中重要的元素，它经历了几千年的岁月沧桑，仍然能够保持较好的保存状态。通过对秦砖汉瓦的研究和传承，可以加深人们对中国古代建筑文化的理解和认识，同时也为现代建筑设计和技术发展提供启示和借鉴。

在中国历史上，秦朝和汉朝是两个重要的王朝。在这两个时期，人们建造了许多不同种类的建筑物。其中最为著名的是秦始皇陵和汉武帝陵。秦砖汉瓦是中国古代建筑文化的重要组成部分，它们不仅是建筑材料，更是文化遗产。

第六章　古韵流香的岁月之美

　　古韵流香的岁月之美，是中国传统文化中最为珍贵的部分之一。从围棋、国画、琴、香文化，到书法、筷子、中国象棋、盘扣、文房四宝等，每一种文化形式都有着其独特的历史渊源和文化内涵。围棋被誉为"智慧的艺术"，是中国文化中最具代表性的智力运动之一，它不仅富含哲学和文化内涵，更可以锻炼人们的思维能力和判断力。国画则以其简约、深邃的笔墨风格和精湛的技艺，在世界艺术史上占据重要地位。而琴则是中国传统音乐中最为重要的乐器之一，通过弹奏琴曲，人们可以感受到音乐与生活的融合。香文化则是中国文化中的一种独特表达方式，以其清新淡雅的香气，让人们沉浸在追求精神净化和身心健康的境界中。书法作为中国传统文化的重要组成部分，代表着汉字的表现形式和书写艺术，也是中国文化精神和人文情感的体现。筷子作为中华民族独有的餐具，其使用方式和文化内涵反映了中国传统礼仪和风俗习惯。诸如这些都是生活赋予岁月的永恒魅力。

第一节　书法

　　中国书法是中国文化的重要组成部分，是一种用笔墨书写汉字、表达思想和情感的艺术形式（图6-1-1）。它不仅是一种传统文化遗产，而且也是一种独特的审美体验，能够唤起人们的感官和情感反应，增强人的艺术鉴赏能力和审美素养。

图6-1-1　书法

第六章 古韵流香的岁月之美

中国书法的起源可以追溯到商周时期的甲骨文和金文，随着历史的演进，中国书法逐渐形成了独特的艺术风格和技法。秦汉时期的隶书是中国书法发展的重要阶段，隶书为后世楷书、行书等字体的出现奠定了基础。唐代被誉为中国书法的黄金时期，出现了多位著名书法家，如欧阳询、颜真卿、柳公权等人。宋代以后，草书的地位逐渐上升，并在明清时期达到了巅峰，著名书法家如怀素、米芾、文徵明、郑板桥等人的作品影响深远。

中国书法有五种基本字体：篆、隶、楷、行、草。《从字形到书法——论汉字与书法之间的关系》一书中提到，篆书是原始的图案文字，隶书为古代官方文件和奏折所采用的字体，楷书则是现在最常用的正式书写字体，而行书和草书则是书法艺术中的两种特殊风格。每一种字体都有其独特的表现形式、创作要求和审美标准，通过不同字体的运用，书法家可以表达出不同的情感和思想，体现出中国书法的多样性和丰富性。

中国书法的技法特点主要包括用笔、墨色、结构、布局等方面的内容。用笔分硬、软、青、老四种类型，每一种用笔要求不同，但共同表现出中国书法的神韵和气息。墨色则是书法艺术中最重要的因素之一，通过墨色的浓淡、变化以及水的掌握，书法家可以表现出不同的情感和思想。结构和布局则是书法作品中最重要的架构和组织方式，需要考虑字形之间的关系以及整个作品的和谐性、平衡性。

《书法艺术的内涵与价值》中提到书法是中国传统文化中的重要艺术形式，以其独特的美学风格和深刻的文化内涵闻名于世。作为一种表现文字的艺术形式，它不仅在中国备受青睐，也在国际上得到了越来越多的认可和关注。书法是指用毛笔或其他工具在纸张等介质上写出汉字、汉字组合或其他文字，通过线条、笔画、布局等手法体现出独特的美感和艺术性。书法是对汉字的一种艺术演绎，是中国传统文化的重要表现形式和精神符号。书法通过线条、笔画的虚实变化，体现出文字的形态与意境，展现出书法家的个性和风格，具有节奏感、韵律感和空间感，并且富有变化和美感。书法艺术也是一种文化传承和审美教育，每个时期都有不同的书法大师和流派，为后人提供了丰富的文化资源。

书法在中国文化中具有重要的地位和价值。书法是一种文化符号和身份认同，曾是士大夫的一种身份象征，反映出了社会等级和文化水平。书法是一种高雅的文化传承和教育方式，历史上文人雅士大多通过书法来弘扬文化、传承思想。随着全球化和文化互融的发展，越来越多的国家和地区开始关注和学习书法，越来越多的艺术家将时代元素融入传统书法中，使其更富有时代感和现代性，书法成为一种文化交流和跨界融合的方式，促进了不同文化之间的交流和融合。

第二节 国画

中国画是一种独特的绘画艺术形式，具有浓厚的文化历史底蕴和深远的影响力。在中国画的发展过程中，出现了许多优秀的画家和流派，产生了许多经典之作。中国画强调的是笔墨意趣和构图布局两个方面的表现。在笔墨意趣方面，画家们要求画笔的技法能够将自然风景和人物情感表现得更加丰富、精确，并且体现出神韵和气势。在构图布局方面，他们强调平衡感以及和谐美，注重虚实结合，达到画面的协调统一（图6-2-1）。

图6-2-1 中国画

《中国画的审美理念与艺术风格》讲到中国画的流派分为山水画、花鸟画、人物画等。其中，山水画主要描绘山川河流、云雾变幻、青翠欲滴的树木、奇峰异石等，追求"气韵生动"的审美效果；花鸟画则是以植物和动物为表现对象，强调准确地描绘它们的特性和品相，同时也借此反映大自然的美妙和神秘；人物画则是表现人的外貌、情感、性格和精神世界，有时也暗含社会寓意。中国画所使用的工具和技巧非常讲究，需要画家具备高超的绘画技能和艺术感悟能力。中国画强调"意境""神韵"的表现，所以画家在进行创作时要注意内心情感的抒发和艺术形式的表现。中国画所体现的审美观念和艺术风格，也是中国传统文化的重要组成部分。中国画的发展历程可以追溯到早期的甲骨文和篆刻艺术的时期，经过不同阶段的发展，形成了多种风格和流派。从唐代以来，山水画先后出现了皴法、行草、写意等不同的表现手法；宋代则出现了南宗与北宗两大流派；元代四大家的画作具有高度的审美价值和文化内涵，成为中国画史上的经典之作。明清时期，文人画、工笔画等流派形成，表现内容丰富多样，风格各异，突破了中国画传统的局限性，造就了很多优秀的画家。

中国画在国际上得到了越来越多的认可和赞扬。随着社会和经济发展，中国艺术家有更多机会走出去，向世界展示中国画留白的独特魅力和深沉的华夏文化；同时，也有越来越多的国外艺术家和收藏家开始关注和收藏中国画，认为它是一种独特、优美、具有历史性和文化传承价值的艺术形式。

第三节　琴

琴是中国传统音乐中最具代表性的乐器之一，也是世界上历史最为悠久、造型和音质最为独特的乐器之一。古琴是中国传统音乐文化中的一种重要乐器。它是由丝、木、竹等材料制成的弹拨乐器，有着悠久的历史和深厚的文化底蕴。古琴可以用于独奏、伴奏和合奏等多种形式，是中国古典音乐中不可或缺的音乐元素之一。

古琴又称瑶琴、玉琴、七弦琴，是中国传统的弹拨乐器，有七根弦，用手指弹奏。与其他乐器不同的是，古琴没有固定的音高，而是根据演奏者的情感和技巧按不同位置弦位来调整音高，变换音色，表现出音乐的情感内涵。古琴的历史可以追溯到西汉时期，至今已有2000多年的历史。在唐代，古琴成为文人雅士的主要文化娱乐活动之一，并逐渐进入宫廷和寺庙。宋代以后，古琴的制作工艺和演奏技法逐渐趋于完善，形成了南宗与北宗等不同的流派和风格。明清时期，古琴成为文人墨客的代表性乐器，许多文人雅士都是古琴高手，并且留下了大量的古琴曲谱和演奏技法（图6-3-1）。

文献中的国粹鉴赏

图 6-3-1 《太古遗音》琴谱

《古琴音乐的审美特征》中认为古琴在中国音乐中具有独特的地位和价值。它不仅是一种民族文化遗产，也是一种艺术表现形式。古琴的音色纯净悠远、清幽高远，深深地抓住了人们心灵的琴弦，让人们产生无限的遐想和感触。古琴曲包含了丰富的文化内涵和情感表现，体现出中国传统美学和省身修心的人文精神。古琴依然活跃于中国音乐舞台和文化生活中。随着社会的发展和国际文化的交流，越来越多的外国人开始欣赏和学习古琴，认识到其独特的魅力和文化价值。同时，古琴也在中国国内得到了更广泛的传承和发展，许多年轻音乐家将现代元素融入古琴演奏中，使其更加具有时代感和现代性。

第四节 围棋

围棋作为一种中国传统文化，被广泛认为是智力运动中最高层次的一种棋类游戏，被誉为"智慧的艺术"（图 6-4-1）。

图 6-4-1 围棋

第六章 古韵流香的岁月之美

《围棋文化价值与传承保护研究》记载，围棋的起源可以追溯到约 2500 年前的春秋战国时期。有关围棋起源的传说很多，其中最著名的是有个叫岐伯的医生，他用棋盘和棋子模拟疾病的扩散和治愈，从而创造了围棋这种游戏。《大英百科全书》说围棋起源于公元前 2300 年左右的中国，虽然围棋起源的确切情况并没有得到记录，但公认是源于中国，只是年代目前还存在着争议。

围棋在唐朝时期已经非常流行，并随着时间的推移逐渐形成了现代的规则和技巧。在后来的宋朝和元朝时期，围棋技艺更是达到了顶峰，被视为上乘雅趣和高超的智力活动。在明清时期和现代以后，围棋也随着时间的推移发生了变革和演进。另外，20 世纪 60 年代后，围棋也被逐渐融入了人工智能的研究领域，"阿尔法围棋"成为人工智能领域最重要的测试游戏之一。

围棋作为智力运动中的国王，在人类思维发展的历程和演进中有着深远的影响。以下介绍围棋与人类思维能力、心理学、教育等方面的关系：围棋需要玩家具备极强的思维能力，例如判断能力、逻辑推理能力、空间想象能力等等。下围棋需要玩家不断地考虑对手的下一步走法以及自己的应对措施，并同时预估整个局面的发展趋势。这种对多层次、多变量问题进行思考和掌控的能力，可以提高人们对复杂问题的解决能力和创造力等。

围棋比赛也涉及心理学因素，例如耐心、专注力、自信心等。下棋需要玩家保持冷静，保持专注并且注意控制情绪，才能更好地思考和应对。围棋比赛中的胜利和失败，也会对玩家的自我认知、情感体验和社交互动产生影响。围棋在教育中的应用越来越广泛，它被认为是一种对学生智力和思维能力的有效培养方式。通过下围棋，可以锻炼学生的逻辑思维、分析能力和判断力等，同时也可以提高他们的耐心、专注力和自控力等。不少学校已经将围棋作为一项正式的教育项目，并通过比赛和交流来促进学生成长。

通过下围棋，人们可以开发和提高自己的各种思维能力，同时也能够培养并完善自己的心理素质和社交能力。这些能力和素质在日常生活中也同样重要，因此围棋教育被越来越多的人所关注和推崇。

《围棋文化的历史沉淀与现代转型研究》认为，围棋作为一种优秀的文化遗产，蕴含着深厚的哲学、历史和艺术内涵。例如，围棋中反映出了阴阳平衡、以柔克刚的道家思想，同时还融入了儒家讲究的礼仪之道等传统文化元素。通过下围棋，可以更好地了解和感受中国文化的精髓和价值。下围棋可以帮助人们锻炼自己的思考能力和问题解决能力，提高逻辑推理和空间想象能力等多方面的智力素质。在人工智能领域中，围棋也被用作测试算法和机器学习模型的重要基准。围棋是中国传统文化的重要代表之一，它蕴含着深厚的文化和智力内涵，对于促进文化交流和人类智力发展都具有积极的影响。

围棋蕴含着丰富的哲学、文学等方面的文化内涵和象征意义，在哲学上，围棋被认为是体现中国道家思想的最佳艺术形式之一。围棋中黑白两色的棋子代表了阴阳两极，而围棋的规则和战略也反映出了以柔克刚、以静制动的哲学思想。同时，围棋也强调由小及大、先攻后守的策略，体现出了思考问题时先深入局部再考虑整体的思想方法。围棋在文学中的应用也非常广泛，例如《红楼梦》中的贾宝玉经常与黛玉下围棋，通过下棋来表达感情和态度。另外，《三国演义》中的诸葛亮也是一名围棋高手，他能够通过下围棋来锻炼自己的思维能力，并帮助他在生活中取得胜利。这些作品有力地证明了围棋在文学中的地位和价值。围棋还蕴含着独特的美学价值，在艺术领域中受到了广泛的赞誉。例如，围棋中的布局、构图、色彩等方面都有着独特的美感，而围棋比赛中两位参赛者聚精会神、对弈激烈的场景也是一种壮观的视觉效果。

围棋在中国传统文化中具有非常重要的地位。在围棋的对弈过程中注重思考和策略。围棋要求选手具有深厚的智慧、高超的技艺和坚定的意志，能够在面对对手的攻势和诱惑时保持冷静，应对自如。在现代社会中，围棋不仅是一种重要的智力运动和竞技项目，也被广泛应用于智力开发、教育培训等领域。人工智能的发展使得计算机可以挑战顶尖围棋选手，并在某些方面超越人类。

第五节　香文化

香文化是中国传统文化的重要组成部分，是指人们在生活、宗教、文化和艺术等方面使用香的一系列习俗和文化现象。香文化在中国文化中具有重要的地位和作用，香是佛教、道教和儒教等宗教信仰中的重要物品之一。佛教信奉者、道教信徒以及其他宗教也都会用香来祭拜神灵或祖先，表达对上天祈求保佑和感恩回报的心意。在中国传统文化中，人们用香来表示尊敬和礼节，如向长辈或贵客敬献香品以表敬意。在婚礼、升学、迎神等喜庆场合，烧香也是重要的仪式之一（图 6-5-1）。

图 6-5-1 香

香文化的起源可以追溯到中国古代春秋战国时期，它主要源于宗教信仰和医学实践。在中国传统文化中，香具有神秘、神圣和崇高的地位，被誉为"天下之芳"，因此香文化一直得到了人们的重视和发展。香文化的发展演变历程非常悠久，在不同时期和不同文化背景下形成了多个流派和特色。其中，佛教香、道教香、民族香等是最为著名的几种流派。佛教香始于公元前3世纪的印度，是佛教传入中国后逐渐形成的一种独特文化现象。它以檀香、沉香、龙涎香等为主要材料，与佛教通过香供奉或焚香超度亡灵等宗教活动密不可分。佛教香制作精细，味道清幽，有助于修行者消除杂念、提升境界。道教香也是中国古代香文化的重要流派之一，与道教的信仰和修行密切相关。道教香以松香、木蝴蝶、没药等天然香料为原料，形成了独特的气息。道教认为道教香可以清除恶气、祛邪驱鬼，有助于身心健康和灵性提升。民族香是中国少数民族传统文化中的重要组成部分。它们以白芷、藏香、苗香等植物或动物原料为主要成分，制作精细、味道浓郁，常被用于宗教祭祀、生活娱乐等方面。

香文化是指人们以香为媒介，通过燃香、散香、品香等形式来表达思想情感、祈福祷告、净化心灵等的行为和文化现象。香文化贯穿于中国传统文化的方方面面，包括宗教信仰、礼仪习俗、文学艺术等多个领域。香文化在中国文化史上有着悠久的历史。早在先秦时期，孔子就曾经说过："君子香闺，小人宫中。"这将香与品德联系在一起。从汉代开始，燃香供佛逐渐成为中国佛教文化中的重要组成部分，并逐渐扩展到民间信仰中。随着历史的演变，香文化也逐渐发展出了不同的风格，产生了许多不同材质的香炉，如青花香炉、陶器香炉、金银香炉等。香文化的表达方式多种多样，如点香、散香、品香等。点香是指人们在香炉中点燃香火，用来祛邪驱鬼或者供奉神明的一种方式；散香则是将香料撒在地上或者盆中，利用香味来净化心灵；品香则是通过闻香品香、辨识香型的方式来欣赏香气和品味文化。香文化蕴含着深刻的文化内涵和精神价值。在宗教信仰方面，香文化是一种与人类信仰及其社会历史紧密相连的文化现象，通过燃香供佛、敬祖神等方式来表达对神明的崇拜和敬意。在礼仪习俗方面，香文化是中国传统礼仪文化的重要组成部分，如婚礼、寿宴等场合都需要燃香祭祖神。在文学艺术方面，香文化也是中国传统文学和艺术中的重要主题和表现手法，许多古代文学作品中都有关于香的描写和意象。随着社会和经济的发展，越来越多的人开始重视香文化，并将其融入生活和工作中。中国香文化是国际四大香文化之一，得到了更广泛的认可和赞誉，越来越多的外国人开始了解和学习中国的香文化。

香在中国文化艺术中也占有重要地位。在绘画、文学、音乐等艺术形式中，经常出现与香相关的题材和表现手法。《红楼梦》中有袭人点香、林黛玉烧香等描写。在传统医学中，香也有着很多用途。香具有驱蚊、消毒、清气和净化空气的作用，被广泛应用于药材饮品中，如茶和花草汤等。香文化也是中国传统文化不可或缺的一部分，它承载着人们对美好生活和良好社会风尚的追求，反映了中国古代文化中深厚的精神内涵和审美情趣。同时，香文化也为人们提供了一种探索和发现自我、修身养性、陶冶情操的方式。香文化在不同地区和不同时期还发展出了很多其他类型的香。例如，唐代的官香、民香，宋代的诗香、画香等，每一种香都充满了特定的文化内涵和历史价值。

香文化的起源背景和发展演变历程丰富多彩，反映了中国古代文化的多样性和优秀传统的延续。不同流派和类型的香具有不同的文化内涵和社会功能，但它们都体现了人们对于美好生活和精神追求的共同向往。香文化是中国传统文化的重要组成部分，所蕴含的丰富内涵和象征意义不仅反映了古代人们的审美观念和信仰观念，也承载了人类对于生命、精神、情感和思想的多重向往。香文化中常用香烟、香火、香灰等来表达对生命的敬仰和祈愿。它们被认为是连接人与灵魂的桥梁，可以让人们和先祖、神灵建立起精神上的联系。香文化中的一些香材，如檀香、沉香、龙涎香等，还被认为能够使人清净心灵、提升境界、延年益寿。

香文化中的香道，即通过香味和气息来调节身心，使人进入一种放松的状态。香还被认为是一种净化身心的工具，可以消除压力、改善睡眠、增强记忆力等。香文化中的一些香材，如白芷、天竺黄、没药等还被应用于中医养生和药膳烹饪中。香也是一种表达情感的工具，它可以让人感受到美好的气息和温暖的情感。在中国传统文化中，人们经常通过香来表达敬意、爱意、感激之情等，如向祖先献香、向亲友敬香、在喜庆场合焚香等。香文化在艺术和哲学方面也有着重要的象征意义。香味和气息可以启迪人们的思想和艺术创作，它们常被用于诗歌、画作、音乐等艺术形式中。此外，香文化还常被用于咏史、寓言、礼仪等方面，为人们提供了深度思考和生活智慧等方面的帮助。

香文化作为中国传统文化中的精髓之一，反映了中国古代人们对于生命、精神和情感的多重向往和追求。香文化所代表的审美理想，包括洁净、雅致、高尚、典雅等等，这些理念深刻影响了中国古代文人墨客的创作和思想，并体现在中国传统文化的各个方面。

第六节 筷子

筷子是中国传统文化的瑰宝，也是中国人民在日常生活中使用最多的餐具之一（图 6-6-1）。筷子的起源地和具体时间并不明确，但人们普遍认为它起源于古代中国约 5000 年前的新石器时代。在那个时期，人们普遍使用用竹子或木头做成的简单工具取食烹饪食物。而今，无论是家庭聚餐还是商务宴请，筷子都扮演着不可替代的角色。

图 6-6-1 筷子

筷子体现了中华民族历史悠久的饮食文化，是中国人就餐的一种标志性工具。从选择筷子材料、使用方法、握法、夹菜技巧等方面，都反映了中华民族的饮食文化。筷子的出现，使得中国美食能够更好地呈现在人们的眼前。筷子不仅是一种餐具，还是一种体现礼仪文化的重要工具。在中国传统文化中，吃饭时要注意使用筷子的姿势和技巧，如不要把筷子竖起来插在饭盆里、不要用筷子挑选食物。它代表了中国人民的智慧和文化特色。中国传统文化中有很多与筷子相关的习俗和文化内涵，如过年吃年夜饭时用长筷子、参加葬礼时要摆两根筷子，等等。这些细节体现了中国人民的礼仪文化。在现代社会，筷子的使用也与环保息息相关。相较于其他餐具，如塑料餐具等，筷子无须使用化学原料进行生产，且可以重复使用多次，减少了环境污染。同时，随着环保意识的增强，越来越多的人开始选择使用可降解的竹筷子，有效减少了垃圾量。

筷子最初是用竹子或木头制作而成的，这些天然材料比较容易加工，并且价格便宜。在现代，随着科技的发展，筷子还可以使用金属、陶瓷、塑料等多种材料制作而成。最常见的是用长约 20 厘米、直径约 5 毫米的圆柄筷子作为夹取食物的工具，由两根长条形物体组成，制作材料通常为木头、竹子、塑料等。此外，还有方柄筷子、梳子筷子、勺子筷子等等，形态各异。在一些特殊场合，如婚礼、葬礼等，还会使用由贵重材料制成的象牙、金、银等精美筷子。

筷子还可以代表道德和品格。在中国传统文化中，筷子的使用要讲究规矩和礼仪。例如，不要把筷子竖立在饭盆或碗里，这被视为不吉利的行为；同时，不要用筷子挑选食物，以免影响别人的就餐体验。这些行为要求使用者懂得尊重和关注他人的感受，反映了一个人的品格和道德素质。筷子也代表了中国丰富的美食文化。人们将食物看作是艺术品和享受，而筷子则起到了呈现这种美食文化的重要作用。用筷子夹起一小块肉或蔬菜，将它送入口中，体会食物的口感和味道，不仅满足了人们的味觉需求，更是一种心灵上的享受。筷子还代表了中国传统生活方式的特点。在中国农村，人们经常使用简单的木制筷子，强调的是自然、简单和朴实的生活方式；而在城市中，随着生活水平的提高，人们也开始追求更加精致、个性化的筷子。

筷子是中国文化的重要组成部分，它不仅代表了中华民族智慧和独特的饮食文化，还体现了中国人民的礼仪和道德。筷子是中国的传统餐具之一，与中华饮食文化有着密切的联系。在中国，筷子被视为吃东西的神器，在日常生活中不可或缺。随着时间的推移，筷子的制作材料、形态、使用方法也不断创新，在保持传统文化基础上，还增加了时尚元素。筷子为中华饮食文化注入了更多的艺术性与品位感。使用筷子时需要注意握法、姿势、动作等，这些都体现了对他人的尊重和关怀，是中国人民礼仪文化的重要体现。例如，在正式场合，人们使用长柄筷子夹取菜肴，以示尊敬和礼节。

随着人们对环境保护意识的不断增强，可重复使用的筷子正受到越来越多人的青睐。竹制筷子、木质筷子等天然材料制成的筷子，不仅价格实惠，而且无污染，可回收再利用，有助于减少对环境的影响。可降解的筷子更是被广泛应用，既满足了日常生活需求，也起到了环保作用。

筷子的精致和独特设计，使它也成为中国文化中的一种美学元素。筷子可以是简单实用的，也可以是华丽精致的，甚至可以成为一种艺术品。在现代中国，越来越多的人开始注重餐具的美观性，筷子因其独特的形态和材质而得到了更多的赞誉。

随着经济的发展和人民生活水平的提高，筷子在中国仍然占据着重要地位。随着中华文化向世界传播和交流的推进，越来越多的外国人开始学习和使用筷子，并将其融入自己的饮食文化中。对于保护、发扬和传承这一文化遗产，我们应该从日常生活做起，加强对筷子使用礼仪和文化内涵的了解和传承。

第七节　中国象棋

中国象棋是中国体育文化的重要组成部分，已经有几千年的历史。中国象棋的起源可以追溯到春秋战国时期，随着时间的推移，这个游戏逐渐演变成了现代的象棋。据史书记载，中国象棋在唐朝时期开始流行，并在宋朝时期被正式命名为"象棋"。自此之后，象棋不断发展壮大，逐渐成为中国传统文化中的重要组成部分（图6-7-1）。

文献中的国粹鉴赏

图 6-7-1 中国象棋

　　象棋在中国传统文化中具有很高的文化地位和价值。它被认为是一种智力运动，需要玩家具备极强的思维能力和判断力。象棋中的棋谱、棋艺等也反映了中国古代哲学、文化和艺术等多方面的元素，例如阴阳五行、道家思想和儒家礼仪等。象棋不仅体现了中国人民的思维方式和行为准则，同时也是中国传统文化中的瑰宝之一。

　　象棋在社会中也具有重要的意义和价值。它可以促进国际交流、增强民族文化自信等，同时还能够帮助人们锻炼自己的思维能力和判断力，提高逻辑推理和空间想象能力等多方面的智力素质。在教育领域中，象棋也被广泛运用，可以培养学生的思考能力和问题解决能力等多种素质。

　　中国象棋蕴含着丰富的哲学思想，阴阳理论是中国哲学中一个重要的思想体系，它认为自然界万物都是由阴阳两个既相互对立但又相互依存的因素构成的。在中国象棋中，红方代表阳、黑方代表阴，这种对立但又依存的关系和平衡状态也同样存在于棋局之中。比如，双方将帅的位置总是对称的，象眼这个位置总是被两方的象控制。这些规则都是为了保持棋局的平衡和稳定。

　　五行相生相克是中国古代哲学中的一个重要理论，它认为自然界万物之间存在着相互制约、相互转化的关系。在中国象棋中，马能够"蹩马腿"来限制对方的士或象，这就是五行相克的具体应用。此外，车炮和马象的关系也可以被看作是五行相克的体现。这种思想在游戏中的应用能够增加棋局的变化和趣味性。

　　虚实之辨是一个重要的思想体系，这种思想认为行动的力量并不仅仅取决于物体的本身，还与其周围的环境因素相关。在中国象棋中，玩家需要通过判断对方的棋子是否真正具有威胁来制定自己的策略。比如，炮在没有障碍物的情况下

116

攻击范围非常广，但是如果有棋子挡在前面就无法攻击。另外，细致的布局和运用空间，也是虚实之辨的重要体现。

中国象棋是中国文化的重要组成部分，通过国际象棋比赛等渠道，能够促进不同国家和地区之间的交流和合作。同时，象棋运动对于各种文化、语言、宗教和人种之间的差异都具有较强的包容性和融合性，从而更好地推动了全球化进程。象棋运动是中国传统文化的代表之一，它以其古老而丰富的历史文化内涵，赢得了越来越多年轻人的青睐。中国象棋运动对于培养优秀的人才和领袖具有重要的作用。通过参与象棋比赛和对弈，玩家可以逐步提高自己的智力和思维能力，锻炼自己的心理素质和竞争意识，并且学会更好地思考、分析和决策。同时，象棋运动还可以培养玩家的团队合作精神和领导才能，帮助他们更好地适应社会发展的需要。

《从象棋的文化内涵看中华文化的精髓》指出，中国象棋是中国传统的文化艺术之一，它以其独特的规则和丰富的文化内涵，在中国传统文化中占有重要地位。中国象棋是中国传统文化中的一种重要智力游戏，它以红黑两色的棋子在 9×10 个交叉点上进行对弈，通过将对手的"帅"或"将"困住来决定胜负。中国象棋的历史可以追溯到春秋战国时期，早在古代就已经形成了完整的规则和技术。

象棋还有着一些独特的文化内涵。例如，棋盘被划分为九宫八卦的形式，象征着天人合一、阴阳调和的思想；棋子中的帅（将）、士、相、车、马、炮、兵（卒）七种棋子也和中国传统文化密切相关，寓意着君臣、父子、婚姻等生活场景。

中国象棋在社会中具有很重要的意义和价值，在促进国际交流、增强民族文化自信等方面起到了重要的作用。通过学习和推广象棋文化，我们不仅能够深入了解中国传统文化的博大精深，同时也能够为全球文化多样性的发展作出贡献，并且培养更多的优秀人才和领袖。中国象棋的棋盘和棋子设计精美，既具有古典的风格，又蕴含了深厚的文化底蕴。每一个棋子都有其独特的形态和寓意，例如"马踏日""象限虎口"等。同时，在象棋比赛中，玩家们还可以通过布局、走法和对弈过程中的变化，展示自己的艺术才华和审美品位。中国象棋带来了丰富多彩的中国之美，例如艺术之美、文化之美和智慧之美等。它不仅仅是一项智力运动，更是一种具有深厚文化内涵和传统美学特点的文化遗产。

第八节　盘扣

盘扣是一种中国传统服装的装饰品，已经有着数千年的历史。盘扣被用于衣服的装饰，以象形图案表达不同的意义。随着时间的推移，盘扣的制作工艺也在不断发展和完善，形成了独特的风格和特色（图 6-8-1）。

图 6-8-1　盘扣

盘扣是一种中国传统服饰配件，是指在衣物前襟、领口或袖口上使用的装饰性扣子。在古代，盘扣被广泛地运用于皇帝、太后、贵族等人的衣饰上，代表了尊贵和高雅。盘扣还代表了中国古代文化的艺术价值，它不仅具有很高的艺术观赏价值，还反映了中国古代文化中的审美观和审美标准。

盘扣经历了长时间的演变和发展，从最初的简单装饰品发展到后来的艺术品。在汉代，盘扣出现了大量的创新，如金银铜质盘扣、透雕盘扣等。唐代盘扣风行一时，盘扣的制作技艺大为提高，出现了许多精美绝伦的盘扣。宋代时，盘扣更加多样化，盘扣不仅被广泛运用于皇室贵族的服饰上，还被运用于庙宇佛像的装饰上。明清时期，盘扣的制作工艺达到了顶峰，制作材料更加多样化，如金银、象牙、玉石等。同时，在民间也出现了大量的盘扣艺术品。

盘扣在中国传统文化中具有丰富的象征意义，代表着不同的寓意。比如，盘扣可以代表财富和吉祥，因为"盘"与"番"谐音，表示繁荣昌盛。盘扣也可以代表爱情和家庭，因为盘扣环绕而成，象征着亲密无间的关系。此外，盘扣的图案和纹饰也具有不同的象征意义，如花卉代表着吉祥、美好和富贵，动物图案则代表着勇敢和坚毅。

盘扣作为中国传统文化遗产之一，代表了中国古代文化中的审美标准和审美观念。它通过艺术性的呈现方式，向人们展现了中国之美。盘扣体现了中国古代文化中的精致和高雅。盘扣制作需要经过多道工序，需要雕刻、镂空、烧制等复杂的工艺流程，这种制作方式反映了中国古代工匠的高超技艺和劳动精神。同时，盘扣所使用的材料也非常考究，如金银、象牙、玉石等，反映了中国古代文化中的讲究和精益求精的态度。

盘扣所蕴含的文化内涵和象征意义非常丰富，如代表财富和吉祥、爱情和家庭等，这些寓意反映了中国古代文化中的象征思想和价值观念。盘扣还反映了中国古代文化中的艺术美学观念。盘扣在设计上追求简洁、明了、自然、优雅，体现了中国古代文化中的审美标准和艺术观念。盘扣通过对图案、纹饰、色彩等方面的精致处理，使其成为一种视觉上的享受，传递着人们对于美好事物的追求和向往。

第九节　文房四宝

文房四宝是中国传统文化中的重要组成部分，由笔、墨、纸、砚四种物品组成（图 6-9-1）。

图 6-9-1　文房四宝

这些工具被广泛应用于书法、绘画、篆刻等艺术领域。文房四宝是创作书法、绘画、篆刻等艺术作品的基础工具，没有它们就无法完成这些作品。

在中国的传统文化中，文房四宝还有各自独特的象征意义。比如，笔被视为学问和文化的象征，代表了知识和才华；墨则象征着人生的曲折和变幻，同时也寓意着人们对生命的追求和珍惜；纸则是记录历史和文化的重要工具，同时也代表着人们对于纯洁、敦厚、稳重等品质的追求；砚则象征着坚韧不拔的毅力和恒心，同时也代表了中国传统学问的沉淀和积累。

一、笔

笔是文房四宝中的一种，主要用于书写、绘画等用途。常见的笔有毛笔、钢笔、圆珠笔、铅笔、粉笔等。其中，毛笔是中国的传统笔具，也是文房四宝中具有代表性的一种。

不同种类的笔所使用的材质不同。毛笔通常采用动物毛发制作，如羊毛、兔毛、狼毫、黄鹤毛等；钢笔则是用金属制成；圆珠笔则是由塑料或金属等材料制成。毛笔的制作过程比较复杂，包括选材、剪毛、熏染、抽丝等多个环节。

笔的主要用途是书写和绘画。毛笔在中国传统书法、绘画等领域有着广泛的应用，是中国书法艺术的基本工具之一。毛笔制作技艺在唐宋时期已经达到了相当高的水平，其中黄鹤毛、狼毫等被誉为上乘之选。在诗词、文章、书信等方面，毛笔也扮演了重要角色。中国古代的书法和绘画离不开笔，尤其是毛笔。

二、墨

墨的种类很多，可以按照材料区分为槟榔墨、牛油墨、松烟墨、砚墨等。

墨的制作过程采用传统手工制作方式，通常需要经过碎、淘、磨、和、晾、成六个步骤。其中，碎指将原材料打碎；淘指用水淘洗去杂质；磨指将原料粉碎并加入少量水后在石墨上磨制；和指将墨浆与其他材料调和均匀；晾指将和好的墨浆晾干；成则指将晾干的墨进行成型，例如制成块状或条状等。墨的品质评价主要包括墨色、墨香、墨味、墨质等方面。墨的用途非常广泛，既可以用于书法、绘画等艺术领域，也可以用于印章、公文等方面。其中，槟榔墨和牛油墨常用于日常书写，而松烟墨和砚墨更多地应用于艺术创作。墨作为文房四宝之一，在中国文化中有着深厚的历史渊源和文化内涵。墨是中国传统文化中的重要组成部分，代表着人们对于黑色的崇拜和追求。在中国的书法、绘画等艺术领域，墨是不可或缺的基本工具，被广泛应用于各种艺术作品中。

毛笔书法和绘画需要使用墨汁。墨汁最初是由烟炉灰制成的，后来发展为磨墨、水墨等不同种类。

三、纸

纸的种类很多，可以按照原材料分为植物纸、动物纸、矿物纸等。常见的纸种有宣纸、毛笔纸、水彩纸、印刷纸等。纸的制作过程通常需要经过原料处理、制浆、造纸、加工等多个步骤。其中，制浆是关键环节之一，它包括打浆、嫁浆、清洗等多个步骤。在造纸过程中，还需要进行压缩、晾晒等操作，最终形成纸张。

纸的主要用途是书写和绘画。不同的纸张有着各自独特的特点和用途。宣纸是中国传统文化中的重要纸品，常用于国画、山水画等领域；而水彩纸则是绘画领域中的重要纸张，广泛应用于水彩画、素描等艺术形式中。

中国传统纸张的发展历程可以追溯到汉代，当时的纸张主要使用植物纤维制成。唐宋时期，中国纸张制造技术得到了快速发展，出现了许多著名的纸张。明清时期，则进一步提高了纸张的质量和品质，使得中国传统纸张享誉海内外。

四、砚

砚的种类主要包括石砚、泥砚、铁砚、陶砚、玉砚等。石砚的材质比较多样，常见的有麻石、花岗岩、砂岩等。石砚的制作过程通常需要经过开采、加工、琢磨等多个环节。其中，选择合适的石头以及精湛的琢磨技艺是确保砚能够顺利使用的关键。砚的主要用途是存放墨汁，同时也被广泛应用于文化交流和礼物赠送等方面。在书法、绘画等领域，砚是不可或缺的基本工具之一，与毛笔、纸张、墨等一起构成了传统的文房四宝。

早在汉代，砚已经开始被广泛使用，而到了唐宋时期，则出现了许多优质的砚台，如歙石、临翔石等。明清时期，砚台的制作技艺得到进一步提高，特别是在名人墨客的推动下，砚台制造工艺达到了相当高的水平。

笔墨纸砚是一种精神文化的表达和传承方式，在古代社会，书法、绘画等艺术形式常被视为表现人才和礼仪之道的标志。笔墨纸砚还是一种审美教育和修身之道，许多学者通过书写和绘画来提高自己的审美水平和人文素养。笔墨纸砚也是一种文化交流和跨界融合的方式，随着经济全球化和文化多元化的发展，越来越多的国家和地区开始关注和学习中国的书法、绘画等艺术形式，促进了不同文化之间的笔墨交流和互鉴。

第七章 民族符号的工艺之美

吉祥元素是中国文化中的重要组成部分，这些元素不仅具有强烈的美学价值，更蕴含着丰富的文化内涵和民俗传统。从红灯笼、景泰蓝、蜡染、漆器，到瓷器、青铜器、风筝、扇子、玉雕等，每一种工艺品都呈现出其独特的制作过程和艺术价值。

红灯笼代表着团圆和美好前景，象征着吉祥如意和幸福美满的光明。景泰蓝因其高贵华丽、色彩斑斓的特点，被誉为金属宝石。蜡染是一种涂蜡作画、热融染色的独特印染工艺，具有鲜艳夺目的色彩和丰富的图案，可以用于制作服装、家居等物品。漆器、瓷器、青铜器等工艺品，也是中国古代传统工艺的瑰宝。风筝、刺绣、玉雕则是中国民间传统文化中不可或缺的元素，其以高雅、细腻、深刻的内涵和文化价值博得了人们的喜爱，代表着人们对自然的敬畏、对生活的热爱、对美好的追求。每一种吉祥元素都饱含着制作者的匠心独运和创新精神，无论是在造型还是在色彩上，都展现出中国传统工艺的精湛技艺和艺术魅力。

第一节 红灯笼

红灯笼，也被称为宫灯或纱灯，是中国传统民族符号（图7-1-1）。它不仅具有实用功能，还富有装饰性和象征意义。灯笼的历史源远流长，其历史可以追溯到汉朝时期。当时，红灯笼是一种皮灯笼，用于照明和供奉祖先。我国著名考古学家魏存成认为，中国的灯笼是世界上发明最早的便携照明工具。甲骨文中的"东"字就被认为是对原始灯笼形象的描绘。

第七章　民族符号的工艺之美

图 7-1-1　红灯笼

《南史》中有"壁上挂葛灯笼"的记载。其用途是用于标明官衔、字号、身份的门灯和风灯。用细篾作骨，糊以油纸。唐、宋时期灯笼制作盛行，每当元宵灯节，奇巧纷呈，竞相争妍，故有"东风夜放花千树""火树银花不夜天"的诗句描写。可见早在1500年前的梁代，就已经有走马灯了。《荆楚岁时纪》记载："灯以火运，剪纸为轮，以烛嘘之，则车驰马骤，团转不休。"可见那时的走马灯就用于日常生活。《宋书·武帝纪下》载："床头有土鄣，壁上挂葛灯笼。"葛，就是用麻织成的白色粗布，用它制成的灯笼，这可能就是纱灯的原始雏形。

随着时间的推移，红灯笼的制作材料和形式逐渐发生变化，如进入明清时期后，红灯笼开始采用纸张或丝绸做成，并加入彩绘图案。红灯笼的制作需要用到纸张、丝绸、木棒等原材料和绳索、线扣等辅助工具。首先要选取合适的纸张或丝绸，然后按照设计要求进行剪裁和拼接。这时制作红灯笼的师傅需要选取优质的纸张、竹子和丝线等材料，并按照一定的比例和规律制作出灯笼框架和外壳。之后，还需要进行刻画、绘制和装饰等步骤，整个过程需要耗费大量的时间和精力。后续，还需要使用特制的彩绘颜料进行绘画和装饰，创造出不同的花纹和图案。最后，将纸张或丝绸固定在木棒上，并用绳索或线扣系在一起，形成一个光亮而美丽的灯笼。

红灯笼在中国红色文化中极具地位，它不仅是一种实用工具和装饰品，也代表了华夏儿女文化审美观和生活方式。红色在中国传统文化中寓意着喜庆和幸福，因此红灯笼常被用于庆祝节日、婚庆等场合。同时，红灯笼也被赋予了"平安吉祥、开门大吉"的象征意义。

红灯笼原本是一种传统的手工艺品，但随着时代的变迁和社会的进步，红灯笼的制作和应用的范围也得到了扩大。现在，在文化艺术、家居装饰和商业促销等方面，红灯笼经常被用来进行装饰和展示。在春节期间，街道、商场和家庭常常会挂上红灯笼，以庆祝新年和祈求吉祥如意。红灯笼的制作和销售也成为一项重要的产业，吸引了越来越多的企业和投资者的关注。

红灯笼作为民族符号文化中的代表之一，其制作工艺和文化意义都具有极高的艺术价值和历史价值。红灯笼不仅是一种实用工具和装饰品，更是中华民族文化传承和发展的重要组成部分，体现了中国传统文化的博大精深以及独特的审美观念和生活方式，也为现代文化创意产业提供了许多灵感和创意。红灯笼代表着团圆和吉祥的美好祝愿。它由红色的纸或布制成，内部装有蜡烛或电灯泡等光源，在夜晚的时候发出温暖而又柔和的光芒，犹如灯塔给人带来美好的感受和崭新的希望。

红灯笼在不同的历史时期和地区有着不同的样式和风格。例如，在中国南方的一些地区，红灯笼的造型更加注重图案和花鸟等自然元素；而在北方的一些地区，则更加注重文字和人物形象的装饰。随着现代科技的发展，还出现了一些电子红灯笼和彩色灯笼等新型产品。

红灯笼作为一种手工文化遗产，它不仅反映了中国古代文明的发展历程，也体现出了中国传统手工艺术和审美理念的独特魅力。红灯笼还是一种重要的礼品和装饰品，在中国各地的节日和庆祝活动中都有着广泛的应用，是中国传统文化中不可或缺的一部分，凝聚了人民对美好生活的期盼和祝福，具有非常高的历史价值和文化价值。

第二节　景泰蓝

景泰蓝是中国传统工艺美术中的一种珐琅瓷器，其以色彩鲜艳、图案精美、工艺精湛而闻名于世（图7-2-1）。它是象征着外来文化与中国文化相融合的独特的艺术瑰宝，也是中华民族智慧和创造力的结晶。

图 7-2-1　景泰蓝

元朝《吴渊颖诗集》中有咏"大食瓶"诗一首，诗中明确地说它是从波斯传来的物品。景泰蓝引入前起源于波斯，后经明代官窑，经过几百年的发展演变，逐渐形成了独具特色的工艺风格。明代时期，景泰蓝主要用于皇家寺庙、贵族家庭的宫殿建筑和佛教造像的装饰。清代时期，景泰蓝逐渐传入民间，并成为广泛应用于家居工艺品和礼品的一种工艺。

"景泰蓝"是对金属胎掐丝珐琅工艺及其制品的一种约定俗成的称谓。金属胎掐丝珐琅制品传入中国之初，在《格古要论·窑器论》中被称为"大食窑器""鬼国窑器"和"佛郎嵌"。其文字记载始见于清代雍正六年的宫廷文献《各作成做活计清档》。"蓝"并非专指颜色，而是对其所用珐琅釉料的指代。珐琅又称"佛郎""发蓝"，是以硅、铅丹、硼砂、长石、石英等矿物质原料按照适当的比例混合，分别加入各种呈色的金属氧化物。景泰蓝工艺的前身是珐琅器，珐琅器最早诞生于希腊，希腊普鲁斯岛出土的公元前12世纪迈锡尼时期的戒指和双鹰权杖头，被认为是最原始的掐丝珐琅。公元6世纪左右，东罗马帝国的珐琅工艺已经非常发达。12世纪时珐琅工艺传入西亚阿拉伯国家，而后源自波斯的铜胎掐丝珐琅，约在蒙元时期传至中国。珐琅器工艺在中国已经有1000多年的历史，早在唐代就有此种工艺出现。景泰蓝工艺是西方珐琅工艺与中国传统嵌丝工艺相结合的产物。景泰蓝的工艺效果则更与古代两河流域文明所崇尚的艺术风格有相似的一面。

乾隆四十八年（1783年）正月十五日的《膳底档》有如下记载：当天的早膳和午膳中用器的规定，早膳中采用五福画珐琅碗、五谷丰登画珐琅碗、珐琅葵花盒及金碗金盘等；而午膳，皇帝面前的所有用具均为掐丝珐琅碗、盘、碟，陪宴则用各色瓷器。由此可见，景泰蓝在正式宴桌上的等级之高，其象征地位，远比瓷器甚至金银器尊贵。

《香河县志》记载，香河景泰蓝工艺于1972年发展成熟，使香河工艺品迈上了一个新的台阶。在确保景泰蓝制作技艺有序传承保护的基础上，香河人不断坚持创造性转化、创新性发展，让这门工艺更好地为现代生活服务。很多产品在制作形式上融合了更多的香河本土特色，既实用又美观。

"景泰蓝"这个名字，并不是在景泰年间开始叫的，甚至整个明朝都不这么叫。在雍正六年（1728年）的《造办处活计档》中有这么一条记载："五月初五日，其仿景泰蓝珐琅花瓶不好。钦此。"对艺术要求甚高的雍正皇帝亲自对一个花瓶下旨，可见其艺术地位。晚清陈浏在《陶雅》中写道："范铜为质，嵌以铜丝，花纹空洞，杂添彩釉，昔谓之景泰蓝，今谓之珐琅。"虽然陈浏说反了，应该过去称珐琅，现在称景泰蓝。不过从这段记载中可以清楚地知道，至少在清后期，景泰蓝的名字已被广泛使用。从16世纪开始，一直到乾隆中期，对景泰蓝的创新改造一直不断。乾隆以后，景泰蓝的工艺可以说是越来越成熟，做工也更精细。

景泰蓝又俗称"铜胎掐丝珐琅"，是指在铜制底胎上，用丝线将不同颜色的珐琅填充至分隔好的区域内，并在高温下烧制而成的一种装饰工艺。景泰蓝的制作过程烦琐复杂，需要经历数十道工序，包括制胎、打丝、添釉、填珐琅、烧制等环节。

景泰蓝在中国传承多年，形成自己的传统工艺美术，具有独特的艺术特点和审美价值。首先，作为一种装饰工艺，景泰蓝的色彩鲜艳、图案精美、线条流畅，富有强烈的视觉冲击力和装饰效果。其次，景泰蓝具有高度的艺术价值和收藏价值，许多古代景泰蓝艺术品已经被列入了国家级文物保护名录。

景泰蓝已经成为中国传统工艺美术中的一个代表品类，并且在国际范围内也得到了广泛的认可和欣赏。同时，随着时代的变迁和文化的转型，景泰蓝的使用方式和应用领域也在不断创新和发展。现代设计师将景泰蓝元素与时尚、科技等元素相结合，推出了一系列具有现代感的景泰蓝产品，如手机壳、手表等，为传统文化注入了新的活力和生命力，成为人们喜欢的艺术品。

第三节 蜡染

蜡染是一种传统的印染技艺，用蜡在布料上阻挡染料颜色，达到图案或文字凸显出来的效果（图 7-3-1）。

图 7-3-1　蜡染

蜡染起源于古代东南亚地区。随着历史的演变和文化交流，蜡染逐渐传播到其他国家和地区，也流传到我国。究其悠久历史，蜡染在中国的历史可以追溯到汉代，兴盛于唐代，在明清时期更是成为宫廷贵族和书画名家等人的钟爱之物。

据《后汉书》《搜神记》记载，汉时期，被称为"五陵蛮"的苗族先民"织绩木皮，染以草实，好五色衣服，制裁皆有尾形……裳斑斓"。可见当时的苗族纺织、蜡染水平已经相当成熟。蜡染的艺术价值，不仅在于其形式之美，更在于隐现于纹样之中的朴实的生活情感和无声的诗意，它承载着劳动人民的情与爱、喜与悲，是普通大众对岁月的无声诉说。中国民间传统蜡染有着古朴、自然、粗犷的艺术感染力，传统抽象的图案纹样和特有的蓝白相间的色调，特别是变化万千、韵味无穷的冰纹，有着极强的地域性和原生态民族的特点。蜡染艺术是写实与写意的结合、具象与抽象的结合、真实与虚幻的结合，伴随着民族的智慧与精神驰骋飞扬，无所羁绊。

蜡染古称"蜡缬"，"缬"的意思是染彩，它与绞缬（就是扎染）、夹缬都是镂空印花工艺，被称为"中国古代的三大纺染工艺"。在历史文献中有关蜡染的记载不多，到了宋代的文献中才对蜡染有明确的说法。如南宋周去非的《岭外代答》说："以木板二片，镂成细花，用以夹布，而灌蜡于镂中，而后乃积布、取布，投诸蓝中，布既受蓝，则煮布以去蜡，故能制成极细斑花、炳然可观。"早在唐朝时期，就有人使用蜡染技艺进行服装印染。明清时期，蜡染逐渐发展成为一种广泛应用于家居、服装、礼品等领域的装饰工艺。蜡染是指将蜡涂抹在棉织物或丝绸上，然后将其浸泡在染料中，待干后再用高温水将蜡熔化除去，从而形成了一种特殊的纹路效果。蜡染的制作过程需要多次重复涂抹、染色、熨烫等步骤，工序烦琐，要求技艺高超。

后来的《贵州通志》则记载："用蜡绘于布面染之，既去蜡，则花纹如绘。"可见蜡染已由以蜡灌刻板印发展到直接用蜡在布上描绘了。历史上，蜡染被广泛应用于家居饰品、衣物和礼品制作等领域。

清代的毛贵铭在《西垣遗诗》中这样描述蜡染："蜡花锦袖摇铁铃，月场芦笙侧耳听。芦笙宛转作情语，铃儿心事最珑玲。"这般迷人的诗句是作者在苗寨亲身体验蜡染的风情后写下的。可见，蜡染的魅力不论民族、不分男女、不论年龄，凡是见过它的人都会被感动。直到今天，这种古老的手工艺品，仍然受到人们的无比珍爱。在文化双创推动下，蜡染的流行范围不断扩大。蜡染成为一种热门元素，常见于服装、配饰和鞋履等领域。许多知名品牌和设计师都将蜡染作为设计灵感来源，将其与现代元素相结合，创造出独特的风格。

蜡染在中国的发展逐渐形成了独具特色的三大流派：苏州蜡染、云南蜡染和广东蜡染。其中，苏州蜡染以百花齐放、千姿百态等特色来表现其绣花般的效果；云南蜡染则以其唯美自然的风格和奇妙的几何形状使人眼前一亮；广东蜡染则充分发挥其浓郁的珠江文化特色，在传承历史的基础上不断创新，推出了一系列符合市场需求的产品。

蜡染记录了当地人文历史、社会生活和艺术文化等方面的信息。蜡染制品由于其多变性和可塑性，在颜色、图案、形态等方面呈现出丰富多彩的特点。蜡染作品可以采用不同的材质、不同的染色方式和不同的花样，其绚丽多彩的图案和色彩，在几代手工艺人文化创新的传承下，蜡染制品的多样化和艺术价值不断提升，其纹理效果和色彩层次感，以及表现出丰富的图案元素和民族风情使其具有高度的艺术价值和收藏价值。许多古代蜡染艺术品已经被列入了国家级文物保护名录。

第四节　螺钿漆器

中国漆器是中国传统工艺品中的一种，以其独特的技艺和美妙的艺术价值而闻名于世（图7-4-1）。自古以来，漆就在中国文化中占据着重要的地位，被誉为"黄金涂屏"。

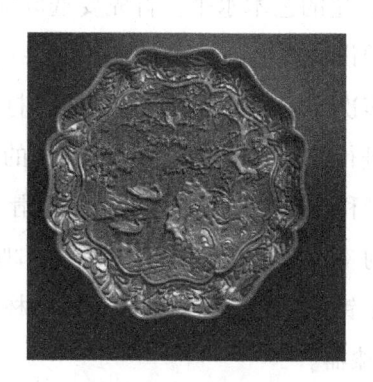

图 7-4-1　漆器

漆器起源于新石器时代晚期的中国，距今已有7000多年的历史。最早的漆器是由原始社会人们发现并采集树脂，用来涂抹在木器上防腐和防水。到了商周时期，漆器被赋予了更高的审美和文化意义，并成为贵族生活的重要组成部分。漆器流传在商周时期，当时漆器用于贵族宴会上以及武器、家具、陪葬品等领域。随着时间的推移，漆器的制作和应用越来越广泛，成为中国传统工艺品中的代表之一。明清时期，漆器的制作技艺达到了巅峰，并成为皇室宫廷和富豪贵族常用的装饰品和礼品。

《诗经·颂·周颂·潜》中记载："猗与漆沮！潜有多鱼，有鳣有鲔，鲦鲿鰋鲤。以享以祀，以介景福。"讲述了漆水和沮水沿岸景色秀美，蕴藏着富饶的渔业资源，其中鳣鱼、鲔鱼、鲦、鲿、鰋、鲤等各种鱼类不计其数，人们捕来鲜鱼恭敬奉祀，祈求祖先赐福绵延。短短的几句话形象地描写了周代先民对漆水的赞美，由此也可看出，"漆沮"流域算是周文化的发祥地，而漆水河一带是西周的漆器制造中心。此时漆林的土地所有权仍为朝廷所有，并制定有一套完整的管理规范，由掌管土地赋役等事务的"载师"专门负责管理。

《周礼·地官·载师》中记述了载师"掌任土之法，以物地事授地职，而待政令"的职责。《史记·货殖列传》记载在当时的全国各地市场上，有"木器漆者千枚""漆千大斗"。这些文献记载了漆器工艺，是指以漆涂饰各种器物的一种装饰工艺，主要包括食器、文具、盒子、香道用具等。漆器的制作过程需要经过多次打磨、涂漆、烘干、雕刻等步骤，工艺复杂，需要长时间的制作。漆器的制作需要有精湛的技艺和高超的艺术水平。首先要选取优质的木材原料，如榆木、桐木、橡木等，然后按照设计要求进行切割和组合。在漆器的制作过程中，需要使用特殊的漆涂料进行多次涂刷，每一层都需要进行打磨和抛光，以达到最佳效果。接着，在漆器表面进行绘画和雕刻，创造出不同的花纹和图案。最后，还需要对漆器进行润色、上蜡和打磨等，使其表面变得光滑平整。

西汉桓宽整理记述的《盐铁论·散不足》中记载："唯瑚琏笾豆而后雕文彤漆。今富者银口黄耳，金罍玉钟。中者野王纻器，金错蜀杯。夫一文杯得铜杯十，贾贱而用不殊。"也是在讲漆器。

《汉书·贡禹传》中记载："蜀广汉主金银器，岁各用五百万。三工官官费五千万。"这里的金银器就指的是扣器。西汉扬雄的《蜀都赋》中也记载汉代的成都漆器作坊"雕镂扣器，百伎千工"，其生产规模可见一斑。

唐代，成都漆器工艺在众多的漆器工艺流派中仍占有极其重要的地位，不仅是漆器，包括制作技艺也开始大量输出到其他地区。明代沈德符在其著作《万历野获编》中的《云南雕漆》一章中记述"唐之中世，大理国破成都，尽掳百工以去，由是云南漆织诸技，甲于天下"。可见，四川髹饰工艺传到云南后，使云南漆器出现了长达数百年的繁盛期。

《徽州府志》载："佳漆则诸邑皆有之，山民夜刺漆，插竹笕其中，凌晓涓滴取之，用匕刮筒中，磔磔有声。"正因为有了这么丰富的资源，才促进了徽州漆器业的发展。徽州漆器工艺历史悠久，早在唐代，这里的漆器就已闻名全国，距今有1000多年的历史。徽州漆器在宋代最具代表性的是嵌螺钿漆器，被誉为"宋嵌"，黄山岩寺漆器艺人赵千里便是宋代螺钿漆器的创始人。而徽州所产的菠萝漆在南宋曾作为贡器。

清代纳兰常安《宦游笔记》记载："今江南产漆之土，十有七八，所作漆器，亦巧冠天下，而在休、歙者尤盛。凡大至屏几，小至盘盂，皆以金采描画，备极工细。"而休、歙指的就是徽州休宁、歙县两个地方，歙县因歙砚而闻名全国。这段话还点出了徽州漆器所做的器型广泛，大到屏风、案几，小到盘盂等，徽州漆器均有涉猎，而且在工艺上有描金彩画，做工精细。中国漆器是中国传统工艺美术中的一种独特品类，具有悠久的历史和深刻的文化内涵。作为一种艺术形式，它既具有高度的实用性，又富有装饰性和收藏价值。

民国版《歙县志》"方技"中也对漆器艺人有过记载，侧面反映了民国时期的漆器制作水平，如"程以藩，善制漆器，精者有银胎嵌甸红黑退光诸目，寻常器具亦必以竹木为骨骼……缀补旧物无迹可寻"，讲明了这个程以藩做的漆器胎骨中除有竹胎、木胎外，还有金属胎。

明清两代，扬州漆器较宋元时期更进一步发展，达到鼎盛时期，扬州成为全国漆器的制作中心，创立了剔红、平磨螺钿镶嵌、软螺钿镶嵌、百宝镶嵌等著名品种，并形成了扬州漆器的特有风格。明末扬州漆艺大师周翥创制了骨石镶嵌和百宝镶嵌工艺，《春草堂集》中记载"（扬州）又有周翥，以漆制屏柜，几案，纯用八（百）宝镶嵌、人物、花鸟颇有精致"。清人钱咏《履园丛话》一书记载："周制之法，惟扬州有之。明末有周姓始者创此法，故名周制。"可见大器制品已经被手工匠人打上名号。明末清初的扬州漆艺大师江千里（字秋水），以制作点螺漆器而被世人所知，大家以能拥有江千里的漆器而自豪。清代《嘉庆扬州府志》记载："康熙初，维扬有士人查二瞻，工平远山水画及米家画，人得寸纸尺缣为重。又有江秋水者以螺钿器皿最精工巧细，席间无不用之，时有一联云：'杯盘处处江秋水，卷轴家家查二瞻。'"一位漆艺高手和同时代的名画家并为世人所重，可见其非同凡响。

《平山堂诗集》中还记载了一段有关江千里的典故：清朝初年，名士刘应宾寓居扬州，他慕名求江千里的点螺制器，可惜未得，他朝思暮想，竟然于一次梦中梦到江千里制作的漆杯，其杯色彩丰富、斑斓夺目。刘应宾作诗赞曰："螺钿妆成翡翠光，紫霞映澈婺州香。形神俱美真通泰，假寐仍期到梦乡。"把梦中见到点螺杯比作令人心醉的金华美酒，而期待梦中再见，可见其对江千里漆器的向往到了日有所思夜有所梦的地步。江千里毕生辛劳传世作品很多，留下平磨螺钿和点螺等数千件漆器作品，现北京故宫博物院、上海博物馆以及南京、扬州、苏州等地博物馆均有他的作品珍藏。

宋代程大昌在其著作《演繁露》中提及剔犀："按今世用朱、黄、黑三色漆，沓冒而雕刻，令其文层见叠出，名为犀皮。"在漆器上嵌螺钿古已有之，稷山螺钿漆器制作技艺源于何时，尚无记载。据稷山县当地人口述，清末时，稷山就有祖辈人世世代代在北面的山上常年以割漆为生，并在县城开设有漆器作坊。

《稷山县志》记载："稷山博物馆藏历代工艺品30余件，大部分为明清制品，其中清代螺钿瓶等均为代表作。"稷山县文物中心存有一件清代螺钿镶嵌人物花卉纹饰木方壶。

漆器在中国传统工艺美术中具有独特的艺术特点和审美价值。漆器的制作过程需要经历多道工序，涂漆、雕刻、镶嵌等步骤都需要高超的技艺和精湛的工艺。漆器呈现出来的纹路和图案元素都高度精致，可以表现出丰富的装饰效果。漆器在颜色上以红、黑、金为主，这些颜色搭配起来非常鲜明并具有强烈的视觉冲击力。漆器也是一种高度实用的装饰品，不仅可以日常使用，而且可以成为珍藏品，展现出它的收藏价值。

漆器作为中国传统工艺美术中的重要品类，不仅具有艺术特点和审美价值，也蕴含着深刻的文化内涵和精神价值。首先，漆器是对中国传统文化的传承和发展，它继承了传统工艺美术的精髓和创造力，并为今后的发展提供了源源不断的动力。其次，漆器是对中华民族文化多元性的体现，它采用了不同地区、不同民族的艺术风格和图案元素，在保持传统特色的同时，也表现了文化的融合与交流。

漆器以其神秘高贵和瑞祥美满的属性，成为人们追求幸福和美好生活的象征和寄托。漆器常常被赋予"吉祥如意""长命百岁"的象征意义，成为中国传统文化中不可或缺的喜庆、祭祀成分。

第五节　瓷器

中国瓷器是指我国最早制作的一种高温陶瓷器，以白色或者青花为主要特征（图7-5-1）。它的出口创汇给中国经济和文化繁荣带来积极影响，我国的英文国名China就是从此而来的。

图 7-5-1 瓷器

张兆祥《中国瓷器三千年》记载，所收瓷品起之于夏禹，止之于李唐。其溯源循流，极目纵览，珍奇荟萃，蔚为大观。书去伪存真，考证翔实；研精覃思，知深识远。可谓弘博之作。由此可见，中国瓷器的发展历史可以追溯到新石器时期，但真正的瓷器出现是在汉代之后。随着技艺的提高，唐宋时期成为瓷器发展的黄金时期，而明清时期则更是瓷器文化的全盛时期。在这一时期，中国瓷器衍生出各种不同的类型和风格，如青花瓷、汝窑、哥窑等。其中，青花瓷是最具代表性的瓷器之一。

从项元汴的《历代名瓷图谱》来看，即使在明朝末期以前，宣德时期和成化时期等盛世制造的珍贵古瓷器在中国也非常少见了。而到清朝乾隆时期，这些珍贵古瓷器就更加罕见。《墨子》有"陶铸于昆吾"之记。可知，夏代前若干年，已有专司制陶之首领、匠人、工具、设施等。其规模可谓盛，分工可谓细，技艺可谓专也。瓷之为器，其形、其质、其釉、其色、其彩、其绘、其制、其灼，悉源之于陶，坚之于陶，精之于陶。古籍《集韵》谓之："瓷，陶器之致坚者。"从文献中看出，瓷器是指以瓷土（主要成分为高岭土、长石和石英等）为原料，经过制泥、成型、干燥、烧制等工艺制作而成的陶瓷器物。瓷器的制作历史悠久，技艺复杂，需要多道工序和严格的温度控制。不同地区的瓷器在色彩、造型、纹饰等方面都有所不同。源于中国新石器时代晚期的瓷器，距今已有近 8000 年的历史。

最早的瓷器以灰陶和黑陶为主，采用简单的手工制作工艺。到了唐代，瓷器逐渐成为贵族生活中必不可少的物品，并被制作出了各种精美的形态和装饰。宋代是中国瓷器的黄金时期，继承和创新了唐代的制作工艺，形成了北、南两个不同风格的瓷器制作中心。明清时期，瓷器逐渐流传到欧洲和日本等地，成为世界上最重要的陶瓷品种之一。

中国瓷器可以分为很多种类型，以下是其中一些典型的瓷器：

青花瓷是以白色为底，用蓝色颜料在瓷器上绘制图案，再经过高温烧制，形成了极具艺术感染力和观赏价值的钧窑作品。青花瓷主要流行于宋、元、明、清等历史时期，具有很高的艺术价值和历史价值。汝窑是中国南方传统的瓷器名窑之一，产地在河南省南阳市的汝州市。汝窑瓷器以精致质美、釉色淡雅、文化内涵丰富而闻名于世。汝窑瓷器的制作工艺包括选择优质的原料、施以独特的釉料、运用先进的技法等诸多步骤。哥窑是在中国江西省景德镇市境内的一处历史遗址中发现的，出土的瓷器被称为"哥窑青瓷"。哥窑青瓷以其胎体精细、釉面莹润、色彩柔和等特点，被誉为"古代中国陶瓷艺术中的珍品"。官窑是中国历史上五大名窑之一，产地在河南省开封市以北的龙亭山一带。定窑瓷器制作工艺复杂，胎质坚致，胎色白中泛黄，其中最具代表性的是白色瓷器，兼以青、紫、黑三色釉闻名于世。《宣德鼎彝谱》始记载宋汝、官、哥、钧、定五大名窑之说。

以上瓷器仅是众多中国瓷器中的几种，它们均有不同的制作工艺、装饰特点、历史背景和文化内涵，但共同点在于美观、精细、高档，以及呈现出中国文化的独特魅力与深厚底蕴。同时，这些瓷器还反映了中国传统手工工艺的精湛技术和艺术水平，对于推广中国文化，在世界上展示中国形象具有重要的意义和价值。

在中国的礼俗中，瓷器作为一种高档、美观、有内涵的物品，经常被当作重要的社交礼品送给亲朋好友，用来表达对亲友的尊重之意。瓷器在中国传统礼仪中充当了非常重要的角色，其品质和数量也代表着送礼者的身份和地位。瓷器的釉料、胎体材料、装饰技法等方面都有着非常高的水平，对其他国家的陶瓷制作技术产生了很大的影响。它在中国的礼俗、文化交流和技术创新等方面都扮演着重要角色，并在推广中国文化、增强中外文化交流和对外文化输出等方面作出了巨大的贡献。

中国瓷器是非常受欢迎的收藏品之一，由于其历史悠久、工艺精湛和价值高昂，因此对于想要了解中国瓷器收藏与鉴赏知识的人来说，以下是一些需要注意的事项：

（1）收藏价值。中国瓷器作为传统手工技艺的重要代表之一，具有很高的收藏价值。尤其是那些保存完好、年代久远、装饰精美的瓷器，都有很高的艺术价值、文化价值和历史价值等。

（2）鉴别真伪的方法。鉴别中国瓷器的真伪需要考虑多种因素，如器型、釉色、纹样、胎体和手工工艺等方面。同时，还需要了解相应时期的制作工艺和文化背景等，全面分析瓷器的特点和历史背景，并结合专业的技术和设备进行判断。因此，对于初学者来说，最好是找到有经验的专业人士帮助鉴别。

（3）市场行情。市场行情是影响收藏价值的因素之一，因此不同类型的瓷器在市场上的价值也有所不同。市场行情是受多种因素影响，如瓷器的古老历史、珍稀性、保存状态、艺术价值和文化背景等。

（4）著名博物馆。中国有很多著名的瓷器博物馆，如上海博物馆、北京故宫博物院、南京博物院、广东省博物馆等。这些博物馆收藏了大量珍贵的瓷器作品，展示了中国瓷器的发展历程、制作工艺和装饰特点等方面的丰富内容，对于学习瓷器收藏与鉴赏知识有所帮助。

（5）拍卖市场。拍卖是中国瓷器收藏家获取珍贵瓷器的途径之一，拍卖会上的瓷器多数有着非常高的收藏价值和历史价值。在拍卖市场上，需要注意估价、鉴定和交易等方面的问题，最好能够找到专业人士或者经验丰富的收藏家提供帮助。

中国瓷器在传统工艺美术中具有独特的艺术特点和审美价值。首先，瓷器具有高度的实用性和装饰性，既可以作为生活用品使用，又可以作为艺术品收藏。其次，瓷器在造型上以优雅、精致为主，可以表现出各种形态和风格。最后，瓷器在色彩和纹饰上更是具有极高的艺术价值，可以采用不同色调和图案元素，呈现出浓郁的文化气息。

瓷器体现了中国的审美、智慧和匠心。无论是青花瓷、汝窑、哥窑还是景德镇瓷器，都有着非常高的制作水平。中国瓷器精密细致、花纹流畅、色泽鲜艳、图案多样，通过不同的线条、阴影和色彩，把山水花草、动物人物图案以及飞鸟虫鱼图案、古人物故事等展现出来，表现出中国文化多元而丰富的工匠技艺、审美风格与文化内涵，精湛的工艺赋予了瓷器更高的艺术性和收藏价值。每一件珍贵的瓷器都有着不可替代的历史积淀和文化价值。中国瓷器以其精湛的工艺、绚丽多彩的图案、寓意深刻的文化符号和历史积淀的文化价值，带给了人们视觉上的享受和思想上的启迪，展现了中国文化的优美和多元，具有较高审美价值和收藏价值。

第六节　青铜器

青铜器是中国古代文明的重要组成部分，其历史可以追溯到新石器时代晚期，在公元前2000年左右开始进入盛行期。《礼记·乐记》中就有"金玉其外，败絮其中"的说法，反映出当时青铜器已经是上等贵族的奢侈品了。青铜器是指以铜锡合金（主要成分为铜和锡）为原料，经过浇铸、打磨、雕刻等工艺制作而成的器物。青铜器的制作历史悠久，技艺复杂，需要经过多道工序和严格的温度控制。在古代社会，青铜器被广泛应用于礼仪、祭祀、战争等方面，成为了决定阶层地位和权力的象征（图7-6-1）。

图7-6-1　青铜器

青铜器起源于新石器时代晚期，距今已有6000多年的历史。最早的青铜器是由原始社会人们采集铜矿石，并通过精细的冶炼技术制成的。到了商周时期，青铜器逐渐成为贵族生活中必不可少的物品，并被制作出了各种精美的形态和装饰。秦汉时期，青铜器的造型趋于简约、大气，在工艺上也进一步发展成熟。唐宋时期，青铜器逐渐走向衰落，但仍有一些创新性的尝试。

第七章 民族符号的工艺之美

在古代，青铜器是一种重要的社会、文化和艺术象征。鼎是古代最为广泛使用的青铜器之一，它通常被用来煮食、储存食物或作为祭祀礼器。在商代，鼎也被视为权力和地位的象征，因此只有王族和贵族才能拥有大型的鼎。壶是另一种广泛使用的青铜器，它通常被用来装酒和水。在古代社会中，酒是一种重要的文化和社交象征，因此壶就成了一种表示人们社交地位和文化修养的物品。簋是一种小型的青铜器，通常被用来盛放食物或者作为个人礼器。在古代中国，人们认为簋代表着家庭的团结和美好，因此经常用簋来作为结婚和生子等重要场合的礼物。觚是一种喝酒的杯子，它的形状类似于普通杯子或酒盏，但是它的底部比较大，可以放在桌子上。在古代中国，觚被视为一种文化、社交和礼仪象征，因此只有贵族和高级文化人才能拥有它。爵是一种大型的青铜器，通常被用来作为祭祀礼器或者婚礼的道具。在古代中国，爵被认为是一种文化、政治和社会象征，因此只有皇帝和王族才能拥有最大型号的爵。《后汉书》记载："汉末贵人家多令铸铜为鼎，非别有所用，纯粹以显贵胄之家。"

根据《汉书·郊祀志》等记载，反映了古代先民认识与使用铜器的年代确实是相当早的。尽管考古工作中至今仍未见到商代以前的铜鼎一类宝物，但仰韶文化时期发现的黄铜制品和马家窑文化中出土的青铜刀等实物说明，我国古代先民认识铜与使用铜器的时间可以上溯到五六千年前。按文献记载，夏代已经有了青铜器。如《左传·宣公三年》记有"昔夏之方有德也，远方图物，贡金九牧，铸鼎象物"，《墨子·耕柱篇》记有"昔者夏后开使蜚廉折金于山川，而陶铸之于昆吾"等。

在商朝时期，青铜器达到了巅峰，并与周、秦、汉时期的青铜器合称"中国青铜器四大名器"。《史记》中记载商朝时期商纣王制作了300多件大型青铜鼎，其规模之大和雕刻技艺之精湛令人惊叹。同时，商朝时期还出现了许多其他类型的青铜器，如簋、觚、爵等，这些器物既具备实用功能，也具有象征意义，体现出当时社会阶层的差异和权力的象征。

在西周时期，青铜器的制作工艺和雕刻技术不断提高，形成了一种独特的造型风格。周王室制作了大量的青铜器，包括鼎、壶、盘、簋、觚、爵等，这些器物不仅具有实用价值，也是周王室展示权力和地位的象征。在秦汉时期，青铜器的制作工艺进一步发展，出现了许多新的类型和风格，如铜镜、铜钱、铜马车等。

同时，青铜器在社会生活中的作用也日益减少，逐渐被陶瓷、玻璃等材料取代。

青铜器由铜、锡等金属经过多道工序制作而成，具体制作工艺如下：

（1）材料选择。青铜器的制作材料主要是铜和锡，其中铜是主要原料，锡则是用来提高铜的韧性和强度。一般情况下，铜和锡的比例为9:1至11:1。

（2）铸造。铸造是制作青铜器的第一道工序。首先，需要将铜和锡按照一定比例熔化，然后用铸模或泥模倒入熔液，待熔液冷却凝固后就形成了青铜器的雏形。铸造时需要注意温度、比例、铸模、清理气泡等多个因素。

（3）折叠。铸好的青铜器需要进行折叠，即将不同方向的铸缝打开并平整，达到无缝衔接的效果。这一工序非常关键，对于青铜器的品质和美观程度有着很大的影响。

（4）收光。收光是指用砂石或其他磨料对青铜器进行打磨和抛光，使其表面光滑。这一工序可以增加青铜器的美观程度和光泽度。

（5）雕刻。雕刻是制作青铜器的重要环节之一。在完成基本的铸造和折叠之后，需要对青铜器进行雕刻，以增加装饰效果和艺术价值。常用的雕刻技法包括浮雕、阴刻、镂空等。

（6）焊接。青铜器的零部件需要通过焊接进行组装，以形成完整的器物。焊接时需要注意温度、角度、点焊等多个因素。

（7）涂漆。涂漆是最后一道工序，用来保护青铜器的表面，并且让其更具艺术价值。常用的颜料有红色、黑色、黄色等，根据不同的需求选择合适的颜料进行喷涂或刷涂。

在中国古代，祭祀活动是非常重要的。青铜器在祭祀活动中扮演着重要角色，很多青铜器都是为祭祀而制作的。例如，商代的四羊方尊和后母戊鼎等都是用来祭祀祖先或天神地祇的。

礼制在中国古代社会中占有重要地位。青铜器也承载了礼制的文化内涵。例如，西周时期有一种青铜器叫作"觚"，它是一种用于盛酒的器皿，在宴会上用来表示身份和地位。等级越高的人使用的觚越大，等级越低的人使用的觚越小。

青铜器也反映了古代中国政治权力的分配。例如，秦代的"钟鼎文化"就是一种通过制作青铜器来展示政治权力的文化。青铜器的规格和数量都反映了政治权力的大小和地位。

青铜器在中国古代文化中扮演着非常重要的角色。它们不仅具有实用价值，更体现了祭祀、礼制、政治权力等方面的文化内涵，成为中国古代文化的珍贵遗产。

青铜器的制作工艺非常复杂，从铸造、浇铸到打磨、雕刻，每个环节都需要高度技艺和耐心。青铜器上的花纹图案往往是由经验丰富的工匠雕刻而成，无论是线条还是颜色都非常细腻，充满了工艺美。许多青铜器以它们的形式、纹饰和主题为基础，塑造出了独特的艺术风格。商代的四羊方尊和后母戊鼎等，都被誉为精美的青铜艺术品，成为中国古代艺术的珍贵遗产。

青铜器承载了祭祀、礼制、政治权力等方面的文化内涵，是中国传统文化的重要组成部分。它也是古代社会各种文化信息的载体，可以反映出当时政治、经济、宗教、技术和艺术等多个方面的情况。青铜器具有工艺美、艺术美和文化美等多重价值，代表了中国古代文化的精髓和独特之美。通过欣赏和研究青铜器，人们可以更深入地了解古代文化的技艺传承和文献思想，感受国风之美。

由于岁月的侵蚀和人类活动的破坏，许多青铜器急需检查维护，以确保青铜器的完好。青铜器被认为是不可再生的文物，需要使用专门的仪器设备对青铜器进行防锈、除污和修复等工作，也可以通过数字化技术对青铜器进行3D扫描和仿真等操作。为了更好地保护青铜器，不仅要普及青铜器的历史和文化内涵，提高公众对青铜器保护的意识，提高青铜器文化的影响力，还要招募和培养年轻的手工艺人，向他们传授青铜器制作的传统技艺，以确保这门技术得以延续。

第七节　风筝

风筝起源于中国，据史书记载，早在2000多年前的战国时期，中国人已经开始制作风筝和放风筝了。最初的风筝形状类似鸟或昆虫，后来则发展成为各种造型、不同材质的风筝。随着时间的推移，风筝逐渐传到了世界各地，并融入当地文化中（图7-7-1）。

图 7-7-1　风筝

　　有关中国风筝最早的记载见于《南史》,南朝时期梁太清三年（公元 549 年）,侯景叛乱,围困梁简武帝及其官员于台城之内,太子简文曾以风筝载诏飞放城外,号召援军解救:"贼之始至,城中才得固守,平荡之事,期望援军。既而中外断绝,有羊车儿献计,作纸鸦,系以长绳,藏敕于中。简文出太极殿前,因西北风而放,冀得书达。群贼骇之,谓是厌胜之术,又射下之。其危急如此。"这是风筝第一次以其实用性出现在史料记载中。其后唐宋文献也见有关此事记载,唐人丁用晦的《芝田录》中记载:"侯景逼台城,梁武帝计无所出,有小儿献策,以纸鸢系诏书,因风纵之,冀有外援。鸢飞数十,援卒不至,台城遂陷。"此外,《资治通鉴》中对此事也有所记载:"高州刺史李迁仕、天门太守樊文皎,将援兵万余人至城下。台城与援军信息已绝,有羊车儿献策,作纸鸥系以长绳,写敕于内,放以从风,冀达众军,题云:'得鸥送援军,赏银百两。'太子自出太极殿前乘西北风纵之。贼怪之,以为厌胜,射而下之。"由此可见,人们开始使用风筝进行信号传递和监视敌情。到了唐宋时期,风筝逐渐成为民间娱乐活动中的重要角色,并衍生出了各种形式和品种。明清时期,风筝制作达到了巅峰,成为一种具有极高技艺水平和审美价值的文化艺术品。

　　以上记载在文字上虽然小有出入,但所描述的事实却十分清楚,由此推断风筝在当时的民间早已得见。

　　关于风筝起源,还有几种观点:一是春秋说,认为墨子、公输班制作的木鸢就是最早的风筝。《韩非子》一书中有关于木鸢的记载:"故墨子为木鸢,讴癸筑武宫。弟子曰:'先生之巧,至能使木鸢飞。'"另外,在《墨子》中还有鲁班造鹊的记录:"公输子削竹木以为鹊,成而飞之,三日不下,公输子自以为至巧。"可见墨子与公输班都制造过风筝的雏形。二是秦汉说,以为风筝是韩信所制作的,已有2100余年历史。高承所撰的《事物纪原》中记载:"俗谓之风筝。古今相传云是韩信所作。高祖之征陈豨也,信谋从中起,故作纸鸢放之,以量未央宫远近,欲以穿地隧入宫中也。盖昔传如此,理或然矣。"该文献也著述了风筝雏形的制造者。到了宋代,风筝的流传更为广泛。从宋时文献中可知,这一时期风筝的主要功能是娱乐。相传,北宋皇帝徽宗赵佶曾主持编撰《宣和风筝谱》,其中多处记载了帝王、贵族赏玩风筝的盛况。周密在《武林旧事》卷三中记载,淳熙(1174—1189)年间,春日的京都杭州,"既而小泊断桥,千舫骈聚,歌管喧奏,粉黛罗列,最为繁盛。桥上少年郎,竞纵纸鸢,以相勾引,相牵剪截,以线绝者为负,此虽小技,亦有专门"。可见在南宋时,风筝已成为普通的儿童玩具。

  风筝起源于中国,最早可追溯到公元前5世纪。随后,风筝传播到了其他亚洲和欧洲国家,遍布全球。在日本,风筝被画上浮世绘、武士图案等传统图案,更有专门的风筝博物馆进行收藏和展示;而在印度,放风筝则是一种普遍的游戏娱乐活动,每年1月14日的翱翔日更是吸引了数以百万计的民众参与;韩国和泰国也各自有其特色的风筝文化。韩国的传统风筝制作采用纸张和竹子,并注重风筝的性能表现;而泰国的风筝则主要由布料和竹棒构成,通常是以动物形象为基础制成;在中东地区,风筝也有着独特绘制和文化背景。伊朗和阿富汗等国家的传统风筝材料是细竹子和纸张,并用强力线材与风筝相连;在欧洲和美洲,风筝也有着户外活动和健身历史;英国人喜欢放飞行器般的巨型风筝,用于庆祝节日或者展现实验技术;美国和加拿大则把风筝用来进行人类和自然环境之间的交流,如研究气象、环境保护等领域。总的来说,风筝是一种受全世界欢迎的玩具,不同文化和地区在风筝制作材料、形状、设计和应用上都有各自的特点。无论身在哪个角落,风筝都能带给人们快乐和美好的回忆。

  (1)风筝的制作材料。常见的风筝制作材料包括以下几种:

①纸张:一般使用轻薄、柔韧、抗撕裂性好的纸张,如纸巾、白纸或复合纸等。

②竹子:用于制作风筝的骨架。选择直径适中、弯曲度小、质地坚硬的竹子。

③线材:用于连接风筝和拉伸框架,选择强度高、耐磨耐拉的丝线或尼龙线。

④胶水：用于黏合各个部分的胶水要选择不易干、黏性强的胶水。

（2）风筝的制作工具。常见的风筝制作工具包括以下几种：

①剪刀：用于剪纸张和竹子，保持锋利。

②刀具：用于在竹子上刻画出需要的形状。

③尺子：用于测量和标记位置。

④钳子：用于固定线材和每个零件。

（3）风筝的制作步骤：

①制作骨架：用竹子按照所需形状制作骨架，再用线材将各个部分连接起来。

②搭建框架：将骨架搭建成一个三维的框架。

③布置纸张：用剪刀将纸张剪出所需形状，再将其铺在框架上，用胶水粘贴。可以在纸张上绘制图案来增加风筝的美观度。

④安装尾翼：尾翼是控制风筝飞行方向和平稳性的关键部分，需要根据设计安装在合适位置。

⑤系上线材：用线材连接风筝和拉伸框架，保持风筝的稳定性。

注意事项和技巧：选择材料时应该考虑到它们的重量、强度和耐久性等因素，以确保风筝的质量和使用寿命。风筝的重心应该在前端，这样才能保证风筝的平衡性。在制作风筝时要注意比例和对称性，这样才能确保风筝的外观美观。标记好每个部分的位置和角度，这样才能在黏合和组装时更加准确和方便。切记不要在强风或雷雨天气中放风筝，以免发生危险。

风筝是一种古老的文化符号，代表着不同的象征和寓意。在不同的文化中，风筝被用来代表自由、希望、勇气、幸福、成长等多种含义。风筝作为一个传统文化符号，在当代社会的意义和功能已经逐渐发生了变化。风筝制作和放风筝不仅能够提供娱乐和放松，还有助于缓解压力和焦虑。《健康杂志》推荐放风筝可以帮助参与者降低心率和血压，促进身体和心理健康。风筝运动和竞技越来越受到关注。国际风联在许多国家都设有分部门，举办各种比赛和活动。风筝滑翔、跳跃和冲浪等运动也得到了很大的发展。风筝制作和放飞是一种创造性和有趣的教育方式，可以培养孩子们的团队精神、创造力和手工技巧。风筝可以作为环保和可持续发展的符号，可以鼓励人们关注环境和气候变化。一些组织和社区利用风筝来推广可再生能源和减少碳足迹。

风筝在当代社会中有着广泛的意义和功能。它不仅是一种娱乐方式和竞技运动，还可以作为一种教育和启迪工具，以及环保和可持续发展的象征。

风筝是一个源远流长的文化符号，它有着丰富的历史、制作、种类、文化意义和现代价值。风筝的制作通常包括框架、覆盖材料、飞行线以及装饰等部分。不同种类的风筝可能需要使用不同的材料和工具，如纸张、木头、竹子、布料和塑料等。风筝有很多种类，如单线风筝、双线风筝、四线风筝、滑翔风筝、冲浪风筝等。每种风筝都有自己的独特设计和特点。在许多文化中，风筝被视为自由、希望、勇气、平衡和和谐的象征。风筝还经常出现在文学、艺术和节日庆典等领域。风筝在现代社会中有着广泛的应用和意义。它不仅可以作为一种娱乐和运动方式，还可以被用于教育和启迪、环保和可持续发展等领域。总之，风筝是一项非常有益的活动，能够培养人们的创造力、耐心和团队合作精神。在未来的发展中，风筝也将继续扮演着重要的角色，促进人类文化交流和社会和谐。

风筝是一种古老的文化艺术品，它不仅具有娱乐性质，还是一种传统的手工艺品，以其美丽、轻盈的外观和独特的文化内涵而闻名于世。它是一种由绸、纸或塑料等材料制成的骨架和表面组成的空气动力学装置，被用于飞行和娱乐。风筝主要分为单线风筝和多线风筝两种类型。单线风筝由一个线圈控制飞行高度和方向，多线风筝则通过多条线控制，可以达到更复杂的动态效果。

中国风筝在传统工艺美术中具有独特的艺术特点和审美价值。风筝具有高度的实用性和装饰性，不仅可以在空中飞行，还可以通过各种图案和造型呈现出各种形态和风格。风筝在材质和工艺上更是具有极高的艺术价值，可以采用不同的材料和技法，呈现出丰富的纹理和色彩。风筝还体现了中国古代文化的精神内涵和民间传说，如空谷幽兰、放飞梦想等都是常见的主题。随着时代的变迁和科技的进步，风筝的制作和应用也在不断创新和发展。例如，现代设计师将风筝元素与LED灯等科技相结合，推出了一系列具有现代感的风筝艺术品，如互动式风筝、夜间飞行风筝等，使风筝文化得到了更广泛的传播和发展。

第八节 刺绣

刺绣是一种古老的艺术形式,它的起源可以追溯到人类文明的初期。从古至今,刺绣一直是各种文化中的重要元素,其精巧的技艺和丰富的象征意义为我们的生活增添了无尽的色彩(图7-8-1)。

图7-8-1 刺绣

刺绣的起源尚无定论,但许多历史学家认为,它可能始于人类开始使用动物的皮毛和骨头制作衣物的时候。人们为了修补或装饰这些衣物,开始用骨针和动物肌腱线进行简单的刺绣。随着时间的推移,这种技术逐渐发展,形成了我们现在看到的多种刺绣形式。

在中国,刺绣的历史可以追溯到新石器时代。最早的刺绣作品可能是在丝绸上刺绣的图案。中国的刺绣非常精细,色彩丰富,图案独特,以其高超的技艺和艺术性而闻名于世。中国的四大名绣——苏绣、湘绣、蜀绣和粤绣,各具特色,反映了各自地区的文化特点和审美观念。随着工业革命的到来,刺绣开始从手工艺品转变为大规模生产的商品。这一新变革让人们追逐机器产品从而冷落了手工制品,使得刺绣不再是只有贵族和富人才能享受的奢侈品,而变得越来越普及,现今手工高定重新回到大众视野,刺绣历经沉浮越发焕发出迷人的光彩。

虽然刺绣的起源和发展受到了各种文化和历史的影响,但其核心——用针和线在布料上创造出美丽的图案——始终没有改变。无论是古代的手工艺人,还是现代的机器,刺绣都是一种将美和技艺融为一体的艺术形式。它体现了人类对美的追求和创造力的展示。这种艺术形式在全球各地都有其独特的表现形式和风格。

第七章　民族符号的工艺之美

它集艺术性、实用性和装饰性于一身，以其独特的魅力赢得了人们的喜爱。刺绣的发展与传承，不仅是艺术创新的过程，更是一种文化传承的实践，体现了人们对美的追求和对传统文化的尊重。

刺绣可以追溯到远古时期人们用骨针和动物的肠线在皮革上刺绣图案，自那时以来，虽然刺绣技术和设计已经发生了深刻的变化，但其基本精神——通过细致的工艺将美的理念传达给观者——始终保持不变。中国的刺绣技艺以其精细的工艺和丰富的象征意义，在全球范围内享有盛誉，尤其是中国四大名绣——苏绣、湘绣、蜀绣和粤绣，各具特色的刺绣技法和风格特点赋予刺绣以别样的生命和灵魂。

苏绣，又称江苏刺绣，以江苏苏州为中心。其特点是色彩丰富，线条细腻，刺绣平整，图案优美。苏绣的绣法主要有"随针走线"和"平针"两种，能够通过各种细致的针法和线条处理，展现出细腻的质感和层次感。

湘绣，又称湖南刺绣，以湖南长沙为中心。湘绣的特点是线条粗犷，色彩浓烈，富有浓郁的乡土气息。湘绣的绣法主要有"打底绣"和"双面绣"，通过不同的针法和线条处理，能够展现出强烈的立体感和浓郁的艺术效果。

蜀绣，又称四川刺绣，以四川成都为中心。蜀绣的特点是线条流畅，色彩雅致，图案秀美。蜀绣的绣法主要有"随针走线"和"打底绣"，通过不同的针法和线条处理，能够展现出精细的质感和浓郁的艺术效果。

粤绣，又称广东刺绣，以广东广州为中心。粤绣的特点是线条细腻，色彩明亮，图案多样。粤绣的绣法主要有"打底绣"和"平针"，通过不同的针法和线条处理，能够展现出精致的质感和鲜明的艺术效果。

刺绣文化是中华民族瑰宝，我们有责任将其传承下去，保护和发扬中国的艺术遗产。只有通过创新和尊重传统的方式，我们才能让刺绣艺术在现代社会中焕发新的生命力，成为连接过去与未来的文化桥梁。然而，面对现代化的冲击，传统的刺绣艺术正在遭受挑战。一方面，现代生活节奏加快，人们对手工艺品的需求减少，这使得刺绣艺人难以维持生计。另一方面，随着科技的发展，机器刺绣的普及使得传统手工刺绣面临被取代的危险。因此，我们要采取有效的措施来保护和传承刺绣文化。我们需要在教育中注重非物质文化遗产的传播，让更多的人了解和欣赏刺绣艺术。我们可以通过政府的支持和资助，提高刺绣艺人的社会地位，鼓励他们继续创作。通过科技的力量，将传统刺绣与现代设计相结合，创造出既具有传统韵味又符合现代审美的刺绣作品。

第九节 玉雕

玉雕是中国传统手工艺品，自古以来，玉就在中国文化中占据着重要的地位，所谓"美玉无瑕，瑶石琳琅"可见一斑（图7-9-1）。

图 7-9-1 玉雕

古人把美丽的石头称作玉，《说文解字》中有："玉，石之美者，有五德者。"《礼记》载："君子无故，玉不去身。"意指君子借鸣玉之声约束自身的行为举止，规范和修炼德行。于是，文人士大夫都争相借佩玉来磨砺自身的人格品行，标示个人操守及风格。

明末宋应星所著《天工开物》记载："良玉虽集京师，工巧则推苏郡。"有好玉器虽集京城，工巧则推苏州，从古至今，手工艺以南方工匠为首。明代苏州玉雕艺人陆子冈最有名，发展了刀刻法以及连环绘制作工艺，创造了各种阴阳浮雕于一体的玉雕工艺制品，得到朝廷的赏识，仿者不断，是收藏家梦寐以求的珍品。清代玉雕工艺已达到高峰，宫廷设有玉器造办处，督办玉料，宫廷中御用玉器极多。最有代表性《大禹治水图》玉山子巨作，是世界上最大的玉件之一，是我国古代玉雕之王，高2.24米，宽0.96米，重5.3吨。小型玉件不胜枚举，如明代的青玉蓬生贵子佩、清代的嵌宝石点翠管，民间广为流传。苏州玉雕，当时已誉满全国，琢玉大师陆子冈，名闻朝野，可与士大夫匹敌，特别是他擅长雕作阴地阳文，更善镂雕、净雕，被称为"吴中绝技"。

玉雕的制作需要有精湛的技艺和高超的艺术水平。玉石是天然的宝石材料，硬度极高，在手工加工方面有着独特的优势。玉雕主要分为器物、人物、动物、花鸟、山水等多个品种。首先要选取优质的玉石原料，包括和田玉、青海玉、翡翠等，然后按照设计要求进行切割和雕刻。在玉雕的制作过程中，需要根据玉石的质地和特点选择不同的工具和技巧，如用钻子进行粗加工，用锉刀进行修整，用磨料进行打磨和抛光。最后，还需要对玉雕进行润色、上蜡和打磨等工艺，使其表面变得光滑平整。

玉雕不仅是一种装饰品、工艺品和实用工具，也代表了中国古代文化中的审美观念和生活方式。玉以其神秘、高贵和珍贵的属性，成为人们追求幸福和美好生活的象征和寄托。同时，玉雕也常被赋予象征意义，如吉祥如意、长命百岁等，成为中国传统文化中不可或缺的重要组成部分。

虽然玉雕曾经是皇室贵族专属的奢侈品，但随着时代的变迁和社会的进步，玉雕的制作和应用范围也得到了扩大。现在，在文化艺术、家居装饰和珠宝首饰等方面，玉雕经常被用来进行装饰和展示。在多个国际会议和峰会上，中国政府往往会赠送玉雕作为礼品，以展示中华文化的博大精深和艺术价值。同时，玉雕的制作和销售也成为一项重要的产业，吸引了越来越多的企业和投资者的关注。

玉雕的历史可以追溯到中国古代新石器时代，大约在公元前5000年，人们开始使用玉石制作工具和装饰品。到了商周时期，玉石的使用逐渐演变成为一种奢侈品，成为王权和社会地位的象征。到了汉唐时期，玉雕在贵族、文人士大夫和民间百姓中广泛流传，并达到了巅峰。明清时期，玉雕制作更是达到了高峰，成为一种具有极高技艺水平和审美价值的文化艺术品。

中国玉雕在传统工艺美术中具有独特的艺术特点和审美价值。在材料上，玉石质地坚硬、通透，拥有各种颜色和斑纹，能够折射出光线，呈现出璀璨的视觉效果。在雕刻上，玉雕采用了多种刀法和技巧，使得雕刻出来的作品具有精细的纹理、细腻的质感和灵动的形态。在造型上，玉雕以玉石独特的质感和纹理为基础，加之雕刻师的艺术创造力，呈现出多样化、丰富而又优美的造型。

📖 文献中的国粹鉴赏

玉雕作为中国传统工艺美术中的重要品类，不仅具有艺术特点和审美价值，也蕴含着深厚的文化内涵和精神价值。首先，玉雕是对中国传统文化的传承和发展，它继承了传统工艺美术的精髓和创造力，并为今后的发展提供了源源不断的动力。其次，玉雕是对中华民族文化多元性的体现，它采用了不同地区、不同民族的艺术风格和图案元素，在保持传统特色的同时，也表现了文化的融合与交流。最后，随着时代的变迁和科技的进步，玉雕的制作和应用也在不断创新和发展。现代设计师将玉雕元素与机械设备、科学技术相结合，推出了一系列具有现代感的玉雕艺术品，使玉雕文化得到了更广泛的传播和发展。

第八章 非遗国风的时光之美

在《中华人民共和国非物质文化遗产法》中，确定了非遗包括传统口头文学以及作为其载体的语言；传统美术、书法、音乐、舞蹈、戏剧、曲艺和杂技；传统技艺、医药和历法；传统礼仪、节庆等民俗；传统体育和游艺；其他非物质文化遗产六大类，本书收录了流传较广、影响较大的京剧、舞狮、春节、中医药等，诉说着非遗国风的时光之美。

第一节 戏曲

一、京剧

京剧是中国戏曲中的一种，起源于北京，已有200余年的历史。作为戏曲文化的代表之一，京剧被联合国教科文组织列为世界非物质文化遗产（图8-1-1）。

图 8-1-1 京剧

京剧起源于明代中后期的皮黄戏、二黄戏和三黄戏等传统戏曲剧种，并在清代得到了发扬光大。到了民国时期，京剧逐渐成为中国戏曲的代表性剧种，并在全国范围内得到了广泛流传。中华人民共和国成立后，京剧经过多次改革和创新，走向了更加现代化、国际化的舞台。

据目前所知的资料证明，"京剧"最早出现在1876年的《申报》上。《申报》是当时上海一份知名度很高的报纸，可见京剧之所以叫"京剧"，是外地观众对于它出自北京的称谓，充分体现了其鲜明的地域特征。但京剧又是在徽、汉两个南方剧种的基础上发展起来的，无论唱腔还是语言，都依稀保留着徽、汉两剧的某些特征，所以京剧不但受到北方观众的欢迎，还受到南方观众的欢迎。京剧虽然诞生得很晚，但独特的唱腔是其最具特色的表演形式之一，其表演形式还包括二黄、三黄、大胡、口白和说白。京剧唱腔旋律多变，注重音调婉转和音韵协调，给人以肃穆庄重之感。京剧也凭借这种特点，荣登"国剧"的宝座，最早与国医（中医）、国画并列为中国的三大"国粹"，成为一个全国性的剧种，并受到国内外爱好戏曲朋友的喜爱，这是京剧的魅力，是中华民族的骄傲。

《新唐书·礼乐志》："玄宗既知音律，又酷爱法曲，选坐部伎子弟三百人，教于梨园。声有误者，帝必觉而正之，号'皇帝梨园弟子'。"唐代宫廷还设有专门训练艺人的组织，叫"梨园"。传说唐玄宗李隆基自幼喜爱歌舞，精通音律，当上皇帝以后，选定"梨园"作为培养、训练艺人的活动场所。梨园的位置在当时的京都长安光华门外的禁苑中，李隆基选拔了300名水平较高的乐工和数百名宫女，集中在梨园学习歌舞、戏曲，有时李隆基亲临现场进行指导。

清代李斗在《扬州画舫录》中就这样写道："安庆色艺最优，盖于本地乱弹，故本地乱弹间有聘之入班者。"[①] 随着徽商在商界进一步站稳了脚跟，他们和戏曲艺术的关系也越来越密切。涌现出大批戏曲家的徽班，也在新的历史条件下得到了进一步的发展。

《都剧赋》描述："徽班映丽，始自石牌。"[②] 表明安庆的徽班历史上曾经有过辉煌的阶段，很多京剧前辈名伶都是这一带的人，因而有"无石不成班"的说法。它的表演形式十分精细，包括唱腔、念白、吐字、做功、打击乐和服装化妆等几个方面。其中，唱腔是京剧的核心，通过声音和音调来表现人物的情感和气质。京剧表演技巧繁多，包括脸谱、身段、手势等方面。京剧十分注重身段的表现，

---

① 王芷章. 王芷章文集[M]. 北京：商务印书馆，2016.
② 严加丰. 简读中国戏曲[M]. 合肥：黄山书社，2009.

例如龙套、小生、老生等角色的身段都有明显的区别。京剧的舞台布景、音乐和服饰等也都有着严格的规范，做到了精益求精。京剧舞台的布景少而精致，不会过分繁复，用来突出人物形象和情节发展。同时，京剧服饰也有着严格的规定，各个角色的服饰、道具和装饰都有所不同。京剧中的戏装、脸谱、化妆等元素呈现的是中国传统文化审美观念和艺术理念。其中脸谱是京剧中最为引人注目的元素之一，能够直观地反映出人物性格和情感状态，并起到突出人物特点的作用，是京剧表演中的重要组成部分。

京剧是中国传统文化的瑰宝，其表演风格独特、技巧繁多、舞台规范，以及独特的脸谱和妆造，都是人们在欣赏京剧时流连忘返的原因。京剧通过唱腔、身段、手势等多种方式来展示人物性格和情感状态，给人以深刻的艺术印象和文化体验。京剧是中国传统戏曲中的重要剧种，以其独特的艺术风格和深厚的文化内涵而广受欢迎。从清朝开始，京剧就已经成为宫廷和民间戏曲演出的主要形式，在不同的历史时期和社会阶层中都具有很高的地位和影响力。

京剧是一种集歌舞、音乐、表演、美术等多种艺术形式于一身的戏曲剧种。京剧在传统戏曲中具有独特的艺术特点和审美价值。在唱腔上，京剧采用了扬琴伴奏和高亢而又柔弱的表演方法，呈现出悠长婉转、雄浑豪放的音乐风格。在表演上，京剧以唱念做打为主要手段，通过身段、面部表情、眼神等变化来表达人物的情感和内心世界。在服装和化妆上，京剧讲究颜色、形状、纹样等细节设计，使演员在舞台上呈现出独特的视觉效果。京剧融合了汉族、满族、回族等多种民族文化元素，充分体现了中国文化的多元性。京剧以普通百姓生活为主要题材，通过表演艺术来反映社会风貌和人情世态。京剧也在国际舞台上得到了越来越多的关注和认可，成为中国文化走向世界的重要载体和窗口。

二、黄梅戏

黄梅戏是中国传统的地方戏曲之一，发源于安徽省黄梅县一带。黄梅戏起源于明代中期，发展于20世纪50年代，安徽省黄梅戏剧团将黄梅戏的传统剧目《董永卖身》改编成《天仙配》搬上银幕后，黄梅戏更享誉海内外，成为全国五大剧种之一。随着时间的推移，黄梅戏逐渐成为安徽、湖北、江苏等地的主要地方剧种，流传至今已有数百年的历史（图 8-1-2）。

图 8-1-2 黄梅戏

《宿松县志》上记载有："邑境西南，与黄梅接壤，梅俗好演采茶小戏，亦称黄梅戏。"① 黄梅戏旧称黄梅调、水磨调，流行于安徽及江西、湖北部分地区，源于湖北黄梅一带的采茶歌。黄梅戏除注重唱腔、音乐外，还注重舞蹈、表演、化妆等方面。其表演风格细腻而温情，大多以女性为主要表演角色，演员们常常会使用扇子、手帕等道具来增强舞台效果和表达情感。黄梅戏的音乐以琵琶、阮、板胡、笛子等为主，旋律缓慢动人，节奏轻松柔和，多用掉调和平调的方式，表现出女性柔顺、委婉、细腻的性格特征。黄梅戏中的舞蹈主要用于表现人物的情感、性格和行为特点。舞蹈动作细致、优美，表现出女性柔美、婉约的姿态。黄梅戏的唱腔以女高音和女中音为主，旋律优美、婉转，表达女性内心的感情。同时，黄梅戏也有独特的说唱形式，常使用方言演唱，增强了剧中人物的地方特色。黄梅戏注重表现农村生活、家庭故事和当地民间风俗，以黄梅县一带为题材，反映当地人民的生活和情感状态。

《安徽戏曲选集》序中写道："黄梅戏源于湖北黄梅县的采茶歌，清道光以后流入安庆地区。"中国戏曲史家、戏曲理论家周贻白在《中国戏曲史发展纲要》中说："黄梅戏，源自湖北黄梅县采茶戏。"学者程演生系安徽省怀宁县人，他在《皖优谱》中写道："今皖上各地乡村中，以江南亦有之，有所谓草台小戏者所唱皆黄梅调。戏极淫靡，演来颇穷形尽相，乡民及游手子弟莫不观之。但不用以酬神，官中往往严禁搬演，他省无此戏也。"②

中华人民共和国成立后，黄梅戏经过多次改革和创新，走向了更加现代化、

---

① 胡竹峰. 惜字亭下 [M]. 长沙：湖南文艺出版社，2021.
② 蒋锡武. 艺坛第 3 卷 [M]. 上海：上海教育出版社，2004.

国际化的舞台。有吴福润撰文《"黄梅戏"起源于湖北黄梅纯属误传》，他认为绝大部分人认为黄梅戏起源于湖北黄梅县，可能由"黄梅"二字引来的误传。"黄梅戏"的确与"黄梅"二字息息相关，但"黄梅"不是人们所说的黄梅县，而是"黄梅山"。黄梅山坐落在怀宁县石镜乡横塘村之南，离安庆市仅20公里。[1]据此文献记载，黄梅戏源于安徽而非湖北。黄梅戏以黄梅地区为主要发源地，具有独特的艺术风格和深厚的文化底蕴。从清朝开始，黄梅戏就已经成为当地民间演艺活动的主要形式，在不同的历史时期和社会阶层中都具有很高的地位和影响力。

黄梅戏在传统戏曲中具有独特的艺术特点和审美价值。在唱腔上，黄梅戏采用了多种技巧和变化，如拖腔、颤腔、咬字等，呈现出悠长婉转、柔美婉约的音乐风格。在表演上，黄梅戏以形体表演和舞蹈技巧为主要手段，通过身段、面部表情、手势等方式来表达人物的情感和内心世界。在舞台布景和服装上，黄梅戏讲究细节和造型设计，使演员在舞台上呈现出独特的视觉效果。

三、变脸脸谱

变脸是川剧的独特形式，是一种用脸谱作为道具并飞速转换脸谱的独特表演形式（图8-1-3）。

图8-1-3 变脸

《后汉书·臧洪传》载："坐列巫史，祭祷群神。"[2]祭祀仪式时，负责祭祀的巫觋们要戴上一定的面具。举世闻名的三星堆出土文物中就有几十个青铜面具，据考证是古蜀国举行祭祀时的用品。又如"傩礼"，这是自先秦时代就有的一种

---

[1] 苏延东.黄梅戏[M].长春：吉林出版集团有限责任公司，2010.
[2] 傅豫园.中华布艺手工篇[M].上海：上海社会科学院出版社，2017.

迎神驱鬼的风俗礼仪。傩礼一年数次，大傩在腊日前举行。《论语·乡党》记载："乡人傩，朝服而立于阼阶。"[①] 傩礼中的表演者要戴上一定的面具，清代昭梿《啸亭续录·喜起庆隆二舞》中说道："又于庭外丹陛间，作虎豹异兽形，扮八大人骑禺马作逐射状，颇沿古人傩礼之意，谓之《喜起舞》。"可见古代的傩礼，人们一定要戴上面具。宋代梅尧臣《送正仲都官知睦州》诗"我惭贱丈夫，岂异带面傩"也能反证，人们在进行傩礼是需要戴面具的。这种戴着面具的宗教舞蹈对民间舞蹈有很大的影响。传统戏曲演员面部化妆是一种表演程式。在面部勾画一定的彩色图案，以显示剧中人物的性格和特征，主要用于净角和丑角。鲁迅在《且介亭杂文·脸谱臆测》中说："伯鸿先生在《戏》周刊十一期《中华日报》副刊上，说起脸谱，承认了中国戏有时用象征的手法。"洪深《戏剧导演的初步知识》中提到："地方戏中的脸谱是否起源于代面，姑置不论。"

　　脸谱的产生有悠久的历史。脸谱起源于面具，脸谱将图形直接画在脸上，而面具是把图形画在或铸在别的东西上面后再戴在脸上。在中国古代，祭祀活动中有巫舞和傩舞，舞者常戴面具。北齐兰陵王长恭，性情勇猛，武功高强，但相貌俊美像个女子，他打仗时就戴上面具，以助其威。于是在唐代歌舞《兰陵王入阵曲》里，扮演兰陵王的演员就要戴上面具。这可能就是戏剧中脸谱的起源。

　　唐代就有涂面的记载，孟郊在《弦歌行》里写道："驱傩击鼓吹长笛，瘦鬼染面惟齿白。"即表明了用染料涂脸面表现鬼神的形象。宋代徐梦莘《三朝北门会编》的"清康中秋"第六卷记载了宋徽宗的两个佞臣以粉墨做优戏，口出市井浮言秽语，蛊惑皇上。宋代涂面分洁面和表面两类，花面也很简单，画了个白鼻子、红眼圈，目的在于滑稽。这是因为宋代杂剧中，科诨占了很大比例。

　　脸谱是戏曲中非常重要的元素之一，可以突出人物形象和性格特点，让观众一眼就能够区分出不同角色。脸谱造型独特，线条简洁明快，画面饱满丰富，颜色鲜艳明亮，并且通常采用红、黑、黄等颜色来表达人物性格和情感状态。变脸是中国戏曲中的一种独特技巧，通过快速更换脸谱或改变面部表情来完成。这种表演手法需要演员细致入微的动作和神态，以及敏捷准确的手法，从而使观众跟随剧情的发展进行思想共鸣。变脸无声，却能将剧情和角色间的转变或者心理变化清晰地展现出来，给观众留下极为深刻的视觉印象。

---

① 章军华.中国傩戏史[M].上海：上海大学出版社，2014.

变脸指演员在舞台上快速换取不同的面具或化妆装束，以表现出人物角色的不同情感和心理状态。其中，最具代表性的就是四川川剧中的变脸。变脸的历史可以追溯到宋朝时期，在公元 10 世纪左右。随着时间的推移，变脸逐渐成为中国戏曲中的一个重要表演艺术，并且备受观众喜爱。

变脸是一种独特的表演形式，变脸的核心在于脸谱，它是演员表现人物形象的关键工具和装备。脸谱通常采用五颜六色的颜料和精细的画工进行绘制，以突显不同颜色的含义和象征意义。例如，红色代表勇敢和正义，黑色代表阴险和邪恶，黄色代表奸诈和欺骗，等等。变脸作为一种传统文化符号和艺术形式，是推动中华文化向海外传播的一个重要载体。

四、皮影

中国是最早创造发明皮影戏的国家，皮影是一种传统的中国民间艺术形式，用特制的马皮或牛皮制成人物、动物等造型，通过在背后照射灯光，将其投影在白布幕上，呈现出逼真的形象（图 8-1-4）。它不仅有着悠久的历史和丰富的文化内涵，同时也是一种具有浓郁民间特色的艺术表现形式。

图 8-1-4 皮影

据《中国纯文学对德国文学的影响》介绍，德国的学者指出中国是皮影戏发源的地方。皮影源于戏曲艺术，最初是为了辅助演员进行舞台表演而发明的。随着时间的推移，皮影逐渐发展成为一种独立的艺术形式，开始在民间广泛流传。元代时期，皮影艺术已经非常盛行，成为当时民间娱乐活动中不可或缺的一部分。

到了清代，皮影艺术得到进一步的发展和改进，形成了一些富有地方特色的剧目和技法。

《汉书·外戚传》载，汉武帝有位妃子叫李夫人，生前备受宠爱，死后汉武帝日夜思念不止。有位名叫齐少翁的方士，说他可以引来李夫人的神魂和武帝见面，武帝非常高兴。于是，齐少翁在夜间张挂幔帐，点燃灯烛，又请一位女人在帐后模仿李夫人的动作。然后，请武帝"居他帐，遥望见好女如李夫人之状"[①]，即是观看灯光映在帐幕上的人影。武帝见那人影或坐或立，非常像李夫人，心中更加悲伤更加思念。他作了一首诗："是耶？非耶？立而望之，偏何姗姗来迟？"[②]由此，这个用影子表演人物情节的故事，被后代专家学者认为是皮影戏的滥觞。

元代汪颢的《林田叙录》中说："傀儡牵木作戏，影戏彩纸斑斓，敷陈故事，祈福辟禳。"据此可见，那时还有用纸为原料，加以彩色点染而制作的皮影人，演出内容仍然是历史故事，演出不仅为了娱乐，还是为了祭祀神灵，祈福辟邪。在瑞典人多桑的《蒙古史》上，看到这样一段记载："曾经有汉地人，在元军统帅窝阔台帐前，演出皮影戏。影中有各国人。其间有一老人，长髯，冠缠头巾，而其颈被系马尾者。"此文献记载的形象说明了皮影戏在军中的娱乐地位。

《红楼梦》五十六回中尤三姐指着贾琏说："提着影戏人子上场——好歹别戳破这层纸。"其他还有"撅皮影子""耍影戏""拿影戏""挑皮影"等说法。正是由于皮影戏这种操纵配合说唱的表演形式，所以前人对中国皮影的精确描绘就是："一口叙述千古事，双手对舞百万兵。"[③]

皮影的制作需要经过多道工序，包括选材、刻画、上色、拉线、剪裁等。制作过程中需要熟练地掌握皮革的特性和切割工具的使用技巧，同时还需要对人物形象和动物造型进行细致入微的刻画和涂色。在制作完成后，皮影通过左右手拉线的方式进行操纵，呈现出逼真的动态效果。皮影的制作过程十分复杂，需要经过模板设计、剪裁、浸泡、烙制、拼接等多个环节。首先，制作皮影需要准备羊皮或牛皮等材料，并根据设计图纸进行剪裁和模板制作。接着，将制作好的皮影浸泡在水中，然后用炭火或铁棒将其烙烤干燥。最后，再用剪刀和细线将各个部分拼接起来，形成一个完整的皮影。皮影的艺术表现主要体现在灯光和音乐上。

---

① （唐）李商隐著；田秀丽解释. 李商隐诗全鉴典藏版 [M]. 北京：中国纺织出版社，2020.
② 陈虎. 国学经典藏书搜神记 [M]. 长春：吉林大学出版社，2021.
③ 汪焱军，王清烨. 艺术欣赏 [M]. 武汉：华中科技大学出版社，2020.

在表演过程中，演员通常会将精心制作的皮影放置在特制的灯盒中，然后通过调节灯光的亮度和方向以及换取不同的皮影来呈现出各种动态和情景。同时，皮影还需要有配套的音乐，如锣鼓、梆子和笛子等，以增强表演效果和氛围。

皮影艺术具有丰富的民间特色和文化内涵，它通过图像、声音、肢体语言等表现方式，生动地展现了中国传统文化和社会生活中的风土人情。皮影的造型清晰、逼真，色彩鲜明，充满了生命力。它通过一种独特的艺术表现形式，将戏曲、民俗、神话、历史等元素融合在一起，形成了一种别具风格和特色的民间艺术形式。

皮影在中国传统文化中具有重要的地位和意义。首先，它是一种民间文化遗产，反映了中国人民丰富多彩的生活和精神追求。其次，皮影艺术也是中国文化中审美的重要组成部分，通过视觉和听觉多重感官的刺激，给人以强烈的视觉冲击和心理体验。最后，皮影还是一种文化传承和教育方式，通过故事情节和人物塑造，传递着人类智慧、道德观念和社会价值观念。

随着现代科技的发展，皮影艺术已经得到了更广泛的应用和发展。除在传统表演中使用外，皮影还被应用于多种领域，如电影、电视、动画、游戏等。同时，皮影也成为一种文化创意产品，被用于珠宝饰品、工艺礼品、文化衫等方面的设计和制作。皮影艺术的不断创新和发展，不仅为现代文化创意产业注入了新的元素和活力，也为传统文化的保护和传承作出了积极的贡献。当今，皮影艺术已经成为中国重要的非物质文化遗产之一，并被列入联合国教科文组织的人类非物质文化遗产代表性名录。中国政府也高度重视对皮影艺术的保护和传承，加强了相关法规制定和政策支持。目前，国内外许多文化机构和艺术团体都在积极推广和发展皮影艺术，以期给更多的观众和民众带来全新的文化体验。

现代皮影加入了更多的现代元素和舞台技巧，如电子合成音乐和数字化舞台等，使皮影文化得到了更广泛的传播和发展。同时，皮影也在国际舞台上得到了越来越多的关注和认可，成为中国文化走向世界的重要载体和窗口。

综上所述，戏曲是中国传统文化艺术的重要组成部分，包括京剧、黄梅戏、变脸、脸谱和皮影等多种表演形式，它们共同展现出了中国文化之美。戏曲表演注重细节处理和精湛技艺，演员通过手势、动作、神态和音乐等多种方式来表现人物的情感状态和角色特点。同时，这些表演技艺也代表了中国传统文化的审美观念和艺术理念。戏曲中的剧情和唱词既包含历史故事、神话传说等传统文化元素，又能够反映社会现实和道德观念，这些都是中国传统文学艺术的重要组成部分。不同戏曲的形式各具特色，从京剧的规矩严谨、黄梅戏的温情柔美、变脸的神秘莫测、脸谱的色彩艳丽到皮影戏的手工精湛，每种形式都有自己独特的艺术形式和表现手法。戏曲传承了中国文化的许多精华，如儒家思想、道家思想等，同时也融入了民间文化元素。这些文化元素成为戏曲表演中不可或缺的一部分，展示出中国传统文化的魅力和独特性。戏曲中体现的英雄主义精神、家国情怀等价值观念，都是中国人民几千年来秉持的核心价值观念，能够使人们更好地了解中国文化精神和传统美德。

第二节　中华舞狮

舞狮是中国传统文化中的一种艺术表现形式，据南北朝杨衒之《洛阳伽蓝记》中记载："后魏，波斯国（今伊朗）献狮子，永安年末（公元529年）始达京师。"南北朝时期，北部匈奴作乱，他们特制木雕狮头用具，用金丝麻绳缝成狮身，选派多名善战士兵到魏进贡，意图趁舞狮时行刺魏帝，幸被朝臣识破，迫使他们知难而退。后因魏帝喜爱舞狮，命令仿制，舞狮得以流传（图8-2-1）。

图 8-2-1　舞狮

随着时间的推移，舞狮表演逐渐发展成为一种集戏曲、杂技、舞蹈、音乐等多种元素于一体的综合性表演形式。在明清时期，舞狮表演得到了极大的发展和普及，成了民间庆祝节日、祭祀祖先、拜神求福、祈求丰收等重要活动的必备环节。同时，舞狮表演也融入了许多其他元素，如打铁、钻火圈、抬擂等，使得表演更加生动多彩。至今，舞狮表演依然广泛存在于中国各地，并且在不断发展和创新。例如，在广东佛山南海区，就有一种叫作"三合一"舞狮的表演形式，将武术、杂技和舞蹈有机结合，展示了舞狮表演的多样性和创新性。

舞狮是中国传统文化中的一种民间艺术表演形式，它起源于中国南方地区，具有悠久的历史和文化内涵。舞狮的历史可以追溯到汉代，大约在公元前206年至公元220年期间。随着时间的推移，舞狮逐渐成为中国传统文化中的一个重要组成部分。

舞狮的表演形式非常多样化，通常由两个人表演，一个扮演狮子头，另一个扮演狮子身体。在舞狮的表演过程中，演员需要通过手脚配合和声音模仿等形式，展现出狮子的力量、灵活性和神韵，以应景祈福、庆贺节日等。

东汉著名学者班固撰写的《汉书·礼乐志》中，即有"象人"一词。三国魏人孟康在为"象人"一词作注时写道："若今戏虾鱼、狮子者也。"[1] 即说"象人"就是演鱼、虾、狮子的艺人。可见汉代已有简纯古朴的舞狮活动。

白居易的《新乐府·西凉伎》载："刻木为头丝作尾，金镀眼睛银贴齿。奋迅毛衣摆双耳，如从流沙来万里。"把一个酷似现代北狮的形象勾勒得惟妙惟肖。唐代最著名的就是"五方狮子舞"，该舞是盛唐时期皇宫中专为皇帝观赏所排练的一种狮舞。隋朝诗人薛道衡在一首记载当年民间艺人表演杂耍的诗中描述："抑扬百兽舞，蹒跚五禽戏；狻猊弄斑足，巨象垂长鼻。"[2] 这里所说的狻猊就是狮子。唐朝天宝年间，杜佑选撰的《通典》中详述了"五常狮"，狮子披毛衣，狮子前面有手持拂尘的引狮郎引导狮子表演。"五常"可认为是常晓，即为"天地君亲师"之类的道德理念。以上文献记载舞狮的活灵活现，而今舞狮作为传统文化的一部分，其形式和演出流程在不同地区可能会略有差异，但基本上都包含以下内容：

舞狮表演所需的道具主要包括狮头、狮身、狮尾、狮脚等。其中，狮头是舞狮表演中最重要的道具之一，通常用木雕或纸扎制作而成，精致逼真。

舞狮表演的流程通常包括三个环节，分别是开场、表演、收场。在开场阶段，舞狮队伍会先进行祭祀仪式，然后舞狮队员会跳上高台，表演特技动作，展示狮子的威武形象。接着，在表演阶段，舞狮队员会穿上狮身和狮腿，手持狮头，进

---

[1] 李本生. 金州民间艺术 [M]. 大连：大连出版社，2021.
[2] 国家文物局. 中国文物精华大辞典 陶瓷卷 [M]. 上海：上海辞书出版社；北京：商务印书馆，1995.

行各种舞蹈动作，配合鼓乐、锣声等音乐效果，营造气氛。在收场阶段，舞狮队员会向观众敬礼，结束整个表演过程。

舞狮表演需要掌握一系列的技巧，包括狮头的运作、狮身的动作、狮尾的摆动等。其中，最重要的是狮头的运作，因为狮头是舞狮表演中最具有表现力的部分。舞狮队员需要通过转动和摇晃狮头，表达出狮子的情绪和形象。此外，舞狮队员还需要灵活运用下肢的力量，以便展示出狮子的威武形象。舞狮表演以其独特的形式、丰富的内涵和多样化的技巧，成为中国传统文化中不可或缺的一部分。无论是在春节等传统节日上，还是在各大庙会、婚礼等场合中，舞狮都能够给观众带来生动、欢乐的体验。

作为中国传统文化的一种表现形式，舞狮包含着丰富的文化内涵。其表现内容涉及神话传说、历史人物、动物形象等多个方面，如"打虎进山""独角戏"等故事，以及各种传说中神兽化身的形象，如龙、凤、麒麟等。这些神话传说和神兽形象不仅在舞狮表演中得以展现，也蕴含着中华民族的文化信仰和心理美学。舞狮还常常使用历史人物的形象和故事，如岳飞抗金、关公过五关斩六将等，弘扬了中华民族的爱国主义精神和英雄气概。在动物形象方面，舞狮表演主要表现的是狮子的形象。狮子被视为勇猛、神圣的动物，也象征着吉祥、康宁之意。在舞狮表演中，舞狮队员通过运用狮头、狮身、狮尾等道具和技巧，充分展现了狮子形象所蕴含的威武、兴奋、喜悦等情感。舞狮表演也承载了中华民族传统文化的多种价值观念和精神内涵，如团结、勇敢、仁爱、诚信等等。

不同地区的舞狮表演有着各自独特的特色和风格。南北方的舞狮表演在形式和流程上都存在明显差异。南方的舞狮通常采用手摇狮头、下肢踩踏、身体翻滚等较为灵活的动作，表现出精湛的技艺和柔美的形态；而北方的舞狮则强调力量感和气势，动作更加刚健有力，讲究翻跃、挑起人以及甩起狮尾等动作。

踏鼓而舞的中华舞狮给人以美的享受。随着阵阵鼓声响起，雄姿勃发的狮子舒缓踱步，在起步—飞跃—狮尾晃身—碎步—跑步—虚步—摇狮头—爬跪立—麒麟走—吊弓插—金鸡独立等独特的形式和动作中，呈现出舞狮的优美姿态和精湛技艺。在舞狮表演中，人们需要配合各种乐器的节奏，用手、脚等动作完成精彩的表演。在舞狮表演中，人们需要紧密配合并努力完成各种难度动作，充分展现出中华民族团结合作、勇敢拼搏的精神风貌。

第八章 非遗国风的时光之美

第三节 扇

扇子是一种古老而流行的艺术品，它起源于中国，经过长期的发展和演变，形成了多种不同的类型和风格（图8-3-1）。

图 8-3-1 扇子

晋代《古今注》记载，扇子发端于商殷时代，以鸟羽制成，作仪卫之美，距今已有4000年之久。当时的扇子是用鸟羽、竹片等材料制成的，被称为羽扇或翎扇。随着时代的变迁，扇子经过不断改进和创新，逐渐发展成为现代人们所熟知的各种类型。秦汉时期，扇子逐渐被广泛采用。唐代扇子更是达到了顶峰，成为士人、文人的重要配件，流传至今的"云龙扇""红木扇""蒲扇"等都是具有唐代特色的经典作品。明清时期，扇子的制作工艺得以极大改进，技术更加专业化。由于性能稳定、造型美观，扇子的使用范围得到了广泛扩大。在此期间，许多的名家艺人都以扇子为载体，创造了一些非常著名的扇面作品。

《尔雅》载："以木曰扉，以苇曰扇。"由此可推测，早期的扇子可能是长方形的苇编物。早期的扇子并非用来纳凉，而是用作统治者礼仪之具，所以又叫"仪仗扇"。孔明的扇子并非为自己所用，而是作为礼仪的工具所使用。汉代之后，湖南竹扇、山东纨扇问世，才用之除热取凉。到宋时期，折扇由朝鲜传入神州，扇子张合自如，在当时十分受欢迎。扇子在古代别称"摇风""凉友"，晋朝崔豹《古今注》曾记载"舜作五扇"。上海博物院收藏的唐寅扇面画《秋江垂钓》，令人冥思。北京故宫博物院珍藏的纵长 59.5 厘米、横宽 152 厘米的明代大折扇，一面画的是柳荫赏花，气息飘动，闲情如梦；一面画的是松下读书，主仆对语，儒风拂面。此画出自明宣德帝朱瞻基之手，为中国之最大折扇，乃罕见传世宝物。唐代张彦远的《历代名画记》载有曹孟德的主簿杨修与魏太祖"画扇误点成蝇"的故事。《晋书·王羲之传》有一则王羲之为老妇题扇的佳话。当时有位老妇，持六角竹扇，求书于王羲之，羲之为书五字，她售出时便由十二文涨至百文。今浙江绍兴蕺山南边有"题扇桥"，相传便是王羲之题扇处。史传扇子最初称为"五明扇"。相传舜为广开视听求贤自辅，曾制作五明扇。殷周时期已出现了一种"翟扇"，那是用五光十色的野鸡尾羽做成的，故有"羽扇"之说。到了唐宋时期，扇子逐渐成为文人墨客、官员贵族和民间百姓生活必备品，并衍生出了各种形式和品种。明清时期，扇子制作达到了巅峰，成为一种具有极高技艺水平和审美价值的文化艺术品。

扇子有很多不同种类和材料，包括竹扇、纸扇、木扇、蒲扇、翎扇、绢扇、伞扇、折扇等。其中，竹扇和木扇是最早的扇子种类，蒲扇则是古时候宫廷中常用的扇子，纸扇和绢扇是最常见的扇子种类。扇子材料的选择至关重要，其材料包括竹子、木头、蒲草、马尾、丝绸等。这些材料被制成扇骨和扇面，最后用线或胶将它们结合成一个扇子。传统扇子的制作过程包括挑选材料、制作骨架、绘制图案等多个环节，骨架制作是关键之一。在现代技术的加持下，扇子的制作工艺进行了许多改进，工艺也更加熟练，种类更加丰富，制作出来的扇子更具有艺术价值。

自古以来，扇子就是文人墨客们最喜欢的佩饰之一，被广泛应用于诗词歌赋、戏曲、绘画等多个领域中。折扇的最早记载是《宋史》中日本传所述。在诗词歌赋中，扇子往往作为雅致的装饰品，作为描绘风景或描写情感的装饰品。在戏曲中，扇子则被用作表演的道具，可以增强戏剧效果。在绘画中，扇子不仅可以作为画面中的一种装饰品，也可以作为画面背景或主题，提高画面的审美价值。

扇子在日常生活中也扮演了重要的角色，它可以用来遮阳、降温、通风等；而在婚礼、葬礼、寿宴等重大场合，扇子更是必不可少的礼仪用品。同时，扇子也是情感交流中的重要载体，它可以用来传递各种情感和心意，例如表达爱意、赞美、祝福等。在古代，扇子还被广泛地应用于信号传达，例如军队中的指挥和警示等。

　　扇子是一种独特的文化艺术品，具有极高的美学价值和艺术表现形式。扇面是扇子最重要的部分，决定了扇子的美感和艺术价值。扇面的设计需要考虑其整体构图、图案元素、色彩搭配和线条处理等方面。不同类型的扇子，其图案和设计也应该有所区别。例如，传统的中国青花瓷扇子常以花卉和小鸟的形象为主题，这些图案往往非常精细，色彩鲜明而优美。扇骨是扇子的骨架，决定了扇子的形态和稳定性。在扇骨的结构上，不同类型的扇子采用的骨架结构也会有所不同。例如，折扇的骨架由多节薄木片构成，能够灵活展开和收拢；而固定扇的骨架则是由较粗的木板制成，稳定性更强。扇子的颜色搭配也是至关重要的，不同的颜色可以传递出不同的情感和意义。扇子的材料和制作工艺也是其美学价值和艺术表现形式的重要因素。优质的原材料和熟练的制作工艺可以使扇子更加精致、优雅和美观。有的扇子采用高质量的丝绸、竹子或鱼鳞等材料，再经过精湛的雕刻和绘画，就能够呈现出细腻而有层次感的艺术效果。

　　扇子作为中国传统文化艺术品的代表之一，其背后蕴含着丰富的文化内涵。《太平御览》中《服用部四扇》记载了其多种用途。扇子在诗词歌赋、戏曲、绘画等领域的应用，则展示了中国传统文学、戏曲和美术的独特魅力。扇子作为生活中不可或缺的物品之一，其造型、颜色和材质等方面，都能够为生活带来美感和享受。折扇的轻便和易携带性，使其成为夏季遮阳、通风必备的物品；固定扇则因其精美的制作工艺和装饰效果，被广泛应用于室内装修和家居摆设。扇子所带来的国风之美是多维度的，涵盖了艺术、文化和生活美学等方面。扇子不仅代表了中国传统文化的底蕴和精神，更让世界感受到了中国的独特魅力。

　　扇子具有高度的实用性和装饰性，不仅可以用于降温、遮阳等，还可以通过各种图案和造型呈现出各种形态和风格。扇子在材质和工艺上更是具有极高的艺术价值，可以采用不同的材料和技法，呈现出丰富的纹理和色彩。扇子也常常与诗歌、书画等文学艺术相结合，诗词画意的扇面成为一种表现情感和展示才华的艺术手段。扇子元素与电子、数字等科技相结合，推出了一系列具有现代感的扇子艺术品，如智能扇等，使扇子文化得到了更广泛的传播和发展。

第四节 二十四节气

二十四节气是中国传统文化中根据太阳运行轨迹划分的24个时间节点，每个节点代表了一年中的某个特定时期。这些节气从春季开始，按照顺序划分为立春、雨水、惊蛰、春分等，到了冬季则是大雪、冬至、小寒、大寒等（图8-4-1）。二十四节气作为中国传统文化中一个重要组成部分，承载了丰富的历史和文化内涵。它既反映了中国人对自然界的观察和认识，也融入了民间文化元素，如节日习俗、饮食文化等。此外，二十四节气还是中国农业社会生活中不可缺少的重要因素，代表着农耕文明和人类与自然和谐相处的理念。

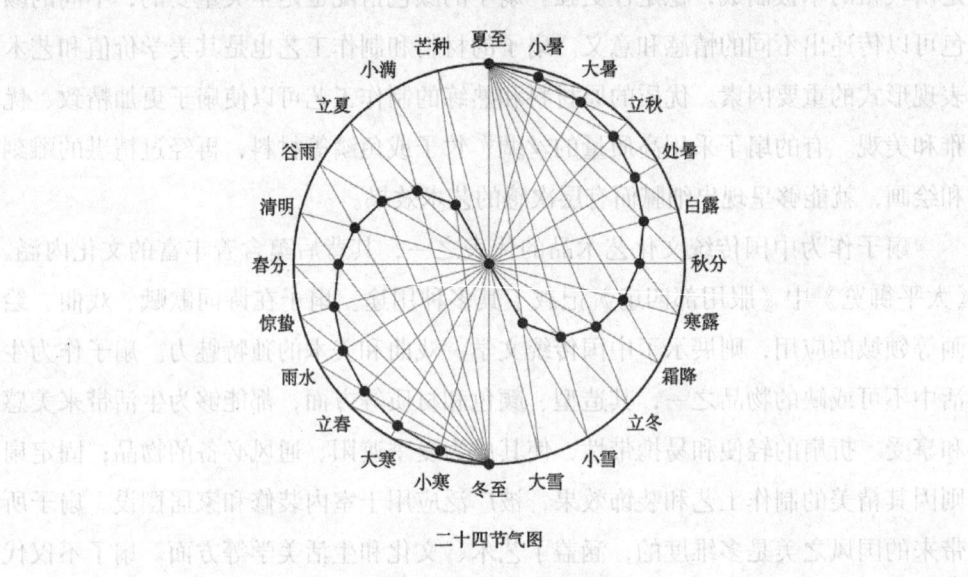

二十四节气图

图 8-4-1　二十四节气

据考证，二十四节气起源于战国时期黄河中下游地区，与农业生产密切相关。当时人们根据太阳黄经的变化来安排农事活动，逐渐形成了二十四节气的概念。后来，在汉朝、唐朝及其以后的历史时期，二十四节气得到了更加完善和系统的发展，成为中国传统文化中重要的时间系统和节日文化。当时的农民通过观察太阳的运行轨迹和地球的自转周期，确定了一个12个节气的时间系统。西汉《淮南子·天文训》中已经有了二十四节气的描述。每个节气有15天，但每月有一个节气，有一个中气，两者交替使用，且不能混淆，现在统称为节气。

清代《广群芳谱》是比较系统的花信专著。民间流传的有关谚语更多，如"布谷布谷，种禾割麦""桃花开，燕子来，准备谷种下田畈"等。上述花信，不但反映了花卉与时令关系的自然现象，而且人们也可利用花卉现象安排农事活动。所以花信风也是一种物候，是二十四节气文化的重要来源。

自秦代以来，我国就一直以立春作为春季的开始。元代吴澄的《月令七十二候集解》和清代曹仁虎的《七十二候考》等书籍记载，我国古代将立春后的15天分为三候：一候东风解冻，天气以刮东风为主，气温有所回升；二候蛰虫始振，在冬季蛰伏的昆虫逐渐开始苏醒，并蠢蠢欲动；三候鱼陟负冰，江河湖面上的冰开始融化，鱼从较为温暖的深水区开始上浮，在水面上随着破碎的冰片游动。

早在《尚书·虞书·尧典》中就记载："日中，星鸟，以殷仲春。日永，星火，以正仲夏。宵中，星虚，以殷仲秋。日短，星昴，以正仲冬。"唐代学者孔颖达在《尚书注疏》中认为："日中，为春分之日。日永，为夏至之日。宵中，秋分。日短，冬至之日。"西汉学者戴德编写的《大戴礼记·夏小正》中说，"正月"有"启蛰"的名称。春秋末期左丘明撰写的《国语·楚语上》曰："处暑之既至。"三国吴国学者韦昭注："处暑在七月。"《春秋左传·昭公十七年》中记载："玄鸟氏，司分者也；伯赵氏，司至者也；青鸟氏，司启者也；丹鸟氏，司闭者也。"玄鸟，就是燕子。伯赵，就是伯劳。青鸟，就是鸧安。丹鸟，就是锦鸡。四种鸟儿，代表四季。《管子》中有"清明""大暑""小暑""始寒""大寒""冬至""春至"（春分）、"秋至"（秋分）等名称。秦代吕不韦及门客所著的《吕氏春秋》中，出现了立春、日夜分（春分）、立夏、日长至（夏至）、立秋、日夜分（秋分）、立冬、日短至（冬至）等8个节气。

立春——2月3日或4日：表示春季开始，万物开始复苏。立春后，阳光渐长，天气逐渐回暖。

雨水——2月18日或19日：代表着雨水增多，天气潮湿，同时也标志着春耕备耕的开始。

惊蛰——3月5日或6日：意味着万物苏醒，生机勃发，同时也是病虫害开始滋生的时期。

春分——3月20日或21日：表示春天已经来到，昼夜平分，白昼逐渐变长，意味着气温逐渐升高。

清明——4月4日或5日：人们祭扫先人和清理墓地的节日，同时也标志着气温进一步升高。

谷雨——4月19日或20日：意味着春天快要结束了，收获期即将到来，同时也是雨水丰沛的时期。

立夏——5月5日或6日：表示夏季开始，天气愈发炎热，同时也意味着农作物的生长期已经到来。

小满——5月20日或21日：代表着麦子等小麦类作物已经进入成熟期，这时正值小暑前后，气温逐渐升高。

芒种——6月5日或6日：意味着田地里的大豆、玉米等作物开始成熟。此外，芒种也是高温多雨的季节。

夏至——6月21日或22日：代表着夏天到来的中期，白天最长、黑夜最短。

小暑——7月6日或7日：标志着进入了三伏天，气温继续升高，饮食起居需要特别注意，以免中暑。

大暑——7月22日或23日：表示酷暑难耐的盛夏期，此时气温最高，体力消耗最大，人们需要保持健康和安全。

立秋——8月7日或8日：代表着夏季的结束和秋季的开始，是收获季节的开始。

处暑——8月23日或24日：表示三伏天的最后一段，气温虽然没有那么高，但还是需要注意防暑降温。

白露——9月7日或8日：意味着秋天已经到来，白天渐渐变短，气温开始回落，植物开始凋谢。

秋分——9月22日或23日：代表着秋天已经正式到来，白昼与黑夜持平，天气干燥，气温开始明显下降。

寒露——10月8日或9日：表示天气已经开始变得寒冷，露水逐渐凝结成冰，作物进入了收获阶段。

霜降——10月23日或24日：意味着气温进一步下降，霜冻开始严重影响农业生产，同时也标志着秋季即将结束。

立冬——11月7日或8日：代表着冬季的开始，天气寒冷，万物开始休眠，人们需要做好保暖措施。

小雪——11月22日或23日：意味着天空中可能会飘起小雪花，天气更加寒冷，但是却非常干燥。

大雪——12月7日或8日：表示正式进入了寒冷的冬季，天气异常严寒，很可能会出现大雪天气。

冬至——12月21日或22日：代表着冬天到来的中期，白昼最短，黑夜最长，同时也标志着阳光逐渐回归。

小寒——1月5日或6日：意味着冬天进入了较寒冷的阶段，气温非常低，人们需要保持身体健康。

大寒——1月20日或21日：表示冬季的末尾和一年的结束，此时气温最低，是冬季中最为严寒的时期。

以上是二十四节气的详细介绍。在中国传统文化中，二十四节气反映了人类对自然环境的观察和认识，也蕴含着丰富的文化内涵和历史意义，是中国传统文化的重要组成部分。

二十四节气与天文现象的关系是密不可分的，每个节气都对应着太阳黄经和地球公转中的一个重要时刻，反映了自然界的变化和规律。以下是一些典型的例子：

春分是太阳黄经到达0度的时刻，也是昼夜时间相等的日子。立春是太阳黄经到达315度的时刻，此时地球离太阳最远，但是由于地球的倾斜角度，北半球开始向太阳倾斜，阳光照射面积逐渐增加，气温逐渐回暖。夏至是太阳黄经到达90度的时刻，也是白昼最长、黑夜最短的日子。此时太阳直射北回归线，北半球的气温最高，人们需要注意防暑降温。秋分是太阳黄经到达180度的时刻，也是昼夜时间相等的日子。此时地球离太阳最近，但是由于地球的倾斜角度，北半球开始向远离太阳，阳光照射面积逐渐缩小，气温逐渐下降。冬至是太阳黄经到达270度的时刻，也是白昼最短、黑夜最长的日子。此时太阳直射南回归线，北半球的气温最低，人们需要注意保暖。

二十四节气与生活的关联和影响也非常明显，反映了农作物的生长期和收获季节。人们根据节气进行农事活动，如春耕、夏种、秋收、冬藏等，以适应自然环境和气候条件。二十四节气还蕴含着丰富多彩的饮食文化，人们会根据不同的节气吃相应的食物，如立春吃春饼、清明吃青团等。这些食物不仅营养丰富，还能帮助人们适应季节变化和气候环境。二十四节气对人体健康也有着重要的影响，人们需要根据节气的变化进行相应的保健和调理。如夏至时需要注意防暑降温，立秋时需要补充水分，大寒时需要加强保暖等。在现代社会中，二十四节气不仅是中国传统文化的继承和发扬，更是为人类认识和探索自然界的规律提供了重要线索。通过观察和研究节气的变化和影响，可以更好地适应自然环境和生活条件，促进人类的健康和发展。

二十四节气带来的是国风之美，它不仅是一种文化符号和传统价值的体现，更是人们生活和思想的重要支撑和指南，让人们更好地享受和领悟生命和自然的奥妙。二十四节气是中国传统文化中的重要组成部分，同时也被列入了世界非物质文化遗产名录。

第五节　十二属相

关于十二生肖的起源可以追溯到中国古代天文学中的十二地支。《盘古王者》说，十二地支是远古时期黄帝为了方便人们记忆日月星辰运行规律而创制的。后来，人们根据这十二地支与动物形象的相似之处，将它们归纳为十二生肖，即鼠、牛、虎、兔、龙、蛇、马、羊、猴、鸡、狗、猪（图 8-5-1）。

图 8-5-1　十二生肖

十二生肖的起源与动物崇拜有关。据湖北云梦睡虎地和甘肃天水放马滩出土的秦简可知，先秦时期即有比较完整的生肖系统存在。最早记载与现代相同的十二生肖的传世文献是东汉王充的《论衡》。古人将黄道与赤道附近的恒星分为二十八星宿。二十八星宿也分别代表一种动物。古代将周天等分十二分，用十二支表示，而十二支配属生肖，生肖与二十八星宿存在对应关系。明代大学士王鏊认为，二十八种动物配属二十八星宿，并以七曜统之，成女土蝠，虚日鼠，危月燕。清代李长卿在《松霞馆赘言》认为二十八宿配动物"即前十二属加一倍者也，亢金龙，辰官也，角木蛟附焉。蛟，龙类也"，体现十二生肖为基础凑齐二十八种星宿动物。但该说难免有些附会，二十八星宿配动物的记载要晚于十二生肖。

原始社会的先民常用某种动物、无生物或自然现象的图形作为本氏族的保护神和标志，即图腾。《山海经》载，诸如人和野兽的混合形象就是远古各地的图腾神。夏族的图腾是熊或鱼，商族的图腾是玄鸟，周族的图腾则有龙、鸟、龟、犬、虎诸说。十二生肖除龙为虚幻之物，其余皆是日常可见。其中可分两类，即六畜：马、牛、羊、鸡、狗、猪，六兽：鼠、虎、兔、龙、蛇、猴，前者是人们为了经济目的而驯养的一些动物，后者则是在一定程度上会骚扰人类生活，使先民对其心生畏惧的动物。因此，这些动物经常会被作为本氏族的名号标记来崇拜。民族学者刘尧汉从彝族的图腾遗迹反推十二兽历的来源，桂西彝和毛道彝的十二兽历法将人与纪历十二兽同列，是原始人人兽不分的思想意识在现实的遗留。彝族仍用十二兽历纪日并用于集市之名（如虎街、兔街）。《史记·五帝本纪》记述："黄帝教熊罴貔貅躯虎，以与炎帝战于阪泉之野。"书中所言是各部落图腾，绝非真有降龙伏虎本领。

十二生肖来源于原始社会的图腾崇拜。清代赵翼在《陔余丛考》中记载："盖北俗初无所谓子丑寅卯之十二辰，但以鼠牛虎兔之类分纪岁时，浸寻流传于中国，遂相沿不废耳。"认定生肖的外来性质。

郭沫若在《释干支》中认为生肖源于巴比伦的黄道十二宫，汉代西域诸国仿十二宫而造十二生肖。十二生肖不仅包括了动物形象，更涉及人类对生命、自然和社会方方面面的认识和理解。五行学说是一种重要的哲学思想，五行分别为金、木、水、火、土，与十二生肖相关的动物形象也被归属于五行之中，例如：鼠、牛、龙、狗、猪属于土；虎、兔、蛇、马、羊属于木；猴、鸡属于金；每一个生肖都代表着一种特定的五行属性。通过五行的概念，十二生肖可以反映出中国人民对自然界的认识和尊重，同时也揭示了宇宙和人类的关系。古希腊、古埃及、古巴比伦等也有类似的十二生肖，仅动物不同，由此生肖也许并非起源于中国。但秦简的出土推翻了此说，世界各国都有类似的动物崇拜，反而加强了图腾说的合理性。中国先民感受到寒暑交替、植物枯荣的周期，以之为一岁。月亮的盈亏周期也与岁相关。十二次月圆正好一岁。

《周礼·春官·冯相氏》载："掌十有二岁、十有二月、十有二辰，除计年计月，十二也用作计量时辰。"十二属相源于当时的人们根据观察动物神态和行为特点，将一年分为12个时段，每个时段对应着一个属相动物，这些动物还被赋予了特定的象征意义和文化内涵。随着时代的变迁和文化交流，十二属相逐渐传承和发展至今，成为中国传统文化中的独特符号之一。既是一种独特的时间计算方式和精神符号，也蕴含着深厚的文化内涵和人文价值。首先，十二属相展示了中华民族的智慧和创新能力，它体现了中国文化的多元性和包容性，还体现了中华民族对自然和生命的深度认识和探索；十二属相还是中国传统文化传承和保护的重要载体，展现了中华民族文化传统的发展历程和丰富性。

十二这个数字也经常用于其他方面。《左传·哀公七年》中载："周之王也，制礼上物，不过十二，以为天之大数也。"十二天象又是古代对天气的统称，即暗、阴、雨、雪、冰、雾、露、霜、风、沙、雷、电；十二经脉是中医对人体经络的认知；古代音乐有十二律；饮食有十二食；穿衣有十二衣……关于十二的文献诸多记载。

随着时间的推移和社会的变迁，十二生肖的形象和含义也发生了一定的演变。在汉代以后，十二生肖逐渐被应用到农历、民俗、文学等多个领域中，并且衍生出了许多新的表现方式和文化元素，如红白喜事、灯谜游戏、儒家经典等。同时，在海外和东亚国家中，十二生肖也逐渐成为中国文化的重要标志和符号，受到了人们的广泛欢迎和认同。

十二生肖代表的不仅是动物形象，还体现了中国人民的文化价值观念。《周易》六十四卦中每一个卦象均有对应的生肖，这些卦象又分别代表着不同的道德准则和行为规范。《易经》中乾卦对应的生肖是龙，代表着尊贵、威严、高傲等特点；而坤卦对应的生肖是牛，代表着谦虚、平和、勤劳等特点。

第六节 春节

春节是中国节庆文化中最重要的节日，通常在立春前后。此时，人们会进行各种各样的庆祝活动，如贴春联、包饺子、赏花灯、放烟火等，进行家庭团聚，互相拜年，以表达对新年的祝福和美好愿景。春节，又称为农历新年，也是全球华人社区最盛大的庆祝活动。这个节日的起源可以追溯到上古时代的祭祀仪式，而今天，春节的庆祝活动涵盖了各种丰富多彩的习俗，展示了中国深厚的文化底蕴（图8-6-1）。

图 8-6-1 春节

春节的习俗不仅仅是一种传统的庆祝方式，更是一种文化的传承。它反映了中国人对生活的热爱，对家庭的尊重和对和平、繁荣的向往。每一种习俗都承载着深厚的文化内涵和美好的祝愿，展现了中国丰富多彩的文化特色。它始于深远的历史，蕴含了丰富的文化内涵和社会意义。那么，春节的起源又是怎样的呢？

据《周礼》记载，周朝时期的人们在每年的岁首会举行祭天、祭祖等各种庆祝活动。早在新石器时代晚期的仰韶文化时期，中国的先民们就已开始以农耕为生，形成了以农历为基础的时间计算方式。据考古学家和历史学家研究，春节可能起源于这个时期的新年祭祀活动。最初的春节，是人们为了祈求新的一年里五谷丰登、风调雨顺而设立的祭祀节日。在进入夏商周时期后，春节的庆祝方式和活动内容更加丰富多元。

据《史记》记载，商汤时期就已经有了岁除的习俗，即在年底清扫房屋，以驱除旧岁的灾祸和不祥。到了秦汉时期，春节已经成为全国性的重大节日。秦始皇统一了六国，也统一了历法，将农历的正月初一正式定为新年的开始，也就是我们现在所说的春节。从此，春节的庆祝活动更加丰富，包括祭祀、祈福、宴食、互赠年货、贴春联、放鞭炮等。

唐宋时期，春节的庆祝活动得到进一步发展，出现了看灯会、舞龙舞狮、猜灯谜等新的庆祝方式，使春节的气氛更加热烈。明清以后，春节的庆祝习俗更加多样，除了传统的庆祝方式，还出现了贴门神、剪窗花、吃团年饭等新的习俗。

除夕是春节庆祝活动的高潮，全家人会聚在一起享用年夜饭。年夜饭的菜肴丰富多样，每道菜都寓含着吉祥的寓意。如鱼，寓意年年有余；饺子，象征财富和繁荣。除了美食，除夕夜还有守岁的习俗，意味着辞旧迎新，迎接新的一年。大年初一，人们会穿上新衣服与亲戚和朋友拜年，互道祝福。小孩子会从长辈那里得到红包，这是寓意着祝福和好运的一种传统礼物。放鞭炮和烟花是新年的重要习俗，象征着驱邪避凶，带来好运。

春节期间，还有许多其他的庆祝活动和习俗，如舞龙舞狮，象征着驱邪避凶，带来好运；贴春联和福字，寓意着祝福和好运；吃元宵庆祝元宵节，标志着春节庆祝活动的结束。

春节的起源与中国的农耕文化密切相关，它是中国人民对新的一年寄予希望、祈求福祉的重要方式。经过几千年的发展，春节已经不仅仅是一个祭祀新年的节日，更是中国人民团圆、欢庆、祈福的重要时刻。它承载了中国人民的历史记忆和文化情感，是中华民族精神文化的重要载体。

第七节 中医

一、中医的概述

中医作为中国传统文化的重要组成部分，其起源和发展历程可以追溯到《黄帝内经》等古代著作。《神农本草经》作为现存最早的中药学著作，于东汉时期集结整理成书，分3卷，载药365种，分上、中、下三品，文字简练古朴，将东汉之前零散的药学知识进行了系统总结，其中阐述的大部分中药学理论和配伍规则，以及提出的"七情和合"原则，是中医药药物学理论发展的源头。中国医学史上具有代表性的几部本草类著作，如《本草经集注》《新修本草》《证类本草》《本草纲目》等，都是基于《神农本草经》发展起来的。

中医可以追溯到古代的儒、道、墨三家思想，涉及了阴阳五行、经络脏腑、气血津液等理论。其中，《黄帝内经》被认为是中医学最早的文献之一。随着历史的变迁，中医从一种原始的医疗手段逐渐发展成为完整的医学体系。在唐朝时期，中医经过对外交流和内部整合，形成了鼎盛的局面，并逐渐形成了十大医家：岐伯、扁鹊、张仲景、华佗、针灸鼻祖皇甫谧、葛洪、李时珍、孙思邈、宋慈、叶天士。

中医在中国古代社会中占据着重要的地位。中医不仅是古代人民的主要医疗手段，也是一种文化和哲学体系。中医的理论和实践经验对中国文化、哲学、医学和社会生活产生了重大的影响。例如，气功、太极拳等传统功法也与中医密切相关。

中医的基本理论是中医学的核心，它包括阴阳五行、气血津液、脏腑经络等方面的内容。以下是对中医的基本理论、诊断方法和治疗原则的介绍：

阴阳和五行是中医理论的两个重要概念。阴阳是指万物之内部相对而言的两个相反的方面，如天地、昼夜、寒暑等。五行是指木、火、土、金、水五种元素，这五种元素相互作用，构成了整个自然界和人体。

气、血、津、液是中医理论中重要的物质基础。气是生命活动的能量，血是营养物质的载体，津液则是调节身体湿润度的物质。中医强调气、血、津、液在身体中的相互关系和平衡。

中医认为身体各器官之间不仅有形态上的联系，还存在着功能上的联系，如肝主疏泄、心主神明等观点。经络则是身体内部的一种运行系统，包括十二经、奇经八脉等。

中医的诊断方法主要包括望、闻、问、切四个方面。望是观察病人的面色、舌苔、脉象等，闻是通过听觉、嗅觉等感官来判断病情，问则是询问病人的病史、症状等，切则是通过按压体表来判断脏腑功能和病情。

中医的治疗原则主要包括辨证施治、以病为本、因人制宜、预防为主、标本兼治等方面。辨证施治是指根据病人的具体病情进行针对性的治疗，以病为本指根据病因病机制订治疗方案，因人制宜则是针对不同病人采用个性化的治疗措施，预防为主则是在治疗之外进行疾病预防，标本兼治则是治疗症状的同时也要治疗病因。

中医文化的传承与发展包括中医理论、治疗方法、药物、技术、标准等各个方面。近年来，中医文化的传承与发展受到了重视，政府和学界加大了对中医的保护和支持力度。中医所带来的国风之美，不仅美在其独特的医学理论和治疗方法上，更是体现在它所弘扬的中国文化精髓方面。

中医注重医患关系的建立，重视医生与患者之间的互信互敬。这种诚信的精神，也反映了中国文化中推崇的诚信为本的价值观。中医强调以温为贵，注重对患者的关怀和呵护。这种恩慈的精神，也体现了中国文化中仁爱和尊老爱幼的传统。中医强调身体各器官之间的相互联系和协调，提倡通过调整平衡达到和谐的状态。这种和谐的思想，也与中国文化中和而不同的理念相结合。中医注重疾病的预防和自然疗法，强调与自然的和谐共处。这种自然的观念，也是中国文化中天人合一和谐哲学的表现。

中医所强调的诚信、恩慈、和谐和自然等价值观，为当代人们提供了一种可持续发展的思路和生活方式，同时也丰富了人类文化的多样性，彰显了中国文化的博大精深。

中医是中国传统医学的重要组成部分，历史悠久，对于人类健康作出了巨大贡献。中医起源于中国古代，其历史可以追溯至西周时期。随着时间的推移，中医逐渐形成了自己的理论和实践体系，并在临床实践中得到广泛应用。中医的经典著作包括《黄帝内经》《伤寒杂病论》《金匮要略》等，这些经典著作对中医发展产生了深刻的影响。

中医按照治疗手法分为针灸、中药、推拿、气功等多个类型；按照病症分类，分为心血管疾病、呼吸系统疾病、消化系统疾病等。其中，针灸和中药是中医最为常见和核心的治疗手段，推拿和气功也具有独特的治疗效果。中医注重整体观念，即认为人体是一个有机的整体，各个器官和系统之间相互联系、相互影响，因此在进行诊断和治疗时必须注重全局。中医具有药食同源等传统理念，即认为食物和药物具有相似的治疗效果，在日常生活中注重饮食也可以起到很好的保健作用。

中药是中国传统医学的重要组成部分,被广泛应用于临床诊断和治疗中。《本草纲目》是中国古代最具权威性的药物学著作之一,其中记载了大量中草药,如枸杞子、当归、人参等。《本草纲目》说:"枸杞子滋肾壮阳,清肝明目;当归补血活血,调经止痛;人参益气固表,降低高血压,提高免疫力。"说明中草药有着多种功效,可以治疗各种内外科疾病。

推拿是中国传统医学中的一种手法,在《伤寒杂病论》等古籍中都有记载。《伤寒杂病论》说:"推而通之则血气和,瘀血畅。"说明推拿可以通过促进身体的气血运行,排出体内堆积的废物,达到强身健体的效果。

二、针灸

针灸是中医学的一个重要组成部分,指通过针刺人体特定穴位,调节气血、平衡阴阳、增强免疫力等,以达到治疗疾病和保健效果的一种传统中医疗法(图8-7-1)。在针灸治疗中,医师会使用针具刺激人体经络系统中的特定穴位,在穴位受到刺激后,通过调节神经、内分泌等生理机能,从而起到调整身体功能、促进自身修复的作用。针灸不仅可以治疗各种常见病、多发病、慢性病,还可以改善某些亚健康状态,提高身体免疫力和抵抗力。总之,针灸是一种基于经验和理论的传统中医疗法,广泛应用于临床治疗和保健领域。

图 8-7-1 针灸

针灸的起源可以追溯到夏朝时期,距今已有 5000 年以上的历史。据史书记载,最早使用针刺治疗疾病的是名医黄帝和他的弟子岐伯。在《黄帝内经》中,包括《素问》等篇章中都有关于针灸的理论和应用的介绍。这些文献记录了许多针灸治疗的实例,为针灸发展提供了重要的参考和理论基础。在中国各个历史时期，针灸都得到了广泛的应用和推广，并不断发展和完善。汉代张仲景编撰的《金匮要略》、明代李时珍撰的《奇经八脉考》《本草纲目》等著作，更是对针灸的治疗方法、穴位选择、操作技巧等方面进行了总结和规范。

唐宋元明清时期，针灸学风靡全国，有很多优秀的针灸医师和专家涌现出来。唐代孙思邈的《备急千金要方》和明代的虞抟、李时珍等人编纂的《医学正传》等著作，更加完善了针灸理论和应用。

针灸作为中国传统医学的重要组成部分，在不同历史时期都得到了广泛的应用和推广。随着时间的推移，针灸逐渐走向世界，成为一种受到国际社会广泛认可和使用的治疗方式。针灸的发展历程，也反映了中华文明对健康与疾病认识和探索的深度和广度的变迁。

（一）针灸的国际传播

1. 国际学术交流

中国的针灸专家们积极参加国际性学术会议和活动，在国际上推广针灸理论、技术和临床应用，与国际同行分享经验和发展成果。

2. 针灸文献翻译与出版

近年来，国内外的出版社陆续出版了不少有关针灸的英文书籍和期刊，这有助于让国外读者更好地理解和学习针灸知识。针灸是中国传统医学中的独特疗法之一，在《黄帝内经》《伤寒杂病论》等古籍中均有对针灸的记载。《伤寒杂病论》记载："病有所在，必有充盈；充盈者，难以除也。故宜涤其充盈，无其后患。"可见针灸可以促进人体内部的循环，帮助排除体内的有害物质，从而起到清热解毒、祛湿止痛等作用。中医认为，人体的各个部位之间存在着复杂的联系和互动，而针灸正是利用这种联系和互动来治疗疾病的方法。例如，针灸可用于治疗头痛、失眠、消化不良等病症，其原理就是利用针灸对身体各个穴位的刺激，调节人体内部的气血运行，从而达到治疗疾病的效果。

随着科学技术的进步，现代医学已经可以解释针灸的作用机制。研究表明，针灸可以通过刺激神经末梢，促进人体内部的化学物质分泌，从而起到镇痛、消炎等作用。此外，针灸还可以影响全身的免疫系统，增强人体的防御功能，预防疾病的发生。

针灸在国际上得到越来越广泛的应用。许多国家都建立了专门的针灸机构，针灸已被纳入很多国家的医疗保健体系中，成为一种受到国际社会广泛认可和使用的治疗方式。

（二）针灸的理论基础

针灸作为中国传统医学的重要组成部分，其理论基础主要包括以下方面：

1. 经络学说

经络理论是针灸的核心理论之一。在中医学里面，经络系统是一个比较特殊的概念，它是指人体内部传输气血信息的通道系统，由经脉和络脉构成。针灸治疗就是通过调节经络系统，促进气血畅通，从而达到治疗疾病的效果。

2. 阴阳五行学说

阴阳五行学说是中医学的另外一个重要理论体系，也是针灸理论的重要组成部分。阴阳学说主要是通过对事物相互关系的观察和总结而得出的理论；而五行学说则将自然界万物分为五类，即金、木、水、火、土，强调了万物间的相互制约、相互依存的关系。这些理论都对针灸治疗提供了重要的参考和指导。

3. 穴位学说

针灸的应用离不开穴位的选择。中医学认为，在人体经络系统中，有很多特定的穴位，针刺这些穴位可以对疾病起到治疗作用。针灸治疗需要根据疾病的不同，选择适当的穴位进行刺激。

4. 气血生理学说

气血是人体内最重要的两种物质之一，针灸治疗也是通过调节气血的运行来达到治疗疾病的效果。中医学认为，气血互相依存、相互渗透，身体健康与否，与气血是否正常运行密切相关。

针灸的理论基础非常丰富和复杂，涉及中医学的多个领域。这些理论在长期的实践中得到了验证和修正，并不断地被发展和完善。针灸的理论体系，既包括传统的哲学思想，又有科学的表述方式，所以其应用范围非常广泛。

（三）针灸的治疗原则

针灸治疗是通过针刺特定的穴位来调节身体的生理机能，达到治疗疾病和保健养生的效果。在针灸治疗中，有一些基本的治疗原则需要遵循：

1. 辨证论治

针灸治疗需要根据患者的具体病情和身体状态,结合中医的辨证施治思想,进行个性化的治疗。不同的病人可能需要选择不同的穴位、不同的刺激手法和不同的频率强度等。

2. 穴位取穴

穴位的取穴是非常重要的。对于同一种疾病,不同的穴位可能会产生不同的治疗效果。因此,根据病情和辨证精神选择适当的穴位是十分必要的。

3. 针刺方法

针灸的针刺方法主要包括刺、转、捻、提、压等。针灸师需要结合患者的症状和体质,采用适当的刺激方法,确保针灸的治疗效果和安全性。

4. 刺激时间和频率

针灸治疗需要掌握刺激时间和频率,通常是以 5—30 分钟为宜。此外,根据不同病情和辨证精神,可以采用不同的频率和强度,从而达到更好的治疗效果。

5. 预防感染

针灸治疗需要保证卫生环境,避免交叉感染。要注意对穴位和针具进行消毒,并确保操作规范和专业。

在使用针灸治疗时,应该综合考虑患者的身体状况、病情和辨证精神等因素,选取适当的穴位和方法,确保治疗的安全性和有效性。

针灸拥有独特的治疗优势和广泛的适用范围,在中医药领域发挥着重要的作用。针灸治疗可以改善身体的生理功能和免疫力,有效地预防和治疗多种常见疾病。针灸有众多的发展和应用基地,如浙江嘉兴南湖、山东曲阜孔庙等针灸旅游基地,为世界各地的人们提供了一个深入了解中华文化和传统医学的机会。针灸作为一种源远流长的传统中医疗法,在国际范围内得到了广泛认可、应用和推广,已成为世界各国公认的治疗方法之一。

三、正骨

(一)正骨的概述

正骨是一种中医传统疗法,它主要包括手法、按摩、牵引等多个方面,通过调整身体的骨骼、肌肉、关节等结构，改善身体的气血流通，促进脏腑功能平衡和经络通畅，以达到预防和治疗疾病的效果（图 8-7-2）。

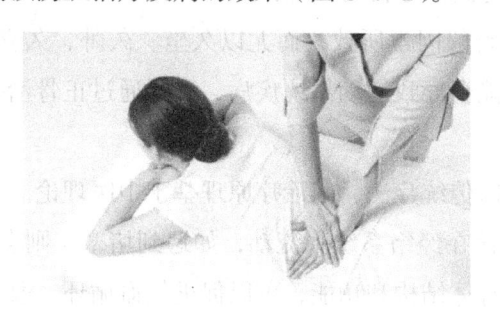

图 8-7-2　正骨

正骨的历史可以追溯到战国时期，当时已经有一些医师运用按摩、推拿等手段进行治疗。张仲景在《伤寒杂病论》中首次提到了"正骨"二字，认为其可以治疗骨折、脱臼等疾病。随着时间的推移，正骨逐渐成为一门完整的学科，并在民间广泛应用。我国最早的医学典籍《黄帝内经》奠定了中医理论体系，其系统、全面地阐述了人体解剖、生理、病机、诊断、治疗等基础理论。《黄帝内经》对人体的骨、脉、筋、肉及气血的生理功能都有精辟的论述，如《灵枢·经脉翼》曰："骨为干，脉为营，筋为刚，肉为墙。"人体外部的皮肉筋骨与体内的五脏六腑关系密切，《黄帝内经》中阐发的"肝主筋、肾主骨、肺主皮毛、脾主肌肉、心主血脉及气伤痛、形伤肿"等基础理论，一直指导着骨伤科的临床实践。不仅如此，《黄帝内经》还对骨病的病因病机进行详细阐释，让人们从根本上认识相关疾病，如《灵枢·刺节真邪篇》曰："虚邪之入于身也，寒与热搏，久留而内著，寒胜其热，则骨疼肉枯，热胜其寒，则烂肉腐肌为脓，内伤骨为骨蚀……有所结，深中骨，气因于骨，骨与气并，日以益大，则为骨疽。"《素问·痹论》中阐述了风、寒、湿为导致痹证的三个主要病因;《素问·痿论》将痿证分为痿躄、脉痿、筋痿、骨痿、肉痿等。这些理论对后世产生了重要影响，为中医骨伤科的辨证论治奠定了基础。此外，《吕氏春秋》认为"流水不腐，户枢不蠹，动也；形气亦然，形不动则精不流，精不流则气郁"，并主张用练功疗法治疗足部"痿躄"（肢体筋脉迟缓、软弱无力、行动不便的疾病），为后世骨伤科动静结合理论的形成奠定了基础。

《素问》中写道："阳明之为腑也，主润养身体，五脏六腑皆属之，传精气于百骸,谷入胃中,化生津液以行奇恒,盛则膨泽,虚则瘁弱。"说明通过调节身体的阴阳平衡来达到治疗目的。《伤寒杂病论》中写道:"夫刺之法,以祛其邪,人之有病者,多由百般因素所致,而尤以久坐、久卧、久立、久行为甚。"说明长时间不良姿势可能会导致运动系统疾病,需要通过正骨治疗来纠正姿势和缓解症状。

正骨是一种中医传统疗法,其治疗原理基于中医理论。人体健康与气血畅通密切相关,气血应该在经络系统中流动,如遇到堵塞,则会形成各种不同病症。正骨通过手法调整身体结构和功能,可以促进气血循环,改善身体的运行和代谢功能。身体内部的脏腑相互关联,任何一个脏器的失调都可能影响到整个身体的健康。正骨通过手法、按摩等手段,可以刺激脏腑运动,促进其功能平衡和协调,从而达到预防和治疗疾病的目的。经络系统是人体内部的能量通道,贯穿全身。正常情况下,经络通畅,能量流动畅顺,人体健康;反之,则会出现各种不同的疾病。正骨通过手法调整身体结构和功能,可以消除经络的阻塞,促进人体健康,以手法为主启动机体的自愈能力,从而达到预防和治疗疾病的目的。与西医常规治疗相比,正骨具有操作简便、副作用小、费用低廉等优点,在许多领域和疾病的治疗上得到了广泛应用。

(二)正骨的手法和操作方法

正骨是指以手掌或手指在特定部位施加力量进行推压、揉捏等手法,以改善气血循环、放松肌肉、缓解疲劳、消除疼痛等效果。手法有捏、拿、挤、推、揉、搓等,需要根据疾病部位和个体情况进行适当调整。按照治疗部位分为颈椎正骨、腰椎正骨、四肢正骨等;按照治疗手法分为推、拽、扭、揉等多个类型。其中,颈椎正骨主要用于治疗颈椎病、肩周炎等疾病;腰椎正骨主要用于治疗腰肌劳损、腰椎间盘突出等疾病;四肢正骨主要用于治疗关节错位、软组织损伤等疾病。

扭转是指通过手法扭动特定关节或部位,以改善关节张力和活动度、缓解肌肉疼痛等效果。扭转时需要注意力度掌握,适量即可,同时需要根据疾病部位和个体情况进行调整。

推拿是指利用手掌、手指、肘等部位进行沿经络走向的推拿,以调节脏腑功能、刺激穴位、促进气血流通等效果。推拿时需要注意力度和节奏,适当按压相应的穴位和经络。

牵引是指通过手法或工具等方式拉伸患者的肌肉和韧带，以改善关节活动度、缓解疼痛、恢复正常结构和功能等效果。牵引时需要根据病情和个体情况进行适当调整，并注意掌握力度。以脊柱为例，脊柱疾病是目前影响人群健康的主要问题之一，而正骨作为一种物理治疗手段，可以通过纠正脊柱的畸形和不正常的结构，促进肌肉和韧带的恢复，加速康复过程，有效降低了康复期的时间和费用成本。亚健康是近年来出现的一个新概念，它指的是人们身体状态处于健康和疾病之间的一种状态。亚健康与生活方式和环境等因素密切相关，而正骨作为一种物理治疗手段，可以通过调整身体结构和功能、促进气血流通、缓解疲劳等方式，改善亚健康状况，提高人们的身体免疫力和抗病能力。

《备急千金要方》记载了当时的正骨治疗方法，"凡人有挛筋缩骨之证，取青葱汁数滴，撮以绵纱，贴厥旁，暴日一日，若有痛者，当愈"，说明当时已经开始将正骨作为一种有效的治疗手段。正骨在骨科领域的应用前景广阔，骨科疾病如脊椎疾病、骨折等日益增多，而传统的手术治疗存在创伤大、恢复周期长等问题。相比之下，正骨具有操作简便、有效快捷、副作用少等优点，可以在某些情况下替代手术治疗，从而成为骨科治疗的重要选择之一。正骨是中医学中重要的分支，对运动系统疾病的治疗有着重要的意义。

第八节　中药

一、藏药

藏药是指藏族传统医学所使用的一种药物系统，具有浓厚的民族文化特色和独特的药物治疗方式。藏药起源于中国西南地区的高原地带，迄今已有几千年的历史。早在唐朝时期，藏族医生就开始使用藏药来治疗疾病，并逐渐形成了自己独特的医学理论和实践经验。随着时代的变迁和文化交流，藏药不断发展壮大，成为中华民族宝贵的民族文化遗产之一。

早在公元126年，根据《五部箴言·大臣箴》史书记载，第一代藏王涅赤赞普来到当时被称为雅隆赞塘的地方，他心中存在着一些疑虑，比如如何对付盗贼、敌人、野牛、毒物和诅咒。他的臣下孜拉·嘎玛月德回答了藏王的问题，其中一条是"用药物来对付'毒物'"。可见吐蕃人民当时不仅知道药，而且还提出"有毒就有药"的结论和解毒方法。取动物内脏，经炮制后加工制成丸，被称为"吐迥旺丹"药丸。至今"吐迥旺丹"药丸仍广在民间使用。

公元641年，文成公主入藏带去了各种文化和技艺，其中包括治疗404种病的医方百种及诊断法5种、医疗器械6种、医学论著4种，其中《医学大全》于7世纪由马哈德瓦等人译名为《门杰前木》，这本医学专著是西藏最早的藏医药古典文献。

藏药按照来源分为植物药、动物药、矿物药；按照性质分为寒性药、凉性药、温性药、热性药等多个类别。其中，植物药是藏药的主要组成部分，包括高山植物、野生草木、树皮、根茎、果实等，常用的有青蒿、黄芪、人参、冬虫夏草等。动物药则主要指珍贵药用动物，如麝香、藏羚羊角等。矿物药则是从矿山中开采的天然矿石或人工制造的化学元素和化合物，如硫黄、雄黄、白芨石等。

藏药是中国传统医学的重要组成部分，它与藏族民间文化密不可分，在历史上一直扮演着重要角色。《四部医典》等著作对藏药的研究产生了深远的影响。《四部医典》是我国古代的医学经典之一，其中记载了许多藏药方剂的制备方法、性味功效等信息。例如，书中记载"青木香味辛温，能补气，去风湿，消肿痛，除虫毒"，说明青木香可以用于治疗多种病症。

2014年6月，西藏人民出版社出版了《中国藏医药影印古籍珍本》，这是藏族医学的重要著作之一，藏药是中国传统医学的重要组成部分，具有独特的理论体系和治疗方法。它主要以天然植物、矿物质及动物等为原料，通过配合运用来达到治疗疾病的目的。藏药在中西医结合治疗中发挥着越来越重要的作用。

二、苗药

苗药起源于中国南方少数民族地区，迄今已有几千年的历史。早在唐朝时期，苗族医生就开始使用苗药来治疗疾病，并逐渐形成了自己独特的医学理论和实践经验。随着时代的变迁和文化交流，苗药不断发展壮大，成为中华民族宝贵的民族文化遗产之一。清《道光凤凰厅志·丧葬篇》载："苗地多产药饵，其药名诡异，非方书所载，或吞或敷，奏效甚捷。"据统计，苗族用药涉及的品种应在3000种以上，常用的品种约 300—500 种。苗族的农艺巫医源于神农，神农氏与苗族先民有着极其深厚的历史渊源，正如《淮南子》所云："神农播百谷也，因苗以为教。"《说苑·辨物》载有："吾闻古之为医者曰苗父。苗父之为医也，以菅为席，以刍为狗，北面而祝，发十言耳。诸扶而来者，举而来者，皆平复如故。""苗父"者谁？范氏认为："刘向《说苑》说上古有人名苗父……这个苗父就是黎、苗族的巫师（巫医），巫师治病主要是祈祷禁咒术，但也逐渐用些酒、草等药物。"

苗药按照来源分为植物药、动物药、矿物药；按照性质分为寒性药、凉性药、温性药、热性药等多个类别。其中，植物药是苗药的主要组成部分，包括野生草木、树皮、根茎、果实等，常用的有川芎、当归、金银花、玉竹等。动物药则主要指珍贵药用动物，如枸杞虫、人工麝香等。矿物药则是从矿山中开采的天然矿石或人工制造的化学元素和化合物，如硫黄、雄黄、白芨石等。

苗药不仅具有丰富的药物资源和多样化的药物种类，还具有独特的药物治疗方式和理论体系。苗药强调顺应自然和个性化，即在治疗疾病的同时，也注重调节身体内在的阴阳平衡和五行相克关系，根据患者的体质、病情、环境等因素，选择合适的药物和治疗方法来达到最佳的治疗效果。苗药也注重预防和保健，通过增强身体的免疫力和抵抗力来预防疾病的发生。

第九节　线装书

线装书就是以线类进行装订的图书类型，线装书又称古线装，是古代中国劳动人民的重要发明（图 8-9-1）。

图 8-9-1　线装书

文献中的国粹鉴赏

中国古代的纸本书经历了卷轴和册页两个阶段。卷轴由卷、轴、缥、带组装成。汉、唐代只有这种卷轴形式的书。今天我们看到挂在墙上的轴画、书法，仍是卷轴装的遗风。宋代是书籍印刷爆发的时代，在这一时期开始出现多种多样的装订方法。宋代是书籍装订形式大发展时期与奠定时期，不仅蝴蝶装、包背装等装订形式明确产生在宋代，线装书也产生于这一时期。我国在宋代诞生了第一家线装书局——中国线装书局。

而今把竖排用线订装书统称为线装书。其特点是采用竖向纸张、竖行排版的方式进行编排。竖排订装书在中国历史上广泛应用于文化、科技、政治等领域，是中华文化中不可或缺的重要组成部分。

据《线装书的历史变迁及其文化价值》所述，线装书的历史可以追溯到唐代，当时已经开始采用类似于现在的线扎和针扎的装订方式。宋代时期，线装书达到了高峰，成为中国书籍装订的主要方式之一。明清时期，线装书逐渐被平装和胶装所替代，但是在某些领域仍然得到了广泛的应用。

线装书的装订方式非常独特，需要将书页折叠成若干个签子，并使用线穿过签子的夹口，在书脊两侧交叉系紧。这种装订方式既方便阅读者翻阅，又使书页能够长时间保存，不易损坏。据《中国文化遗产》所述，线装书的装订方式还能够根据书籍内容进行相应的调整，如诗歌、文学和文言文等类型的书籍需要分别采用不同的装订方法。

线装书在现代社会中得到了广泛的关注和传承。据《唐代线装书的特点及其变迁》所述，在数字化阅读盛行的今天，许多人仍然喜欢通过线装书来感受传统文化的魅力。同时，线装书也被赋予了新的意义，如艺术收藏、手工制作、礼品赠送等领域都开始使用线装书。

尽管线装书已经历了数百年的时间，但是它依然在现代社会中发挥着独特的作用，并且得到了广泛的关注和传承。我们应该加强对线装书的认识和研究，推动其艺术表现和文化价值的发展。

竖排订装书在中国传统文化中具有非常重要的地位和意义。它不仅是中国文化传统中的重要组成部分，同时也是中国文化精髓的体现。其重要地位和意义主要表现在以下几个方面：突出中国文化的独特性，竖排订装书采用竖行排列的方式进行编排，与西方横向排列的书籍存在很大的差别，因此体现了中国文化的独特性；增强中国书法艺术的表现力，竖排订装书对于中国书法艺术具有很大的影响，这是由于竖向排列的文字与图案更加流畅、优美，能够更好地展示中国书法的特点和美感。

第九章 经典文献的思想之美

经典文献著作不仅对培养大脑思维有重要意义，还具有培养审美力、愉悦心灵之功能，此外还具有借鉴、参照、垂范乃至资治的社会文化功能。按图索骥，我们才不至于在海量的古籍图像面前不知所措。文献审美不是装腔作势，它是一种文化的积淀。《论语》孔子曰："学而时习之，不亦说乎？"经典千百年来就站在那里，不离不弃，等待后世读书人从内向外张开双臂的拥抱，通过阅读经典名著帮助思考，激发思维，感悟人生。《离骚》屈原告诉我们："路漫漫其修远兮，吾将上下而求索。"在浩如烟海、灿若繁星的典籍文献中，可泛舟书海、左图右史亦可踏雪寻梅。《菜根谭》洪应明道："文章做到极处，无有他奇，只是恰到好处；人品做到极处，无有他异，只是本然。"传统典籍是先贤智慧的结晶，蕴藏着人生哲理。在日常生活中遇到困惑与疑问，都能从这些典籍中找到答案。经典文献蕴藏着中国精神之源，是融入血脉的文化滋养。既要做"后世读书人"，更要当"后世传书人"，如康德所说："有两样东西越持久和深沉地思考，就越赞叹与敬畏充溢着心灵，那就是头顶的星空和内心的道德。"经典著作的深刻内涵促使虔诚的读书人和传书人把中华文化的智慧和力量，代代相传，生生不息。

第一节 《永乐大典》

《永乐大典》全书共 22877 卷，11095 册，约 3.7 亿字，参与编纂人员累计达 3000 多人。其内容包罗万象，收录了经、史、子、集、百家之书，包含天文、地理、阴阳、医术、占卜、僧道、技艺等当时的各领域文献，可以当之无愧地说是明代之前中华文明的百科全书（图 9-1-1）。

图 9-1-1 《永乐大典》

　　《永乐大典》在明永乐年间修成之后，只是抄录了一部"永乐正本"作为备用。到了嘉靖年间，又抄录了一部作为副本。后来，收录《永乐大典》的南京文渊阁起火，《永乐大典》原著付之一炬。又经过朝代更迭，历经战乱、火灾与掳掠，《永乐大典》现今留存于世的部分也不过只剩下800余册，散落在世界各地。

　　《永乐大典》是迄今为止世界最大的百科全书，它保存了14世纪以前的中国文学、哲学、历史、地理、宗教及各种技术内容，可以称得上是中华文明的见证。但是从文化传播的角度来讲，《永乐大典》并没有被大规模的刊印和抄录，也就没有起到文化传播与教化世人的作用。时间推移，这记录着天文、地理、技术医疗等等的上万册典文几乎散失殆尽，最终在历史的洪流中逐渐被淡忘，令人惋惜。

第二节 《四库全书》

　　《四库全书》是清代乾隆年间所编修的大型丛书，是中国古代最大的文化工程，对中国古典文化进行了一次最全面的总结（图9-2-1）。《四库全书》共收入书籍3460多种，含79000多卷，分为36000多册。其所包含的书籍，根据内容分为经、史、子、集四部分。

图 9-2-1 《四库全书》

《四库全书》编撰完成之后，一共抄录了 7 部。目前这 7 部之中，文源阁本、文宗阁本、文汇阁本已荡然无存，文渊阁本（藏台北故宫博物院）、文津阁本（藏中国国家图书馆）、文溯阁本（原藏沈阳故宫博物院，现藏甘肃图书馆）和文澜阁本（藏浙江图书馆）传世至今。这使得我们今天仍然可以窥其全貌。

一、经部典籍

经部典籍的核心是被历代儒者奉为经典的"十三经"，包括《周易》《尚书》《诗经》《周礼》《仪礼》《礼记》《春秋左氏传》《春秋公羊传》《春秋谷梁传》《论语》《孝经》《尔雅》《孟子》13 部书。宋明理学虽以《大学》《中庸》《论语》《孟子》等"四书"为重，但《大学》《中庸》终归是《礼记》中的篇章，《论语》《孟子》也在"十三经"之内，因而经学的主要典籍仍为"十三经"。

《山海经》是先秦重要古籍。涵盖地理学、科技史、民俗学、史学、医学、玄学以及神话和宗教等涉及多学科类别的一些史上最早文献的著述，反映了中华农耕民族文化的精神和价值取向。也有关于师法自然、天人合一的风水记载。如在《北山经》中，描述了雒阳北山的风水格局："其中左右高下，神仙所隐。左高曰崇山，右高曰翠华，正南曰丹井"。这些语言表达了中国传统文化中对于自然环境和自然景观的关注和尊重。

《易经》又称《周易》，是哲学经典文献。全书按六十四卦编纂，其中涉及许多关于阴阳、五行的理论和应用，描述了各种情况下阴阳五行相互转化的规律，《易经》的研究经久不衰。

《素问》《黄帝内经》是经典医学文献，对阴阳五行理论在中医药领域中的应用做了详细的阐述。还有记载了中国古代早期历史和政治制度的经典《尚书》，记载了中国古代社会礼仪和音乐等方面的著作《礼记·乐记》。

二、史部典籍

《四库全书》中各种体裁历史著作归为史部。从先秦到明清前的史籍分为"正史类""编年类""纪事本末类""别史类""杂史类""诏令奏议类""传记类""史抄类""载记类""时令类""地理类""职官类""政书类""目录类""史评类""汇编类"。

先秦时期是史籍的产生阶段，但出于这个时期的史籍较少，且在当时史部是经部的附庸。有的史籍也被尊为经籍，有以下文献概览书目：

《北齐书》《北史》《曹子建集》《陈书》《大宋宣和遗事》《国语》《汉书》《后汉书》《金史》《晋书》《旧唐书》《旧五代史》《开元天宝遗事》《梁书》《辽史》《洛阳伽蓝记》《明史》《穆天子》《南齐书》《南史》《清史稿》《三国志》《山海经》《史记》《史通》《书目答问》《水经注》《宋史》《宋书》《隋书》《魏书》《文史通义》《新唐书》《新五代史》《元史》《战国策》《贞观政要》《周书》。

三、子部典籍

子部分为"儒家类""兵家类""法家类""农家类""医家类""天文算法类""术数类""艺术类""谱录类""杂家类""类书类""丛书类""汇编类""小说家类""释家类""道家类""耶教类""回教类""西学格致类"。有以下文献概览书目：

《老子》《墨子》《庄子》《列子》《荀子》《鬼谷子》《韩非子》《淮南子》《茶经》《棋经》《九章算术》《初刻拍案惊奇》《二刻拍案惊奇》《近思录》《黄帝内经素问》《黄庭内景经》《黄庭外景经》《东京梦华录》《公孙龙子》《乐府杂录》《洛阳牡丹记》《吕氏春秋》《心经》《六祖坛经》《金刚经》《林泉高致》《容斋随笔》《世说新语》《四十二章经》《孙子兵法》《太上感应篇》《武林旧事》《三国演义》《聊斋志异》《西游记》《水浒传》《红楼梦》《搜神记》《颜氏家训》《新书》《扬子法言》《阴符经》《尹文子》《游仙窟》《喻世明言》《周易参同契》等。

四、集部典籍

集部分为"楚辞类""别集类""总集类""词曲类""闺阁类",有以下文献概览书目:

《楚辞》《窦娥冤》《二十四诗品》《古文观止》《绝妙好词》《乐府诗集》《柳宗集》《诗品》《六朝文絜》《六一诗话》《牡丹亭》《欧阳修集》《全宋词》《全唐诗》《人间词话》《苏轼集》《唐诗三百首》《陶渊明集》《文心雕龙文选》《西厢记》《玉台新咏》。

第三节 敦煌学

敦煌学是以敦煌文书和敦煌石窟艺术为主要研究对象的新兴学科。"敦煌学"一词最早出现于20世纪,陈寅恪为陈垣编《敦煌劫余录》所作的序中称:"敦煌学者,今日世界学术之新潮流也。"随后学者们便普遍用"敦煌学"来指称。敦煌非遗文化包括但不限于以下几个方面:敦煌宝卷、敦煌相关诗词、敦煌莫高窟传说、敦煌汉简制作技艺、敦煌篆刻、敦煌杏皮水制作技艺、敦煌烽燧长城建造技艺、敦煌堡子建造技艺、敦煌石粉颜料制作技艺、敦煌印染技艺、敦煌服饰、敦煌"打春牛"等非物质文化遗产。敦煌最早出现在《汉书·西域传》中,是古代西域重要的交通枢纽和商业贸易中心。它背依祁连山,面临塔克拉玛干沙漠,地理位置得天独厚,有着壮美的自然风光(图9-3-1)。敦煌是中国甘肃省酒泉市的一座古城,以其壮丽的莫高窟和千佛洞等古代石窟艺术遗址而闻名于世。敦煌作为一座古代城市,其历史可以追溯到汉代时期。当时的敦煌地区是丝绸之路上的重要驿站和商贸中心,在经济、文化和宗教方面都具有重要地位。

图9-3-1 敦煌

在唐代和五代十国时期，敦煌更是成为佛教文化的中心，形成了许多规模宏大的佛教石窟和寺庙。《敦煌莫高窟的艺术风格与美学意义》认为，这些石窟和寺庙不仅展示了中国古代建筑和雕刻艺术的精湛水平，也为后世留下了宝贵的文化遗产。敦煌的艺术遗产中莫高窟最具代表性，莫高窟共有735个洞窟和45000余尊佛像、壁画，是世界上保存最完整、规模最大、内容最丰富的佛教艺术宝库之一。莫高窟中的壁画和佛像涵盖了佛教、道教、摩尼教等多种宗教题材，反映了当时的政治、文化和社会生活，也展示了中国古代绘画和雕刻的高超技艺。此外，敦煌还保存有大量的碑刻和书法作品，其中不少是历史名人的手迹或题词。敦煌的文化遗产不仅体现在艺术方面，还包括了古代科技、历史事件和民俗文化等多个方面。敦煌地区曾是中亚和中国西部重要的交通和商贸中心，这里的商贸活动催生了许多特色的民俗文化，如敦煌市集、胡琴音乐、马踏花等。这些民俗文化不仅展示了当地人民的生活方式和价值观念，也为中华文化的多元性和丰富性提供了有力证明。

因位于丝绸之路上，敦煌还被称为"丝绸之路上的明珠"。敦煌以其独特的艺术和文化而闻名于世，敦煌还是中国文学史上的重要遗产之一，以敦煌遗书、敦煌文集等著称于世。其中著名的"敦煌之夜"更是一件重要的文学事件。敦煌作为中国历史文化名城，拥有着深厚的历史渊源和文化底蕴。它以其独特的壁画艺术、文学和音乐而闻名于世，是中华民族文化传承的重要载体之一。

《敦煌作为丝路文化遗产的价值与保护》中谈道，敦煌壁画是我国古代艺术中的瑰宝，也是世界文化遗产中的重要组成部分。它们始建于公元4世纪，历经千年漫长岁月，至今仍保持着较好的保存状态。敦煌壁画分为莫高窟和敦煌石窟两大类，其中莫高窟位于鸣沙山东麓，被誉为"世界佛教艺术博物馆"；敦煌石窟则位于城北约25千米处，有22个洞窟和5个石窟，在壁画的创作和形式上都与莫高窟相似，但在风格上略有不同。敦煌壁画不仅在意识形态、民俗习惯和科技发展等各方面呈现出当时中国社会的真实面貌，同时也展示了中国古代绘画、雕塑和建筑的高度艺术成就。敦煌壁画的创作年代跨越了南北朝、隋唐、五代和西夏等时期，因此它们不仅反映出佛教在中国社会中的传播与发展历程，还揭示出中国社会各个时期的文化、政治、经济等多重面貌。

敦煌壁画兼具中国传统绘画艺术和西域地区的绘画技法，其中包括笔法、色彩、构图等方面。这些表现形式一定程度上体现了不同历史阶段下人们对美学审美理念的思考和探索。

敦煌壁画的内容涵盖了佛教故事、神话传说、历史事件、道教、儒家等各种题材。这些内容既是当时社会的反映，也是艺术家对于世界万物和人生的思考和诠释。在东西方文化交流中，敦煌壁画也发挥了重要的作用。敦煌壁画的艺术价值不仅在于其精湛的绘画技法和生动的表现手法，更在于其所体现的文化、历史和审美价值。敦煌壁画对中国美术史的发展、中华民族文化传承和世界艺术史的发展都产生了重要的影响。敦煌壁画是中国古代艺术和文化的杰出代表，它们在中国美术史上的地位和影响力非常重要。作为中国和世界的文化遗产，敦煌壁画代表着中华民族悠久的历史和博大精深的文化底蕴，也是现代人们了解古代文明和历史的重要途径之一。

《甘肃敦煌地区的文化资源开发》介绍，敦煌是中国文学史上重要的文化地区之一，以其独特的文学作品而闻名于世。敦煌文学是指在莫高窟和敦煌石窟等地出土的文学作品，包括诗歌、散文、小说等多种文体。敦煌文学产生的历史背景十分复杂。在唐朝时期，敦煌处于西域交通和文化的中心地带，多元文化的交流和融合使得这里的人们拥有了很高的文化素养，同时也吸引了众多文学艺术家前来创作。后来，因战乱和自然灾害的影响，这些文学作品被掩埋在沙漠之下，直到20世纪初才被重新发现。敦煌文学融合了汉、藏、回等多种文化风格和艺术形式，兼具西域与中原文化的特点，展现出异域文化与本土文化相融合的独特风情。敦煌文学作品在表现技巧与艺术境界上都体现出较高的水准。其语言的运用、形象的刻画以及情感的表达都表现出当时文学艺术发展的成就。

敦煌学对中国文学史的贡献主要有：丰富了中国文学的内容和题材，增加了文学作品的多元化和包容性。通过对历史、文化和社会生活的描述，使读者更好地了解和理解古代中国社会的真实面貌，为中国文学艺术的发展提供了重要的历史参考。敦煌文学也对人类文明产生了深远的影响，它反映了东西方文化交流的历史和过程，为世界文化史提供了重要的资料和证明。敦煌文学是中国和世界文化遗产中的重要组成部分，它为人类文明的发展作出了重要的贡献，并将继续为后代留下珍贵的历史和文化遗产。敦煌文学作为中国古代文化中的瑰宝之一，不仅丰富了中国文学的内涵和外延，同时也为东西方文化交流提供了重要的参考和证明。

敦煌文学中"敦煌之夜"的活动在中国文学史上有着特殊的地位。它不仅推动了敦煌文学作品的全面展示和发掘，更吸引了众多知名作家和文学家前来参加。其中，王国维的《莫高窟诗集》更被誉为"敦煌文学的巨匠之作"，在中国文学史上占据着重要地位。

敦煌艺术和文学以其独特的艺术风格和文学价值，向人们展现了中华民族博大精深的文化底蕴和美学魅力。敦煌艺术作品的创作时期跨越了数个朝代，包括了中国传统绘画和雕塑艺术，也融合了西域文化。这些作品以其丰富的色彩、优美的线条，以及精湛的表现技巧，展现了中华民族博大精深的艺术造诣。敦煌文学涵盖了各种文学类别，内容丰富多彩，不仅反映出敦煌当时社会的风貌与思想，也展现了中国文学复杂多样的面貌。敦煌艺术和文学作品不仅反映出当时社会的历史、文化和审美观念，也对历史的传承和创新作出了重要的贡献。它们既是中国古代文化遗产的珍贵载体，也为后代提供了丰富的历史和文化经验。敦煌艺术和文学作品融合了汉文化、西域文化和佛教文化等多种文化元素，是中西文化交流的珍贵文化遗产。

敦煌艺术和文学作品以其博大精深的文化内涵和艺术价值，向人们展示了中国古代文化的瑰宝和美学魅力，同时也为世界文化遗产的保护和传承作出了重要的贡献。这些作品所呈现出来的"国风之美"，将会继续影响着后人，并激励着人们不断挖掘、找回敦煌非物质文化遗产，做中华民族的文化、艺术和美的探索者和追寻者。

第四节 《天工开物》

《天工开物》是明朝科学家宋应星的著作，被誉为"中国古代的百科全书"。这部作品的名称取自《诗经》中的"天工开物，各得其和"，表述了作者对于人与自然和谐共存、开创万物的理念，是古代中国的科技杰作（图9-4-1）。

文献中的国粹鉴赏

图 9-4-1 《天工开物》

《天工开物》分为4卷,共计110篇,涵盖了农业、手艺、化学、医药、食品加工、冶金、陶瓷、纺织、建筑等诸多领域。这部著作不仅详细记载了当时的生产工艺,而且对一些器具的制作方法和使用原理进行了深入的解析,反映了当时中国社会的生产力水平和科技成就。宋应星在《天工开物》中以实践为主线,反对空谈理论。他亲自实践,亲自观察,亲自实验,以确保所记载的内容准确无误。这种实践性在古代科技文献中十分罕见,表现了他对科学精神的深刻理解。

《天工开物》不仅详细记载了各种生产工艺,而且将它们有机地组织起来,形成了一个完整的系统。《天工开物》提出了以无为有、以有为无的理念,这实际上是对物质变化的科学认识。这种系统性使得这部著作具有很高的科学价值和实用价值。

《天工开物》对现代科技发展产生了深远影响。许多在《天工开物》中记载的生产工艺,如造纸、印刷、冶金等,都为现代工业生产提供了重要思路。同时,宋应星的科学精神也为现代科学家树立了典范,《天工开物》是我们理解和研究古代中国科技历史的重要资源。

第五节　重荐经典

一、《诗经》

《诗经》是中国古代诗歌的开端，是最早的一部诗歌总集，收集了西周初年至春秋中叶（前 11 世纪至前 6 世纪）的诗歌，共 311 篇，反映了周初至周晚期约 500 年间的社会面貌（图 9-5-1）。

图 9-5-1　《诗经》

《诗经》在内容上分为《风》《雅》《颂》三个部分，手法上分为赋、比、兴。《风》是周代各地的歌谣；《雅》是周人的正声雅乐，又分《小雅》和《大雅》；《颂》是周王庭和贵族宗庙祭祀的乐歌，又分为《周颂》《鲁颂》和《商颂》。其中 6 篇为笙诗，即只有标题，没有内容，称为笙诗六篇（《南陔》《白华》《华黍》《由庚》《崇丘》《由仪》）。《诗经》的作者绝大部分已经无法考证，传为尹吉甫采集、孔子编订。《诗经》在先秦时期称为《诗》，或取其整数称《诗三百》。西汉时被尊为儒家经典，始称《诗经》，并沿用至今。《诗经》内容丰富，反映了劳动与爱情、战争与徭役、压迫与反抗、风俗与婚姻、祭祖与宴会，甚至天象、地貌、动物、植物等方方面面，是周代社会生活的一面镜子。

二、《易经》

《易经》的起源可以追溯到商代晚期或西周初期。据《尚书》记载，周文王曾经在梦中得到了八卦图像，从而开创了易经之道（图9-5-2）。

图9-5-2 周易八卦

《易经》整体分为两个部分：《周易》和《易传》。《周易》是八卦与六十四卦的主要内容，而《易传》则是对这些符号、象征和变化过程的注解和解释。《易经》被广泛地应用于许多方面，如军事战略、政治决策、医学健康、人际交往，等等。它也被认为是中国传统文化的核心之一。关于《易经》的文献资料包括《易传》、《礼记·乐记》中的《太玄》、北宋朱熹所作的《周易集传》等。此外，明代李善注的《周易本义》和清朝赵翼注的《周易集解》也是《易经》研究中非常重要的文献。

《易经》的研究有着悠久的历史，自汉代以来就有了许多注解和研究。其中，最有名的当数三国时期诸葛亮所写的《杂志》，它集结了许多先前的解释和注解，并开创了"象数"之说。

易学在宋代达到了极盛，在当时形成了大量的关于《易经》的研究理论和学派。其中包括了程颐、朱熹等人的学派，以及王阳明、李贽等人的思想。以下仅是《易经》研究的一部分文献资料。

《尚书》：一部记载了中国古代早期历史和政治制度的经典。

《礼记·乐记》：一部记载了中国古代社会礼仪和音乐等方面的著作。

《周易集传》：北宋朱熹所作的对《易经》的注释和解释的文献。

《周易本义》：明代李善所著的对《易经》的注释和解释的文献。

《周易集解》：清朝赵翼所著的对《易经》的注释和解释的文献。

《杂志》：三国时期诸葛亮所写的关于《易经》的注解和研究。

（一）《易经》的起源和基本概念

《易经》又称《周易》，是中国古代一部非常重要的文化遗产。《易经》主要包括两个部分：八卦和六十四卦。八卦是由三个阳线和三个阴线组成的符号，如乾、坤、震、巽、离、坎、艮、兑等。八卦象征着自然界中的不同事物和状态，具有深刻的哲学意义。

六十四卦则是由两个相反的三爻组成的符号，它们由八卦演变而来。每个卦象都具有特定的含义和预示，人们通过投掷三枚硬币或用蓍草占卜，以获取六十四卦之一，进而进行预测和解读。《易经》的哲学思想包含了阴阳二元论、五行相生相克、变通无穷等观念。其核心思想是道法自然，强调人与自然之间的和谐关系，提倡从宏观角度去看待问题，以及注重自我修炼和自我完善。

在古代，《易经》被用于战争中的决策和谋略。曹操就曾引用《易经》中的《系辞传》记述"变化不测，水火不兼"来阐述作战思路。《易经》也被用于王朝的建立和统治。明太祖朱元璋在建立明朝时，便使用易经占卜，得到了"乾坤之隆"的结果。《易经》还被用于医学诊断和治疗。古人认为身体和自然界遵循同样的道理，因此可以从《易经》中找到治疗疾病的方法。《易经》可以指导我们找到自己的处世之道，掌握生活的节奏。《易经》中描述了不同卦象的含义和象征意义，以及对应的处事方法，可以帮助我们明确自己的处事原则。

（二）《易经》的研究历史和主要学派

《易经》是中国古代的一部重要哲学著作，自古以来被广泛应用于占卜、军事、政治、医学等领域。在历史上，《易经》的研究可以追溯到西周时期，随着时间的推移，经过多个阶段的发展，形成了多种不同的学派。易学主要有两大学派：

《周易》学派：早期由周朝的文人贵族所创，强调对《周易》原典本身的解释和研究。阴阳家学派：由春秋战国时期的道家思想家创立，注重对《周易》象数、卦爻之间阴阳五行关系的研究。此外，还有许多其他的易学支派，如老子学派、墨家学派等。《易经》的研究历程中涌现出了很多杰出的人物和著作，主要包括：

王弼：东晋时期的儒家学者，著有《易经注》。

> 文献中的国粹鉴赏

郭店：东汉时期的学者，在河南郭店出土了《周易》石经，成为《周易》研究的重要资料。

朱熹：宋代著名哲学家、儒学家，著有《周易集解》等易学著作。

王夫之：明代思想家，著有《易传》。

《易经》在不同的历史时期，经历了不同的变革和发展。在西周时期，《周易》主要是用于卜筮预测；到了春秋战国时期，人们开始探讨《周易》中的哲学思想，并将其与道家、阴阳五行等思想相结合，形成了易学体系。随着时间的推移，易学渐成熟，进入唐代之后，《易经》的研究逐渐脱离了卜筮预测的范畴，转向纯粹的哲学研究，形成了多种不同的学派。在现代，很多学者将《易经》与当代科技、经济、管理等领域相结合，进行创新性应用和研究。

《易经》在当代中国社会中具有重要的地位和作用。一方面，《易经》被广泛应用于企业管理、领导决策、个人成长等领域，是现代商业、管理、心理学等学科中的一个重要组成部分；另一方面，《易经》还是传统文化和哲学思想的重要代表之一，对于维护中华优秀传统文化、促进人类文明进步具有重要的意义。

三、《孙子兵法》

《孙子兵法》是一本关于军事战争的著作，其作者为中国古代春秋战国时期的军事家、政治家孙武。该书最初成书的时间可能在公元前 5 世纪左右，而现存版本据说是南北朝时期的人所整理的（图 9-5-3）。

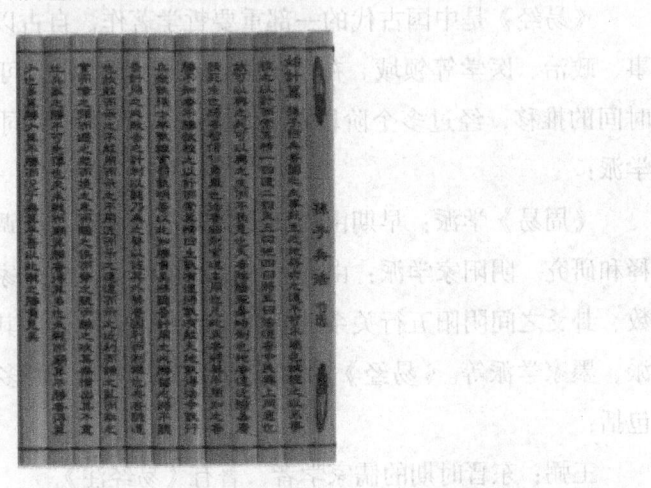

图 9-5-3 《孙子兵法》

《孙子兵法》一共分为13篇，包括始计篇、作战计篇、谋攻篇、军形篇、兵势篇、虚实篇、军争篇、九变篇、行军篇、地形篇等。全书内容涉及军队组建、作战计划、兵器使用、间谍情报、攻城略地等多个方面，是中国古代最重要的军事著作之一。

《孙子兵法》在中国历史上影响深远，自出版之后就被广泛流传和应用。尤其是在中国古代战争时期，《孙子兵法》被认为是制胜利器，几乎所有的将领都会熟读此书。除了在战争中的应用，《孙子兵法》也被运用到政治和商业领域，成为施政和经商的智慧和经验的象征。

至今，《孙子兵法》依然被广泛地应用和研究，不仅对中国内外军事理论领域产生了巨大的影响，也对后来的政治家、商人、文化人等产生了深远的影响。

《孙子兵法》被誉为"兵家之母"，在军事上具有很高的实用性。它系统地阐述了战争的本质和规律，提出了许多关于军事作战的基本原则和策略。这些原则和策略不仅适用于古代战争，也为现代军事理论提供了借鉴和参考，使得《孙子兵法》成为一部具有普遍价值的经典著作。《孙子兵法》还对中国历史和文化的发展产生了深远的影响。孙武提倡以少胜多、以弱胜强的思想，要求将领们始终保持清醒的头脑和冷静的判断力，从而指导人们不断地探索勇气、机智和智慧等军事素质的培养，进而促进了中国文化中勇高妙绝的精神面貌的形成和发展。《孙子兵法》既体现了中国古代军事的智慧，也体现了中国古代文化的智慧。《孙子兵法》重视军事人才的选拔和培养，关注士兵的精神状况以及对战争全局的把握等方面的内容，这些思想不仅可以用于军事领域，也可用于社会的发展。

《孙子兵法》虽然写成于2000多年前，但仍对现代社会产生着深远的影响。首先，《孙子兵法》的思想对于现代军事理论具有启示意义。现代战争在技术上和战术策略上都有极大的发展，但《孙子兵法》中的一些基本原则和策略依然适用于现代战争。如《孙子兵法》中强调的以少胜多、以巧制胜的思想，可以为现代军事指导提供借鉴。其次，《孙子兵法》强调了运筹帷幄之策，注重谋略和智慧的应用，这些思想不仅适用于军事领域，也适用于商业和管理领域。如《孙子兵法》中所说的知己知彼、百战不殆，可以引导企业经营者在市场竞争中掌握自身的优势和对手的弱点，实现商业成功。最后，《孙子兵法》的思想对于人才选拔、教育和培养也具有启示意义。《孙子兵法》中提出的"能者上、不肖下"的思想，强调了人才的重要性,这一思想可以为现代社会的人才选拔和培养提供借鉴。

《孙子兵法》带来的和平之美。《孙子兵法》作为中国古代的一部经典著作,不仅对战争有着深刻的思考和总结,也展现了中国文化中的制衡魅力。首先,《孙子兵法》体现了中国传统文化的理性思维和智慧。《孙子兵法》以军事作战为主题,但其思考和总结却远非简单的武力和血腥。作品中所涉及的策略、谋略、军纪等都是在智慧指导下的产物,彰显了中国古代人们运用理性思维的高超水平。其次,《孙子兵法》体现了中国古代文化的深邃内涵。作品中所表述的思想和哲学,包括虚实、计谋、变化等,凸显出中国古代文化中深邃的内涵和思辨精神。最后,《孙子兵法》体现了中国文化的精神风貌和价值观。强调了"道德居先"的思想,要求将领们始终保持清醒的头脑和冷静的判断力,这也反映出中国文化中尊重道德、注重人文的精神风貌和价值观。

《孙子兵法》共有13篇,涵盖了战争的各个方面,包括战争目的、军队组织、指挥管理、战役布阵、兵器装备、谋略策略等。突出了"以计为主""勿轻敌""攻其不备,出其不意"等思想,提出了"知彼知己,百战不殆""兵无常势,水无常形"等军事原则和战略战术。《孙子兵法》强调战略思维和谋略策划,提出了许多具有普遍性的原则和方法,如"以逸待劳""乘势而行""虚实相生"等,这些原则和方法不仅可以用于军事领域,也可以应用于其他领域。同时,《孙子兵法》还反映了中国古代文化和哲学思想的精华,具有重要的历史、文化价值和国际影响力。其思想和原则在现代军事理论和实践中得到广泛应用。如在美国西点军校教育中,其被列为必修课程,成为美国军事教育的重要组成部分。在商业领域,其思想和原则也被广泛应用,如企业战略规划、市场营销策略等领域。

《孙子兵法》以制胜为根本目标,关注的不仅是战争技术和策略,更关注将领们的品德和智慧的修炼。因此,它强调道和德的重要性,提倡以诚相待、谨慎行事的理念,与中国古代哲学的儒家思想相契合。其文化意义在于对人才选拔、教育和培养的启示。认为优秀的将领应该能够洞察形势,掌握战机,同时对士兵进行教育和培养。

参考文献

[1] 阿克当阿修，姚文田，等．嘉庆重修扬州府志 [M]．扬州：广陵书社，2006．

[2] 巴金．寒夜 [M]．北京：人民文学出版社，2020．

[3] 班固．汉书 [M]．北京：作家出版社，2017．

[4] 北京市地方志编纂委员会编．北京志·市政卷·房地产志 [M]．北京：北京出版社，2000．

[5] 蔡美彪等．中国通史（第三册）[M]．北京：人民出版社，1978．

[6] 蔡襄．茶录（宋蝉翅拓本），上海图书馆藏。

[7] 曹雪芹．红楼梦 [M]．北京：人民文学出版社，1996．

[8] 柴剑虹．敦煌学十讲 [M]．杭州：浙江古籍出版社，2023．

[9] 常书鸿．敦煌莫高窟·序 [M]．北京：文物出版社，1982．

[10] 王烨．中国古代礼仪 [M]．北京：北京文物出版社，2010．

[11] 陈树勋．中国青铜器大系 [M]．北京：文物出版社，2000．

[12] 陈祥．报恩寺塔记 [M]．岳阳：岳阳市人民出版社，2005．

[13] 陈元靓．事林广记 [M]．南京：江苏人民出版社，2011．

[14] 陈正雷．陈氏太极拳养生功 [M]．北京：人民体育出版社，2002．

[15] 程大昌．演繁露 [M] 济南：山东人民出版社，2018．

[16] 崔豹．古今注校笺 [M]．北京：中国文史出版社，2014．

[17] 戴圣．礼记 [M] 北京：中华书局，2022．

[18] 戴逸．简明清史 [M]．北京：人民出版社，1980．

[19] 丹尼尔·韦伯．中国窑洞：传统生活在北方山区 [M]．南京：译林出版社，2008．

[20] 邓散木．篆刻学 [M]．贵阳：贵州人民出版社，2006．

[21] 丁度等．集韵 [M]．北京：北京市中国书店，1983．

[22] 敦崇．燕京岁时记 [M]．北京：北京出版社，1961．

[23] 多桑、冯承钧.蒙古史[M].北京：商务印书馆，2013.

[24] 樊锦诗.我心归处是敦煌[M].南京：译林出版社，2022.

[25] 范德泉.宋代造纸业[M].北京：文物出版社，2015.

[26] 范文澜.中国通史简编（第三编第一册）[M].北京：人民出版社，1965.

[27] 范晔.后汉书[M].北京：中华书局，2000.

[28] 方向东.大戴礼记[M].南京：江苏人民出版社，2019.

[29] 方勇.墨子[M].北京：中华书局，2022.

[30] 房玄龄.晋书[M].北京：中华书局，1996.

[31] 费孝通.乡土中国[M].南京：江苏文艺出版社，2007.

[32] 金满楼.细读晚清七十年[M].北京：华文出版社，2021.

[33] 冯天瑜等.中华文化史[M].上海：上海人民出版社，1990.

[34] 高承.事物纪原[M].北京：中华书局，1989.

[35] 高国藩.中国民俗探微[M].南京：河海大学出版社，1990.

[36] 高阳.古今食事[M].台北：台湾皇冠出版社，1986.

[37] 葛兆光、戴燕.晚唐风韵[M].香港：中华书局，1990.

[38] 顾恺之.女史箴[M].北京：人民美术出版社，2013.

[39] 顾迁.尚书[M].北京：中华书局，2016.

[40] 郭宝钧.中国青铜器时代[M].上海：生活·读书·新知三联书店，1963.

[41] 郭沫若.甲骨文合集[M].北京：中华书局出版社，1999.

[42] 郭沫若.中国古代社会研究[M].北京：人民出版社，1954.

[43] 郭耘.中国土楼[M].北京：中国建筑工业出版社，2008.

[44] 郭子仪、张振攀.中国武术精华：传统拳法、散打、套路[M].上海：上海文艺出版社，2010.

[45] 韩儒林等.元朝史[M].北京：人民出版社，1986.

[46] 何林英.汉字书写演变史与汉字书写规则[M].长春：吉林人民出版社，2021.

[47] 何新.诸神的起源[M].上海：生活·读书·新知三联书店，1986.

[48] 胡厚宣、胡振宇.殷商史[M].天津：天津人民出版社，2019.

[49] 胡朴安.中华全国风俗志[M].石家庄：河北人民出版社，1988.

[50] 胡乔木，姜椿芳，梅益．中国大百科全书 [M]．北京：中国大百科全书出版社，1992．

[51] 胡岩，郝志强．地震学 [M]．北京：科学出版社，2013．

[52] 黄秉泽．中华国粹经典文库：元曲三百首 [M]．武汉：湖北辞书出版社，2007．

[53] 黄应培，孙均铨，黄元复．道光凤凰厅志 [M]．长沙：岳麓书社，2011．

[54] 贾云霞．新型鞭炮结构设计及其性能分析 [J]．安徽工业大学硕士学位论文，2019．

[55] 翦伯赞．秦汉史 [M]．北京：北京大学出版社，1983．

[56] 江苏省书法家协会．中国书法发展报告 [M]．上海：生活·读书·新知三联书店，2020．

[57] 蒋雪峰．火药在中国军事史上的作用及发展 [D]．南京：南京师范大学，2018．

[58] 常璩．华阳国志 [M]．重庆：重庆出版社，2008．

[59] 景舜逸．景舜逸书钟鼎文 [M]．北京：人民中国出版社，1993．

[60] 兰宇．唐代服饰文化研究 [M]．西安：陕西人民美术出版社，2016．

[61] 李彬．中国武功大典 [M]．北京：人民体育出版社，2006．

[62] 李丹青．中国画史 [M]．上海：上海人民出版社，2018．

[63] 李德芳．上海旗袍 [M]．上海：上海人民出版社，2012．

[64] 李德润．秦始皇帝与兵马俑 [M]．北京：新华出版社，2006．

[65] 李调元．雨村诗话校正 [M]．成都：巴蜀书社，2006．

[66] 李昊．长城生态环境问题分析与对策研究 [D]．大连：辽宁师范大学，2017．

[67] 李宏韬．盘扣制作工艺与技巧 [M]．北京：文物出版社，2019．

[68] 李宏治．世界地震学史 [M]．北京：科学出版社，1992．

[69] 李辉柄．中国文物鉴赏大系 [M]．上海：上海辞书出版社，1907．

[70] 李慧敏．中国古代四合院的空间结构特征及其演变 [J]．建筑学报，2008．

[71] 李乐清．四川火锅修订版 [M]．北京：金盾出版社，2000．

[72] 李樑．古琴 [M]．上海：上海音乐出版社，2020．

[73] 李亮．敦煌作为丝路文化遗产的价值与保护 [J]．文物保护与考古科学，2019．

[74] 李敏. 从字形到书法——论汉字与书法之间的关系 [M]. 北京：北京大学出版社，2019.

[75] 李仁溥. 中国古代纺织史稿 [M]. 长沙：岳麓书社，1983.

[76] 李汝珍. 唐诗与唐代文化 [M]. 上海：三联书店出版，2010.

[77] 李时珍. 本草纲目 [M]. 上海：上海科学技术出版社，1993.

[78] 李时珍. 奇经八脉考 [M]. 上海：上海科学技术出版社，1990.

[79] 李时中. 中国的汉服与它的文化内涵 [M]. 北京：北京出版社，2015.

[80] 李文俊. 围棋运动员心理素质研究 [D]. 北京：首都体育学院，2018.

[81] 李学慈. 中国古香器 [M]. 北京：文物出版社，2018.

[82] 李学勤. 东周与秦代文明 [M]. 北京：文物出版社，1984.

[83] 李延寿. 南史 [M]. 北京：中华书局，1975.

[84] 李元度. 中国印刷术史 [M]. 北京：中国科学技术出版社，2010.

[85] 李泽厚. 美的历程 [M]. 北京：文物出版社，1981.

[86] 李泽厚、刘纲纪. 中国美学史 [M]. 北京：中国社会科学出版社，1987.

[87] 梁启超. 饮冰室合集 [M]. 北京：中华书局，1936.

[88] 梁漱溟. 中国文化要义 [M]. 台北：正中书局，1983.

[89] 林钦火，杨金龙. 地球物理勘探概论 [M]. 北京：石油工业出版社，2005.

[90] 刘安，陈广忠. 淮南子 [M]. 北京：中华书局，2023.

[91] 刘长青. 中国剑艺 [M]. 北京：北京体育大学出版社，1999.

[92] 刘敦桢. 中国古代建筑史 [M]. 北京：中国建筑工业出版社，1980.

[93] 刘宏炜. 都江堰 [M]. 成都：四川人民出版社，2008.

[94] 刘嘉伟. 世界奇迹大观 [M]. 桂林：广西师范大学出版社，2006.

[95] 刘涛. 火药的分类和制备技术 [M]. 北京：北京大学出版社，2020.

[96] 刘涛. 指南针的分类和制备技术 [M]. 北京：北京大学出版社，2020.

[97] 刘晓辉. 浅谈中国盆景文化的价值传承与发展 [J]. 绿色科技，2017.

[98] 刘瑜. 中国旗袍文化史 [M]. 上海：上海美术出版社，2021.

[99] 柳诒征. 中国文化史（下）[M]. 北京：中国大百科全书出版社，1988.

[100] 鲁迅. 汉文学史纲要 [M]. 北京：人民文学出版社，1981.

[101] 鲁迅. 且介亭杂文 [M]. 北京：人民文学出版社，1996.

[102] 陆羽. 茶经 [M]. 杭州：浙江教育出版社，2021.

[103] 罗贯中. 三国演义 [M]. 北京：人民文学出版社，1972.

[104] 马承源. 中国古代青铜器 [M]. 上海：上海人民出版社，1982.

[105] 马国翰. 玉函山房辑佚书 [M]. 扬州：广陵书社，2005.

[106] 马玉涛等. 地震学与地震仪器学 [M]. 合肥：中国科学技术大学出版社，2016.

[107] 孟森. 明清史讲义 [M]. 北京：中华书局，1981.

[108] 明清稷山县志编纂委员会. 稷山县志 [M]. 北京：中华书局，2018.

[109] 缪启愉. 齐民要术 [M]. 北京：中国国际广播出版社，2011.

[110] 纳兰常安. 宦游笔记 [M]. 北京：广文书局，1971.

[111] 南怀瑾. 禅宗与道家 [M]. 上海：复旦大学出版社，1991.

[112] 欧阳修，宋祁. 新唐书（全二十册）[M]. 北京：中华书局，1975.

[113] 潘荣陶. 造纸史话 [M]. 上海：上海古籍出版社，2012.

[114] 齐思和. 中国史探研 [M]. 北京：中华书局，1981.

[115] 钱彩. 万卷楼中华古典名著：说岳全传 [M]. 沈阳：万卷出版公司，2014.

[116] 钱穆. 中国史导论 [M]. 北京：商务印书馆，1994.

[117] 钱维康. 唐装与时尚文化 [M]. 上海：上海人民出版社，2010.

[118] 钱泳、孟裴注解. 履园从话 [M]. 上海：上海古籍出版社，2012.

[119] 钱锺书. 宋诗选注 [M]. 北京：人民文学出版社，1958.

[120] 秦祥林. 蒙古包文化的历史演进和现代价值 [J]. 呼市职业学院学报，2018.

[121] 阮青注释. 淮南子 [M]. 北京：华夏出版社，1999.

[122] 沙孟海. 印学史 [M]. 杭州：西泠印社出版社，1999.

[123] 沈榜. 宛署杂记 [M]. 北京：北京出版社，2018.

[124] 沈从文. 中国古代服饰研究 [M]. 北京：商务印书馆，2013.

[125] 沈德符. 万历野获编 [M]. 北京：中华书局，1989.

[126] 沈德立. 中国园林史 [M]. 北京：中国建筑工业出版社，2008.

[127] 沈约. 宋书·武帝纪下 [M]. 北京：中华书局，1974.

[128] 施春荣. 世界筷子文化 [M]. 杭州：浙江人民出版社，2019.

[129] 石延博. 元曲 [M]. 北京：中国和平出版社，2004.

[130] 司马光. 资治通鉴 [M]. 北京：中华书局，2011.

[131] 司马迁. 史记 [M]. 北京：作家出版社，2017.

[132] 宋葆玉. 石狮子 [M]. 郑州：河南美术出版社，2005.

[133] 宋飞. 中国酒与文化 [M]. 北京：清华大学出版社，2009.

[134] 宋应星、杨维增. 天工开物 [M]. 北京：中华书局，2022.

[135] 孙大桥. 汉字书写演变史 [M]. 北京：语文出版社，2010.

[136] 孙宏伟. 福建土楼群：现代化进程中的文化消亡？[J]. 中国文化报，2019.

[137] 孙机. 中国古代物质文化 [M]. 北京：中华书局，2014.

[138] 孙机. 华夏衣冠 [M]. 上海：上海世纪出版社，2020.

[139] 孙敬波. 气动力设计在龙泉剑制作中的应用 [J]. 手工艺术，2014.

[140] 孙绍根. 中国书法艺术中的笔墨纸砚 [J]. 书法艺术与研究，2021.

[141] 孙思邈. 备急千金要方 [M]. 北京：中医古籍出版社，1999.

[142] 汤一介. 郭象与魏晋玄学 [M]. 武汉：湖北人民出版社，1983.

[143] 汤用彤. 隋唐佛教史稿 [M]. 北京：中华书局，1982.

[144] 唐圭璋. 全宋词 [M]. 北京：中华书局，1999.

[145] 唐兰. 中国文字学 [M]. 上海：上海古籍出版社，1979.

[146] 田汝成. 西湖游览志余 [M]. 上海：上海古籍出版社，2018.

[147] 田姝译注. 山海经 [M]. 北京：光明日报出版社，2014.

[148] 王安忆. 天仙配 [M]. 北京：人民文学出版社，2010.

[149] 王安宇. 中国古代历史纵横谈 [M]. 北京：北京出版社，2015.

[150] 王常福. 中国青铜器学 [M]. 上海：上海书店出版社，2014.

[151] 王朝闻. 中国美术史 [M]. 济南：齐鲁书社，1990.

[152] 王充. 论衡 [M]. 上海：上海人民出版社，1974.

[153] 王道涵. 太原市志 [M]. 太原：山西人民出版社，1993.

[154] 王德峰. 寻觅意义 [M]. 济南：山东文艺出版社，2022.

[155] 王德峰. 艺术哲学 [M]. 上海：复旦大学出版社，2015.

[156] 王鼎钧、陈秉文. 中国房屋史 [M]. 上海：上海人民出版社，1988.

[157] 王菲. 古琴音乐的审美特征 [J]. 音乐学研究，2019.

[158] 王奉会. 德化木塔 [M]. 福州：福建人民出版社，2014.

[159] 王国栋，陈星铭．地震勘探原理 [M]．北京：地质出版社，2002．

[160] 王国华．中国传统民族鞋履 [M]．北京：中国纺织出版社，2013．

[161] 王国平．都江堰 [M]．成都：成都时代出版社，2007．

[162] 王国维．人间词话 [M]．北京：中华书局，2018．

[163] 王国维．宋元戏曲史 [M]．北京：商务印书馆，1924．

[164] 王鹤．祥云图案在中国传统文化艺术中的地位与作用 [J]．文化教育导刊，2017．

[165] 王建国．唐代雕版印刷研究 [M]．北京：清华大学出版社，2008．

[166] 王居安．中国青铜器大辞典 [M]．上海：上海辞书出版社，2016．

[167] 王丽萍．中国古代书法史 [M]．北京：文物出版社，2021．

[168] 王群．中国画的审美特征 [M]．南京：江苏人民出版社，2019．

[169] 王文锦．礼记译解 [M]．北京：中华书局，2016．

[170] 王兴东．中国造纸史 [M]．北京：中国铁道出版社，2009．

[171] 王秀梅．诗经 [M]．北京：中华书局，2022．

[172] 王毅．园林与中国文化 [M]．上海：上海人民出版社，1990．

[173] 王振复．巫术：《周易》的文化智慧 [M]．杭州：浙江古籍出版社，1990．

[174] 王志远．指南针的历史沿革 [M]．北京：中国地图出版社，2018．

[175] 王重民．敦煌古籍叙录 [M]．北京：中华书局，2010．

[176] 王宗岳．太极拳论 [M]．北京：中国书店，2014．

[177] 王宗岳、沈寿．太极拳谱 [M]．北京：人民体育出版社，1995．

[178] 闻一多．宫体诗的自赎 [M]．上海：上海古籍出版社，2000．

[179] 乌兰夫．蒙古包 [M]．北京：人民出版社，2005．

[180] 吴澄撰、陈弘绪．月令七十二候集解 [M]．济南：齐鲁书社，1997．

[181] 吴国平．火药和火器的发展历程 [M]．北京：国防工业出版社，2017．

[182] 歙县地方志编纂委员会．歙县志 [M]．黄山：黄山书社，2010．

[183] 夏传才．诗经研究史概要 [M]．濮阳：中州书画社，1992．

[184] 夏英．灵枢·经脉翼 [M]．北京：中医古籍出版社，2015．

[185] 香河县志编委会．香河县志 [M]．北京：中国对外翻译出版社，2001．

[186] 向达．唐代长安与西域文明 [M]．上海：生活·读书·新知三联书店，1957．

[187] 项元汴. 历代名瓷图谱 [M]. 杭州：浙江人民美术出版社，2016.

[188] 肖凤华. 中华物典——献给物质文明的赞美诗 [M]. 广州：广东人民出版社，2018.

[189] 谢觉民. 文人的爱剑与名剑的传承 [M]. 上海：上海书店出版社，2004.

[190] 谢军宁. 如何正确使用筷子 [M]. 北京：人民卫生出版社，2020.

[191] 熊梦祥. 辑本析津志 [M]. 北京：北京联合出版，2017.

[192] 熊月之. 中国古代青铜文化 [M]. 北京：文物出版社，2011.

[193] 徐超. 大美汉字 [M]. 桂林：广西师范大学出版社，2021.

[194] 徐华龙. 民国服装史 [M]. 上海：上海交通大学出版社，2017.

[195] 徐怀江. 唐代造纸史 [M]. 北京：中国科学技术出版社，2010.

[196] 徐梦莘. 三朝北门会编 [M]. 上海：上海古籍出版社，2019.

[197] 徐兴龙. 白酒生产基础 [M]. 北京：科学出版社，2015.

[198] 徐中舒. 甲骨文字典 [M]. 成都：四川辞书出版社，2006.

[199] 许春明，黄丽. 当代中国印学发展趋势研究 [M]. 北京：荣宝斋出版社，2010.

[200] 许慎. 说文解字 [M]. 沈阳：万卷出版社，2009.

[201] 薛涤娴. 中国古兵器之美：从龙泉剑到金色铠甲 [M]. 北京：大众文艺出版社，2017.

[202] 颜德明. 中国盆景栽培史 [M]. 北京：中国林业出版社，2009.

[203] 晏道隆. 雷峰塔志 [M]. 南京：江苏文艺出版社，2009.

[204] 杨伯峻. 论语译注 [M]. 北京：中华书局，2018.

[205] 杨海明. 唐宋词论稿 [M]. 杭州：浙江古籍出版社，1988.

[206] 杨鸿年. 国画流派及其变迁史 [M]. 北京：人民美术出版社，2017.

[207] 杨瑞林. 指南针的基本原理与制作 [M]. 北京：化学工业出版社，2020.

[208] 杨衒之，尚荣. 洛阳伽蓝记 [M]. 北京：中华书局，2022.

[209] 杨义，施国庆. 汉代竹简 [M]. 上海：上海辞书出版社，2007.

[210] 杨志. 唐代服饰 [M]. 北京：中国戏剧出版社，2014.

[211] 姚春鹏译. 黄帝内经 [M]. 北京：中华书局，2022.

[212] 佚名. 筵款丰馐依样调鼎新录 [M]. 北京：中国商业出版社，1987.

[213] 于国光. 唐诗的创作与流传 [M]. 上海：上海古籍出版社，2014.

[214] 于敏中等. 日下旧闻考 [M]. 北京：北京古籍出版社，2001.

[215] 余秋雨. 中国戏剧文化史述 [M]. 长沙：湖南人民出版社，1985.

[216] 虞抟. 医学正传 [M]. 中国医药科技出版社，2011.

[217] 宇妥·元丹贡布等. 四部医典 [M]. 上海：上海科学技术出版社，1987.

[218] 袁宝泉，陈智贤. 诗经探微 [M]. 广州：花城出版社，1997.

[219] 刘向. 战国策 [M]. 北京：中华书局，2019.

[220] 张光直. 中国青铜时代 [M]. 上海：生活·读书·新知三联书店，1983.

[221] 张华. 博物志 [M]. 重庆：重庆出版社，2007.

[222] 张灵. 中国传统饮食文化 [M]. 济南：山东画报出版社，2016.

[223] 张如民. 中国篆刻大典 [M]. 北京：中国美术家出版社，2005.

[224] 张晓华. 香文化探源 [M]. 北京：人民出版社，2019.

[225] 张晓明. 中国古典音乐史 [M]. 北京：人民音乐出版社，2019.

[226] 张彦远. 历代名画记 [M] 黄山：黄山书社，2012.

[227] 张兆祥. 中国瓷器三千年 [M]. 北京：中国计划出版社，2011.

[228] 张之洞. 宋词史话 [M]. 北京：人民文学出版社，2013.

[229] 张仲景. 金匮要略 [M]. 北京：人民卫生出版社，2005.

[230] 张仲景. 伤寒杂病论 [M]. 北京：中国中医药出版社，2014.

[231] 张自忠. 古琴发展简史 [M]. 北京：中华书局，2018.

[232] 昭梿啸. 亭杂录续录 [M]. 上海：上海古籍出版社，2012.

[233] 赵根木. 中国封建家庭 [M]. 北京：北京大学出版社，2008.

[234] 赵吉士. 徽州府志 [M]. 黄山：黄山书社，2010.

[235] 赵剑敏. 皇冠与凤冠：中国后妃 [M]. 上海：上海古籍出版社，1995.

[236] 赵茹莹. 中国酒文化概论 [M]. 南京：江苏人民出版社，2013.

[237] 郑玄，林忠军. 周易郑注导读 [M]. 北京：华龄出版社，2019.

[238] 郑珍. 中国古代水利工程与社会经济 [M]. 郑州：郑州大学出版社，2015.

[239] 中国硅酸盐学会. 中国陶瓷史 [M]. 北京：文物出版社，1982.

[240] 中国社会科学院考古研究所. 新中国的考古发现和研究 [M]. 北京：文物出版社，1984.

[241] 钟婷.宋词的修辞艺术[M].上海：上海古籍出版社，2008.
[242] 钟泽霖.中国画的审美理念与艺术风格[J].美学研究，2018.
[243] 周公旦.周礼[M].桂林：漓江出版社，2022.
[244] 周明伦.青铜器选录[M].北京：文物出版社，2008.
[245] 周汝昌等.唐诗鉴赏辞典[M].上海：上海辞书出版社，2009.
[246] 周洋.中国剑道史话[M].北京：人民体育出版社，2015.
[247] 周贻白.中国戏曲史发展纲要[M].上海：上海古籍出版社，1979.
[248] 邹晓枫.明代书籍出版与流通[M].北京：北京图书馆出版社，2017.
[249] 左民安.汉字例话[M].北京：中国青年出版社，1984.
[250] 左丘明.春秋左传[M].长沙：岳麓书社，2019.
[251] 徽州市志编委会.徽州府志[M].黄山：黄山书社，2010.

后 记

国粹是中国这个东方大国五千年辉煌历史中优秀传承发展的部分，是华人的根基，是百姓日用而不知，却铭刻到骨子里，融入血脉中。弘扬中华优秀文化、传播社科基本知识，让文献说话，就是社科人的义务和责任。虽自知才疏学浅仍笔耕不辍，这期间得到了家人、朋友、领导、同事的关心、帮助、提携、厚爱。

诺贝尔文学奖获得者莫言说过：人的幸运不是捡到财富，而是遇到一个人打破你原有思维，提高了你的认知、提升了你的境界，这是你人生的贵人。在人生旅途中有幸得到引路人实乃我最宝贵的财富。其人格的魅力洗礼了我的心灵，其知识的渊博树立了我的理想，其敬业的精神开启了我的标杆。

感谢省文化厅厅长王磊、巡视员付俊海，省社科院书记、院长袁红英，《山东社会科学》杂志社社长刘要亨，省社科联主席宗杰，市社科联书记、主席葛汝千，主席李祖勇和各位同事给予的鼓励和支持。感谢儿子和女儿的辛苦以及出版社朋友和家人的无私相助，本书才能如期付梓。书海无涯，人生有限。在浩如烟海的典籍文献中，这本小小的国粹鉴赏实难与之相配，仍望能有些许助益，望行家不吝赐教。

2023 年 6 月于首阳山